建筑施工企业怎样申请安全生产许可证

本书编委会 编

中国建筑工业出版社

图书在版编目（CIP）数据

建筑施工企业怎样申请安全生产许可证/本书编委会编.—北京：中国建筑工业出版社，2005
ISBN 7-112-07449-5

Ⅰ.建… Ⅱ.本… Ⅲ.建筑企业–安全生产–许可证–申报–中国 Ⅳ.F426.9

中国版本图书馆 CIP 数据核字（2005）第 054978 号

国家对建筑施工企业实行安全生产许可制度。为了帮助建筑施工企业建立健全安全生产保证体系，完善安全生产规章制度，进一步强化安全管理，帮助企业在申报《安全生产许可证》过程中能够按要求提供企业安全生产条件所需的原件、记录等证据材料，特组织有关建筑安全管理专家编写本书。

本书共分四章：安全生产条件；安全生产许可证的申请；申请安全生产许可证材料范例；有关法律、法规文件。

本书选择了具有典型指导意义的施工企业安全生产管理制度，供建设行政主管部门、有关专业工程主管部门和广大建筑施工企业参考。

责任编辑：郭　栋
责任设计：董建平
责任校对：刘　梅　李志瑛

建筑施工企业怎样申请安全生产许可证
本书编委会　编

*

中国建筑工业出版社出版、发行（北京西郊百万庄）
新　华　书　店　经　销
北京富生印刷厂印刷

*

开本：787×1092 毫米　1/16　印张：13½　字数：327 千字
2005 年 6 月第一版　2005 年 6 月第一次印刷
印数：1—4000 册　定价：22.00 元
ISBN 7-112-07449-5
(13403)
版权所有　翻印必究
如有印装质量问题，可寄本社退换
（邮政编码 100037）

本社网址：http://www.china-abp.com.cn
网上书店：http://www.china-building.com.cn

本书编委会

主　　任：叶澄中

副 主 任：万志锋　黄爱平　王忠生

编写组：

主　　编：陈元德　万志锋

副 主 编：曹根金　徐　晶　谢全根　陈小明　罗和华
　　　　　范信顺

成　　员：邱　敏　张　军　邓世敏　龚仲庆　李禹圣
　　　　　冯万兴　葛学福　邬国辉　宋金长　殷　伟
　　　　　任洪进　陶金平　侯建民　毛宗水　谭美玲
　　　　　宋根长　张海南　丁江琪　魏飞舟

前　言

根据《中华人民共和国安全生产法》国务院《安全生产许可证条例》、《建设工程安全生产管理条例》、《特种设备安全监察条例》和建设部《建筑施工企业安全生产许可证管理规定》、《建筑施工企业安全生产许可证管理规定实施意见》的要求，国家对建筑施工企业实行安全生产许可证制度。为了帮助建筑施工企业建立健全安全生产保证体系，完善安全生产规章制度，进一步强化安全管理，帮助企业在申报《安全生产许可证》过程中能够按要求提供企业安全生产条件所需的原件、记录等证据材料，组织有关建筑安全管理专家编写了这本《建筑施工企业怎样申请安全生产许可证》。

本书共分四章：第一章为"安全生产条件"；第二章为"安全生产许可证的申请"；第三章为"申请安全生产许可证材料范例"。第四章为"有关法律、法规文件"。

本书选择了具有典型指导意义的施工企业安全生产管理制度，供建设行政主管部门、有关专业工程主管部门和广大建筑施工企业参考。

目 录

第一章 安全生产条件 ·· 1
- 第一节 安全生产规章制度和操作规程 ·· 1
- 第二节 安全生产条件所需资金的投入 ··· 17
- 第三节 安全生产管理机构和专职安全生产管理人员 ······························· 22
- 第四节 "三类"人员安全生产考核及本企业管理人员和作业人员年度安全
  生产知识培训 ·· 23
- 第五节 从业人员工伤保险以及施工现场从事危险作业人员意外伤害保险 ····· 27
- 第六节 施工起重机械设备检测 ·· 28
- 第七节 职业病防治措施 ··· 29
- 第八节 危险性较大分部分项工程的预防监控措施和应急预案 ···················· 35
- 第九节 生产安全事故应急救援 ·· 36
- 第十节 施工现场消防安全责任制 ··· 37

第二章 安全生产许可证的申请 ·· 39
- 第一节 安全生产许可证的适用对象 ·· 39
- 第二节 安全生产许可证的申请 ·· 39

第三章 申请安全生产许可证材料范例 ··· 41

第四章 有关法律、法规文件 ··· 81
- 中华人民共和国安全生产法 ·· 81
- 建设工程安全生产管理条例 ·· 91
- 安全生产许可证条例 ··· 100
- 企业职工伤亡事故报告和处理规定 ·· 102
- 特种设备安全监察条例 ·· 104
- 特别重大事故调查和处理规定 ·· 116
- ×××省企业职工伤亡事故调查处理办法 ·· 118
- 中华人民共和国职业病防治法 ·· 122
- 工程建设重大事故报告和调查程序规定 ·· 133
- 关于防止拆除工程中发生伤亡事故的通知 ··· 135
- 建筑业企业职工安全培训教育暂行规定 ·· 137
- 关于防止施工中毒事故发生的紧急通知 ·· 138
- 关于防止发生施工火灾事故的紧急通知 ·· 139
- 建筑施工附着升降脚手架管理暂行规定 ·· 140
- 关于进一步加强塔式起重机管理预防重大事故的通知 ··························· 151
- 施工现场安全防护用具及机械设备使用监督管理规定 ··························· 153
- 关于防止施工坍塌事故的紧急通知 ·· 154

建筑工程预防高处坠落事故若干规定……………………………………… 156
建筑工程预防坍塌事故若干规定…………………………………………… 158
×××省建设工程安全生产管理暂行办法…………………………………… 160
×××省建筑意外伤害保险管理办法………………………………………… 164
×××省建设工程安全生产监理暂行规定…………………………………… 166
×××省建筑施工企业主要负责人、项目负责人和专职安全生产管理人员
安全生产考核管理实施细则………………………………………………… 168
×××省建筑施工企业主要负责人、项目负责人、专职安全生产管理人员
安全生产知识考试和考核工作实施方案…………………………………… 172
建设领域安全生产行政责任规定…………………………………………… 174
建筑施工企业安全生产许可证管理规定实施意见………………………… 177
建筑施工企业安全生产许可证管理规定…………………………………… 190
×××省建筑施工企业安全生产许可证实施细则…………………………… 194

第一章 安全生产条件

第一节 安全生产规章制度和操作规程

一、建筑施工企业安全生产责任制

1. 安全生产责任制度概述

1.1 安全生产责任制是施工单位行政岗位责任制和经济责任制度的重要组成部分，是施工单位各项安全生产制度的核心。

1.2 施工单位安全生产责任制是依据《中华人民共和国安全生产法》（后简称《安全生产法》）、《建设工程安全生产管理条例》等法律、法规的规定，按照"安全第一、预防为主"的方针和"管生产必须管安全"的原则，将施工单位各级负责人、各职能部门和各生产岗位的作业人员在安全生产方面应当担负的责任加以明确的一种制度。

1.3 施工单位安全生产责任制的核心是实现安全生产的"五同时"，即：在计划、布置、检查、总结、评比施工生产工作的时候，同时计划、布置、检查、总结、评比安全生产工作。安全生产责任制大体可分为两大部分：一是纵向方面，建立施工单位主要负责人、项目负责人、专职安全机构、班组长和岗位作业人员的安全生产职责；二是横向方面，建立各职能部门的安全生产职责。

1.4 安全生产涉及施工单位生产经营活动的各个方面，因此，建立安全生产责任制必须坚持"安全生产，人人有责"的指导思想，抓好"全员，全企业，全过程"安全生产责任制度的落实，使安全生产责任制体现"纵向到底，横向到边"、责任明确、协调配合的特点。

2. 建立和健全安全生产责任制度的基本要求

2.1 建立各类人员和企业中各职能部门的安全生产职责，应符合有关安全生产法律、法规和标准的要求，如《安全生产法》、《中华人民共和国建筑法》（后简称《建筑法》）、《建设工程安全生产管理条例》、《国务院关于特大安全事故行政责任追究的规定》和地方人民政府颁布的有关安全生产的规章等，并适时修订安全生产责任制。

2.2 做到全面、具体，体现人人有责。建筑施工企业生产经营活动中涉及的安全生产事项都应当将安全生产责任明确到各类人员和各职能部门。如设备的安全管理职责，不能因为施工企业没有设立设备管理科，则企业的安全生产责任制中就没有设备安全管理的责任。又如，不能因为施工企业没有设立教育科，则安全生产培训教育的工作就不建立责任制度等。

3. 建筑施工企业安全生产责任制的主要内容

安全生产责任制涵盖的范围应体现以下三个方面：一是各级人员的安全生产职责，根据不同的企业应涵盖九个层次的人员。即：主要负责人、分管安全生产工作的负责人、总工程师（技术负责人）、分公司经理、项目经理、安全生产管理人员、施工员、班组长、岗位作业人员；二是施工单位各职能部门的安全生产职责，重点应涵盖八个部门。即：生产管理部门、技术与质量部门、教育部门、设备管理部门、财务部门、生产经营部门、材料供应部门、劳动人事部门；三是应涵盖总包与分包单位。

3.1 建筑施工企业各级人员安全生产职责

3.1.1 主要负责人安全生产职责

1) 施工单位主要负责人依法对本单位安全生产工作全面负责；贯彻执行国家有关安全生产的法律、法规和安全技术标准规范；
2) 建立、健全本单位安全生产责任制；依法设立安全生产机构，配备专职安全生产人员；
3) 组织制定本单位安全生产规章制度和操作规程；
4) 保证本单位安全生产投入的有效实施；
5) 督促本单位的安全生产工作，及时消除生产安全事故隐患；
6) 组织制定并实施本单位的生产安全事故应急救援预案；
7) 及时地如实报告生产安全事故；
8) 定期召开安全生产会议，研究解决本单位安全生产重大问题。

3.1.2 分管安全生产工作负责人安全职责

1) 施工单位分管安全生产工作的负责人，对安全生产负具体领导责任，协助主要负责人做好本单位的安全生产工作；对安全生产中的重大问题及时向主要负责人报告，并提出改进措施。
2) 对本企业下属单位和部门落实安全生产责任制和实现安全生产目标的各项安全技术措施进行检查，对存在的问题提出整改意见，并监督整改落实。
3) 按规定组织和开展本企业各类人员的安全生产培训教育工作，做到先培训后上岗。
4) 认真执行生产安全事故报告处理规定。发生生产安全事故后要立即启动本单位生产安全事故应急救援预案，严格按"四不放过"的原则处理。
5) 总结推广安全生产工作先进经验，表彰奖励安全生产先进集体和个人，对违反安全生产规定的行为进行处罚。

3.1.3 分管其他工作负责人的安全生产职责

施工单位分管其他工作的负责人，对分管工作中涉及安全生产的事项承担相应的领导责任；协助本单位主要负责人做好分管部门的安全生产工作；对存在的重大安全问题及时向主要负责人报告，并提出改进措施。

3.1.4 总工程师（技术负责人）安全生产职责

1) 总工程师（技术负责人）对本企业、本单位安全生产的技术工作负总的责任。
2) 认真贯彻落实安全生产技术标准规范，负责提出改善劳动条件的项目和措施，并付诸实施。
3) 组织编制和审批施工组织设计（施工方案），在采用新技术、新工艺、新设备时，必须制定相应的安全技术措施。脚手架、施工用电、基坑支护、模板工程、起重吊装作业、塔吊安装拆除、物料提升机及其他垂直运输设备等专业性强的项目施工，要单独编制施工安全组织设计。
4) 对职工进行安全技术教育，及时解决施工中的安全技术问题。

5）参加伤亡事故的调查分析，提出技术鉴定意见和改进措施。

3.1.5 分公司经理（主任）安全生产职责

1）分公司经理（主任）是本单位安全生产第一责任人，对本单位安全生产工作负具体领导责任；认真执行安全生产规章制度，不违章指挥。

2）制定和实施安全技术措施；保证安全技术措施经费，按规定发放劳动防护用品。

3）除按制度进行安全检查外，应做好日常安全检查，消除事故隐患，制止违章作业。

4）对职工进行三级安全教育、遵章守纪的安全教育。

5）发生伤亡事故要积极抢救伤员，保护好事故现场，并及时上报。参加或配合事故调查，分析事故原因，提出和实施改进措施。

3.1.6 项目经理安全生产职责

1）项目经理是所管工程项目安全生产的第一责任人，对所管工程项目的安全生产负直接责任，并对企业经理负责。

2）建立本工程项目安全生产机构，配备专职安全人员，制定以安全生产责任制为中心的各项安全生产文明施工管理制度，并付诸实施。

3）实施安全生产目标管理，制定本工程项目控制伤亡事故的措施和安全达标、文明施工的目标，并通过与作业班组签订合同的形式将安全生产目标分解落实到班组。

4）建立安全生产责任目标考核办法，并定期进行考核。

5）认真组织实施安全技术措施，应按合同及安全生产的要求确保建设工程概算安全生产所需资金的投入得到落实。进行安全技术交底，尤其是在变换工种，采用新技术、新工艺、新设备时应进行详细安全技术交底，并做好签字记录，做到不违章指挥。

6）对施工现场搭设的架子和安装的电气、机械设备及各种防护装置、设施，都要组织验收，合格后方准使用。

7）负责对进场的工人进行三级安全教育，组织工人学习安全操作规程，监督工人正确穿戴防护用品，对聘用或安排使用的特种作业人员进行（上岗作业前）安全教育。

8）接受上级安全监督检查，组织安全生产自查，对查出的隐患进行登记、整改、复查、销案。

9）发生工伤事故要立即上报，保护现场，抢救伤员，参加和配合事故调查处理工作。

10）加强安全生产管理，认真落实安全生产的各项规章制度；严格执行集团公司及所在企业安全生产管理规定。

3.1.7 施工员安全生产职责

1）施工员对所管工程安全生产负直接责任，认真落实项目的各项安全生产管理制度；

2）组织实施安全技术措施，对作业人员进行安全技术交底；

3）组织有关人员对搭设的脚手架和安装的电气、机械等安全防护装置验收；

4）不违章指挥，不强令工人冒险作业；

5）组织工人学习安全操作规程，教育工人不违章作业；

6）经常对所管辖的分部、分项工程的安全作业环境及安全防护设施进行检查，发现隐患，应先暂停作业，采取有效、可靠措施消除；

7）发生工伤事故要立即组织抢救伤员，保护现场，防止事故扩大和蔓延，并立即向公司领导及当地安全生产监管部门和公安部门报告。

3.1.8 公司级安全管理人员职责

1）施工单位安全生产管理人员，在总经理领导下，负责对安全生产法律和规章制度在企业或工程项目中的贯彻落实情况进行监督检查。

2）贯彻国家有关安全生产的法律、法规、技术标准、规范和方针、政策及本公司有关安全生产规章制度。

3）制定本企业安全生产管理规划和目标，经本单位行政领导批准执行；指导、监督下属单位的安全机构开展安全生产监督管理工作。

4）监督检查下属企业或单位安全生产目标的执行和落实，负责对申报升级和报评先进企业、先进个人的安全资格考核、审查行使安全生产否决权，监督项目经理与分包单位签订安全生产责任书，明确安全责任，做好安全生产工作。

5）掌握本行业、本单位安全生产工作动态，传递安全管理信息，组织安全技术开发，推广应用安全科技成果；监督采购、使用符合安全技术标准的合格防护用品。

6）组织开展对企业领导、安全管理人员和新工人（民工、临时工）待岗、转岗、换岗的职工以及特种作业人员的安全培训与考核等安全生产教育工作。

7）定期组织安全生产检查、开展安全生产活动，总结交流安全生产工作经验。

8）参加施工组织设计（施工安全专项方案）中安全技术措施编制的审查工作，并对贯彻执行情况进行监督检查。

9）负责工伤事故统计报告工作，组织参与重大伤亡事故的调查处理工作；通报重大伤亡事故情况。

10）对违反安全生产法规的行为，经劝阻无效，有权责令暂停施工，限期整改；有权按照规定进行经济处罚或提请主管领导依照有关规定给予行政处分。

11）监督落实安全生产责任制度和安全技术措施，发现重大事故隐患签发《事故隐患整改通知书》，督促按"三定"（定人、定时间、定措施）要求整改、销案。

12）认真做好职责范围内的安全生产业务资料管理工作，完成上级交办的工作，接受行业管理、国家监督和群众监督。

3.1.9 工程项目安全员职责

1）工程项目安全员在项目经理领导下，对安全生产法律法规和本企业安全生产规章制度在工程项目中贯彻落实，负责监督检查。

2）依据公司下达给项目经理的安全生产考核指标，将安全考核指标分解落实到每个作业班组、分包单位，组织作业班组长、分包单位与项目经理签订安全生产责任协议书。

3）对进场作业人员开展安全生产教育，经考核合格后方准安排上岗作业；建立并保存安全教育档案资料。

4）参加安全技术措施和专项安全施工方案交底会，熟悉施工组织设计和专项安全施工方案，在每日的安全巡查中，检查、监督安全技术措施和专项安全施工方案中的措施落实情况，并做好记录。

5）协助项目经理，组织开展定期安全检查，对上级检查或项目部检查发现的隐患，负责按"三定"要求整改、销案；建立并保存安全检查记录。

6）发现违章指挥、违章作业的要立即制止，经劝阻无效的，按本公司或项目部的处罚规定进行处罚。发现严重安全隐患，有权要求暂停施工，并报项目经理处理。

7) 认真做好施工现场安全生产业务资料的收集、整理和管理工作。

3.1.10 班组长安全生产职责

1) 模范遵守安全生产规章制度，严格遵守安全技术操作规程，对新入场工人开展本班组（岗位）安全教育；领导本班组安全作业；

2) 采用新技术、新工艺、新材料、新设备时，有权要求有关人员接受安全技术交底，有权拒绝违章指挥；

3) 班前要对所使用的机具、设备、防护用品及企业环境进行安全检查，发现问题立即采取措施，改进后方可继续作业；

4) 组织班组开展安全活动并做好记录，开好班前安全会，组织班组"三上岗"（上岗交底、上岗检查、上岗记录）和"一讲评"（每周一次讲评）安全活动，并做好记录，做到"三不伤害"；

5) 发生工伤事故要立即向工地领导报告，保护现场并积极抢救伤员，防止事故蔓延、扩大。

4. 施工企业中各部门安全生产职责

4.1 生产部门要在布置生产任务的同时布置安全工作；合理组织生产，贯彻安全生产规章制度和安全施工方案，加强现场平面管理，建立安全生产、文明施工秩序。

4.2 技术部门要严格按照国家有关安全技术规程和标准编制设计、施工、工艺等技术文件，提出相应的安全技术措施；编制安全技术规程；负责安全设备、仪表的技术鉴定和安全技术科研项目的研究工作。

4.3 机械动力部门对一切机电设备，必须配齐安全防护保险装置；加强对机电设备、锅炉和压力容器、气瓶的管理，经常检查、维修、保养，确保安全运转。

4.4 材料部门对实现安全技术措施所需材料，保证供应；对防护用品、用具、绳、杆、架木、钢材等的采购供应要严把质量关，确保符合有关安全技术标准，并做到定期检验；不合格的产品、材料不准发放使用。

4.5 财务部门要按照有关规定提供实现安全技术措施的经费，并监督其合理使用。

4.6 教育部门负责将安全教育纳入全员培训计划，组织职工的安全技术培训、考核、取证。

4.7 劳动工资部门要配合安全部门做好新工人（民工、临时工）、待岗、换岗、转岗的职工和特种作业人员的培训、考核、发证工作；贯彻劳逸结合，严格控制加班加点；对因工伤残和患职业病职工及时安排合适的工作；办理职工的工伤保险。

4.8 卫生部门负责对职工的定期健康检查，建立职工健康档案，做好现场劳动卫生工作，监测有毒、有害作业场所的尘毒浓度，提出预防职业病和改善劳动卫生条件的措施。

4.9 治安保卫部门负责建立办公区、生活区、宾馆、娱乐活动场所、学校幼儿园的消防制度和治安保卫制度，并负责监督、检查落实情况。

4.10 后勤服务部门负责企业自身基建项目的工程质量及安全，加强对房屋装修施工的管理，严禁随意修改设计，擅自破坏房屋结构的装修施工。

5. 总包单位与分包单位的安全生产职责

5.1 建设工程实行施工总承包的，由总承包单位对施工现场的安全生产负总责。

5.2 总承包单位依法将建设工程包给其他单位的，应当自行完成建设工程主体结构的施工。

5.3 总承包单位的权力和义务

5.3.1 权力

1）对分包单位的资质、安全生产许可证、企业法人营业执照的原件审查；

2）对分包单位技术人员职称、项目经理（建造师）证书、施工企业"三类"人员安全考核合格证书、特种作业人员操作证书等进行审查；

3）统一对分包单位进行安全管理；与分包单位签订安全生产责任书，确定分包单位的安全职责和安全考核指标，并统一进行考核；

4）审查、审批分包单位的施工组织设计或专项安全施工方案，按规定组织专家论证，并监督执行；

5）对分包单位进行安全检查，监督分包单位整改安全隐患；

6）监督分包单位落实和使用安全生产、文明施工措施经费。

5.3.2 义务

1）为分包单位提供和创造安全生产、文明施工的作业环境和条件；

2）不得向分包单位提出不符合建设工程安全生产法律、法规和强制性标准规定的要求；

3）不得压缩合同约定的工期。

5.4 分包单位的权利和义务

5.4.1 权力

1）有权拒绝总包单位提出的不符合建设工程安全生产法律、法规和强制性标准规定的要求；

2）有权拒绝总包单位压缩合同约定的工期要求；

3）有权对总包单位提出安全生产方面的合理化建议。

5.4.2 义务

1）遵守总包单位的统一规定，按要求做好安全生产、文明施工工作；制定分包单位保证安全施工的具体措施及施工方案；

2）向总包单位提供本单位的资质证书、安全生产许可证、企业法人营业执照原件及复印件；

3）向总包单位提供项目经理（建筑师）执业资格证书及安全考核合格证、技术人员职称证书、专职安全员安全考核合格证书、特种作业人员操作证书；

4）开展安全生产自检，并做好记录，接受总包单位及上级单位的安全检查，及时整改安全隐患；

5）制定保证安全生产、文明施工所需资金投入的计划，并按计划落实。

二、建筑施工企业安全生产制度

1. 安全生产目标管理制度

1.1 年度安全生产目标

施工企业按隶属关系依据省政府及省建设厅或主管部门下达的年度安全生产指标，制定本单位的安全生产目标，并将安全生产指标分解到各职能部门及企业下属单位和项目部。

1.2 安全生产目标包括以下内容：
1) 伤亡事故控制指标；
2) 安全达标文明施工指标；
3) 创文明施工安全达标样板工地指标。

1.3 将企业安全生产目标进行纵向与横向分解，落实到企业各职能部门、各分公司及项目部。

1.4 项目部应依据企业下达的安全生产目标，分解落实到项目部的管理人员、生产班组，并分别建立安全生产目标考核办法。

1.5 制定落实安全生产指标的各项具体措施。

1.6 企业有目标的考核与奖惩办法，考核分为季考核、半年考核、年度考核。

2. 安全技术管理制度

2.1 建立危险源的识别与评价制度。各企业应根据情况确立危险源，如高处坠落、物体打击、坍塌、中毒窒息等，然后制定消除和控制危险源的措施。

2.2 应制定重大危险源的应急救援预案。内容包括：有针对性的安全技术措施、监控措施和检测方法，应急救援人员的组织，应急材料、器具、设备的配备等。

2.3 所有工程的施工组织设计（施工方案），都必须有针对性的安全技术措施。爆破、吊装、水下、深基坑、支模、拆除、特殊架子搭设和拆除、龙门架、井架、塔吊的安装和拆除、施工用电等特殊工程或作业都要编制单项安全技术方案，按规定组织专家论证；否则，不许开工。

2.4 安全技术措施要有针对性，要根据工程特点、施工方法、劳动组织和作业环境等情况，依据有关标准规范的要求提出，防止一般化。

2.5 施工组织设计（施工方案）中的安全技术措施实行分级审批。一般工程的安全技术措施由分公司、工程处技术负责人组织安全和技术人员编制和审批；大型工程和特殊工程的安全技术措施由企业总工程师组织安全、技术部门编制和审批，并按规定组织专家论证。批准后的安全技术措施应由审批部门的技术人员随同施工组织设计一道向参加施工的人员进行逐级交底。

2.6 建立安全技术交底制度：① 专项施工方案技术交底；② 分部分项工程的技术交底；③ 总承包单位向分包单位的技术交底；④ 作业班组对作业人员的交底；⑤ 对新进场工人的技术交底。

2.7 实行分部分项工程安全技术交底制度。每个单位工程分部分项工程施工前，工程项目经理或施工员都要针对不同情况依据施工组织设计或专项安全施工方案的要求，分别向参加施工的不同班组进行有针对性的安全技术书面交底，双方应在交底书上签字。

2.8 应配备现行有效的，与企业生产活动内容相关的安全技术标准、规范和操作规程。

2.9 应建立安全设备和工艺的选用制度。优先选用国家推荐的新设备、新工艺、新材料，及时淘汰危及施工安全的工艺、设备和材料。

3. 安全生产教育制度

3.1 推行安全关键岗位持证上岗制度。企业内"三类人员"经省建设行政主管部门或有关专业部委考试考核合格，特种作业人员经安全生产监督管理部门、建设行政主管部门或有关专业主管部门培训合格并持有上岗证书。

3.2 认真做好"三级"安全教育工作，其中新工人（包括合同工、临时工、民工、学徒工、实习和代培人员）入场，必须进行不少于50课时的"三级"安全教育，并进行登记签字后方可上岗作业。

3.3 "三级"安全教育的级别划分是：一级安全教育指公司级，教育时间不少于15课时；二级安全教育是指分公司（项目部）级，教育时间不少于15课时；三级安全教育是指班组（岗位）级，教育时间不少于20课时。

3.4 "三级"安全教育的内容包括：一级安全教育的内容为安全生产的方针、政策、法律、法规、标准、规范，行业和企业的安全生产规章制度，企业安全生产的特点等；二级安全教育的内容为分公司（项目）安全生产规章制度和要求，安全生产的特点，可能存在的不安全因素及注意事项；三级安全教育的内容为班组（岗位）安全生产的特点，主要危险和防护要求，本工程安全操作规程，"三不伤害"自我保护要求，事故案例剖析，劳动纪律和岗位讲评等。

3.5 采用新技术、新工艺、新设备施工和待岗、转岗、换岗的职工，在重新上岗前必须进行一次安全教育。安全教育的时间不少于20课时。

3.6 电工、焊工、架子工、爆破工、机械操作工、塔吊工、起重工（包括指挥）、打桩机和各种机动车辆司机等特种作业人员，取得特种作业操作证后，每年必须按规定进行有针对性的专业培训，培训时间不少于20课时。

3.7 企业法定代表人、项目经理依法取得安全生产考核合格证外，每年接受安全培训的时间，不得少于30课时。

3.8 企业专职安全管理人员除依法取得安全生产考核合格证外，每年还必须接受安全专业技术业务培训，时间不得少于40课时。

3.9 企业其他管理人员和技术人员每年接受安全培训的时间，不得少于20课时。

3.10 安全培训教育实行分级管理和登记制度。

1）经建设行政主管部门或有关主管部门许可的培训部门负责组织企业法定代表人、项目经理、安全员和从事安全培训工作的教师资格的安全培训教育工作，并实行登记。

2）各企业及单位负责组织开展企业其他管理人员、技术人员和特种作业人员安全专业技术业务培训，负责本企业职工三级安全教育的第一级教育工作，并实行登记。

3）各分公司（项目部）负责本单位职工三级安全教育的第二级教育工作，并实行登记。

4）项目部和作业班组负责本班组职工三级安全教育的第三级教育工作，并实行登记。

4. 安全生产检查制度

4.1 建立分级负责的安全生产检查制度认真贯彻执行《建筑施工安全检查标准》(JGJ 59—99)，实行谁检查谁负责的原则。

4.2 各企业各单位在进行安全检查和落实隐患整改时要做到"三定四不推"。"三定"即：定人、定措施、定期限对隐患进行整改。"四不推"即：凡本职责范围内能解决的，班组不推给项目部；项目部不推给公司；公司不推给主管部门；主管部门不推给上级政府。

4.3 每一个工程项目都要严格执行有关安全技术标准、规范，实行安全生产标准化管理。杜绝违章指挥、违章操作、违反劳动纪律等"三违"现象。

4.4 各企业、各单位要抓好自身的日常安全检查工作，定期安全检查时间：公司每季度一次；分公司每月一次（没有设立分公司的企业也是每月一次）；项目部每周一次；不能以上级检查代替企业的自身检查，不能以大检查代替制度检查。

4.5 各企业、各单位除开展定期安全检查外，还应开展专项安全检查，如脚手架检查、临时用电、"三宝四口"、施工机械等专项检查。

4.6 检查内容及引用标准：检查内容有安全意识、安全制度、安全设施、机械设备、安全教育培训、操作行为、劳动防护用品使用等。引用标准为国家、地方、行业的规范、标准和操作规程等。

4.7 建立事故隐患整改、处置和复查制度。按照"三定四不推"的原则。

5. 特种作业人员持证上岗制度

5.1 垂直运输机械作业人员、起重机械安装拆卸工、爆破作业人员、起重信号工、登高架设作业人员等特种作业人员，施工机械操作工等人员必须按照国家规定，经培训考核合格，取得特种作业操作证后方可上岗作业。

5.2 各企业、各单位必须按照《×××省特种作业人员安全管理办法》和建设行政主管部门的规定，组织特种作业人员到指定的培训单位参加安全技术培训，取得《特种作业人员操作证》，每隔两年组织取得《特种作业人员操作证》的人员参加复审。

5.3 各企业、各单位要建立特种作业人员档案和名册，并按建设部规定每年对他们进行一次有针对性的专业培训。

5.4 各工程项目聘用和安排特种作业人员上岗前，要审查《特种作业人员操作证》的有效性，并按规定复印操作证正本作为安全管理资料备查。严禁无证和持无效证件的人员从事特种作业工作。

6. 专项施工方案专家论证审查制度

施工单位应当在施工组织设计中编制安全技术措施和施工现场临时用电方案，对于下列达到一定规模的危险性较大的分部分项工程编制专项施工方案，附具安全验算结果，经施工单位技术负责人、总监理工程师或总监理工程师代表或专业监理工程师审批签字后实施，由专职安全生产管理人员进行现场监督：

6.1 基坑支护与降水工程；

6.2 土方开挖工程；

6.3 模板工程；

6.4 起重吊装工程；

6.5 脚手架工程；

6.6 拆除、爆破工程；

6.7 国务院建设行政主管部门或者其他有关部门规定的其他危险性较大的工程。

对前款所列工程中涉及深基坑、地下暗挖工程、高大模板工程的专项施工方案，施工单位还应当组织专家进行论证、审查。

达到一定规模的危险性较大工程的标准，按国务院建设行政主管部门会同国务院其他有关部门制定的具体规定执行。

对于"专项施工方案专家论证审查制度"的具体要求,如对专家的要求、对论证结果的要求及相应的责任问题等,按建设行政主管部门或者其他有关部门的规定执行。

7. 施工机械设备管理制度

7.1 应制定设备安装、验收、检测、使用、定期保养、维修、改造、报废制度,并建立设备管理档案台账。

7.2 应制定大型设备装拆安全控制制度。凡装拆大型设备应由有资质的企业承担、装拆人员有相应资格,还要制定装拆的专项方案,装拆过程的监控措施,安装后的检测规定。

7.3 应建立特种设备管理制度。特种设备管理应执行国务院《特种设备安全监察条例》的规定,并落实专人管理。

7.4 应加强安全检查测试工具的管理。企业应配备安全检查测试工具,如经纬仪、水准仪、传感器、力矩扳手、接地电阻测试仪、漏电测试仪等,并加强检查测试工具的证照管理及校准检定管理。

7.5 施工单位应当自施工起重机械和整体提升脚手架、模板等自升式架设设施验收合格之日起 30 日内,向行政主管部门或者其他有关部门登记。登记标志应当置于或者附着于该设备的显著位置。

施工起重机械在验收合格之日起 30 日内,施工单位应当向建设行政主管部门或者其他有关部门登记。这是对施工起重机械的使用进行监督和管理的一项重要制度,能够有效防止非法设计、非法制造、非法安装的机械和设施投入使用;同时,还可以使建设行政主管部门或者其他有关部门及时、全面了解和掌握施工起重机械和整体提升脚手架、模板等自升式架设设施的使用情况,以利于监督管理。

施工起重机械在验收合格后向当地建设行政主管部门进行登记应当提交施工起重机械有关资料,包括:

1) 生产方面的资料,如设计文件、制造质量证明书、监督检验证书、使用说明书、安装证明等;

2) 使用的有关情况资料,如施工单位对于这些机械和设施的管理制度和措施、使用情况、作业人员的情况等。

建设行政主管部门或者其他有关部门应当对登记的施工起重机械建立相关档案,并及时更新,切实将施工起重机械的使用置于政府的监督之下,从而减少生产安全事故的发生。

施工单位应当将登记标志置于或者附着于该设备的显著位置。由于施工起重机械的情况不同,施工单位掌握的原则就是登记标志是证明该设备已经政府有关部门进行了登记,是合法使用的,所以将标志置于或者附着于设备上一般情况下都能够看到的地方,也便于使用者的监督,保证施工起重机械的安全使用。

8. 危及施工安全工艺、设备、材料淘汰制度

"国家对严重危及施工安全的工艺、设备、材料实行淘汰制度。具体目录由建设部会同国务院其他有关部门制定并公布。"本条是关于对严重危及施工安全的工艺、设备、材料实行淘汰制度的规定。严重危及施工安全的工艺、设备、材料是指不符合生产安全要求,极有可能导致生产安全事故发生,致使人民生命和财产遭受重大损失的工艺、设备和

材料。工艺、设备和材料在建设活动中属于物的因素，相对于人的因素来说，这种因素对安全生产的影响是一种"硬约束"，即只要使用了严重危及施工安全的工艺、设备和材料，即使安全管理措施再严格，人的作用发挥的再充分，也仍然难以避免安全生产事故的产生。因此，工艺、设备和材料同建设施工安全息息相关。为了保障人民群众生命和财产安全，本条明确规定，国家对严重危及施工安全的工艺、设备和材料实行淘汰制度。这一方面有利于保障安全生产；另一方面也体现了优胜劣汰的市场经济规律，有利于提高生产经营单位的工艺水平，促进设备更新。

根据本条的规定，对严重危及施工安全的工艺、设备和材料，实行淘汰制度，需要国务院建设行政主管部门会同国务院其他有关部门确定哪些是严重危及施工安全的工艺、设备和材料，并且以明示的方法予以公布。

对于已经公布的严重危及施工安全的工艺、设备和材料，建设单位和施工单位都应当严格遵守和执行，不得继续使用此类工艺和设备，也不得转让他人使用。

9. 施工现场消防安全责任制度

9.1 防火制度的建立

9.1.1 施工现场都要建立、健全防火检查制度。

9.1.2 建立义务消防队，人数不少于施工总人员的10%。

9.1.3 建立动用明火审批制度，按规定划分级别，审批手续完善，并有监护措施。

9.2 消防器材的配备

9.2.1 临时搭设的建筑物区域内，每 $100m^2$ 配备两只 10L 灭火器。

9.2.2 大型临时设施总面积超过 $1200m^2$，应备有专供消防用的积水桶（池）、黄砂池等设施，上述设施周围不得堆放物品。

9.2.3 临时木工间、油漆间和木、机具间等，每 $25m^2$ 配备一只种类合适的灭火器，油库危险品仓库应配备足够数量、种类合适的灭火器。

9.2.4 24m 高度以上高层建筑施工现场，应设置具有足够扬程的高压水泵或其他防火设备和设施。

9.3 施工现场的防火要求

9.3.1 各单位在编制施工组织设计时，施工总平面图、施工方法和施工技术均要符合消防安全要求。

9.3.2 施工现场应明确划分用火作业、易燃可燃材料堆场、仓库、易燃废品集中站和生活区等区域。

9.3.3 施工现场夜间应有照明设备，保持消防车通道畅通无阻，并要安排力量加强值班巡逻。

9.3.4 施工作业期间需搭设临时性建筑时，必须经施工企业技术负责人批准。施工结束时应及时拆除，但不得在高压架空下面搭设临时性建筑物或堆放可燃物品。

9.3.5 施工现场应配备足够的消防器材，指定专人维护、管理、定期更新，保证完整好用。

9.3.6 在土建施工时，应先将消防器材和设施配备好，有条件的，应敷设好室外消防水管和消防栓。

9.3.7 焊、割作业点与氧气瓶、电石桶和乙炔发生器等危险物品的距离不得少于

10m，与易燃易爆物品的距离不得少于30m；如达不到上述要求，应执行动火审批制度，并采取有效的安全隔离措施。

9.3.8 乙炔发生器和氧气瓶的存放之间距离不得小于2m，使用时，两者的距离不得小于5m。

9.3.9 氧气瓶、乙炔发生器等焊割设备上的安全附件应完整有效；否则，不准使用。

9.3.10 施工现场的焊、割作用，必须符合防火要求，严格执行"十不烧"规定。

9.3.11 冬期施工采用保温加热措施时，应符合以下要求：

1）采用电热器加温，应设电压调整器控制电压，导线应绝缘良好，连接牢固，并在现场设置多处测量点。

2）采用锯末生石灰蓄热，应选择安全配方比，并经工程技术人员同意后方可使用。

3）采取保温或加热措施前，应进行安全教育，施工过程中，应安排专人巡逻检查，发现隐患及时处理。

9.3.12 施工现场的动火作业，必须执行审批制度。

1）一级动火作业由所在单位行政负责人填写动火申请表，编制安全技术措施方案，报公司保卫部门及消防部门审查批准后，方可动火。

2）二级动火作业由所在工地、车间的负责人填写动火申请表，编制安全技术措施方案，报本单位主管部门审查批准后，方可动火。

3）三级动火作业由所在班组填写动火申请表，负责人及主管人员审查批准后，方可动火。

4）古建筑和重要文物单位等场所动火作业，按一级动火手续上报审批。

10. 施工机具、劳动保护用品的采购管理制度

10.1 应建立公司与分公司（项目部）的分级采购制度。重要的施工机具和劳动防护用品必须由公司统一采购，故应建立施工机具、劳动防护用品的分级采购目录。

10.2 应对供应单位的资格进行评价，建立合格供应单位的名录和合法的供货范围，从中选择合适的供应单位。

10.3 应通过供货合同约定安全物资的产品质量和验收要求。供货合同签订前应按规定程序进行审核审批。

10.4 应对进场安全物资进行验收，并形成记录，未经验收或验收不合格的安全物资应作好标识并清退出场。安全物资应"三证"齐全：① 实行许可证制度的产品应有生产许可证；② 产品合格证及产品检验合格证；③ 使用说明书。

10.5 凡租赁的安全物资，必须进行安全性能检测。凡采购二手施工机具设备的必须进行性能鉴定。

11. 生产安全事故报告制度

《建筑工程安全生产管理条例》第五十条对建筑工程生产安全事故报告制度的规定为："施工单位发生生产安全事故，应当按照国家有关伤亡事故报告和调查处理的规定，及时、如实地向负责安全生产监督管理的部门、建设行政主管部门或者其他有关部门报告；特种设备发生事故的，还应当同时向特种设备安全监督管理部门报告。接到报告的部门应当按照国家有关规定，如实上报。"

根据本条的规定，施工单位发生生产安全事故，应当按照国家有关伤亡事故报告和调

查处理的规定，及时、如实地向负责安全生产监督管理的部门、建设行政主管部门或者其他有关部门报告。负责安全生产监督管理的部门对全国的安全生产工作负有综合监督管理的职能，因此，其必须了解企业事故的情况。同时，有关调查处理的工作也需要由其来组织，所以施工单位应当向负责安全生产监督管理的部门报告事故情况。建设行政主管部门是建设安全生产的监督管理部门，对建设安全生产实行的是统一的监督管理，因此，各个行业的建设施工中出现了安全事故，都应当向建设行政主管部门报告。对于专业工程的施工中出现生产安全事故的，由于有关的专业主管部门也承担着对建设安全生产的监督管理职能，因此，专业工程出现安全事故，还需要向有关行业主管部门报告。根据《特种设备安全监察条例》第六十二条："特种设备发生事故，事故发生单位应当迅速采取有效措施，组织抢救，防止事故扩大，减少人员伤亡和财产损失，并按照国家有关规定，及时、如实地向负有安全生产监督管理职责的部门和特种设备安全监督管理部门等有关部门报告。不得隐瞒不报、谎报或者拖延不报。"条例规定在特种设备发生事故时，应当同时向特种设备安全监督管理部门报告。这是因为特种设备的事故救援和调查处理专业性、技术性更强，因此，由特种设备安全监督部门组织有关救援和调查处理更方便一些。

《建设工程安全生产管理条例》还规定了实行施工总承包的施工单位发生安全事故时的报告义务主体。本条例第二十四条规定："建设工程实行施工总承包的，由总承包单位对施工现场的安全生产负总责。"因此，一旦发生安全事故，施工总承包单位应当负起及时报告的义务。

安全生产事故报告程序：

11.1 依据《企业职工伤亡事故报告和处理规定》的规定，生产安全事故报告制度为：

11.1.1 伤亡事故发生后，负伤者或者事故现场有关人员应当立即直接或者逐级报告企业负责人。

11.1.2 企业负责人接到重伤、死亡、重大死亡事故报告后，应当立即报告企业主管部门和事故发生地安全生产监管部门、行业安全监管部门、公安部门、人民检察院、工会。

11.1.3 企业主管部门和安全生产监管部门接到死亡、重大死亡事故报告后，应当立即按系统逐级上报；死亡事故报至省、自治区、直辖市行业主管部门和安全生产监管部门；重大死亡事故报至国务院有关主管部门。

11.1.4 发生死亡、重大死亡事故的企业应当保护事故现场，并迅速采取必要措施抢救人员和财产，防止事故扩大。

11.2 依据《工程建设重大事故报告和调查程序规定》的规定，工程建设重大事故的报告制度为：

11.2.1 重大事故发生后，事故发生单位必须以最快方式，将事故的简要情况向上级主管部门和事故发生地的市、县级安全生产监管部门、行业安全监督部门及检察部门报告；事故发生单位属于国务院部委的，应同时向国务院有关主管部门报告。

11.2.2 事故发生地的市、县级建设行政主管部门接到报告后，应当立即向人民政府和省、自治区、直辖市建设行政主管部门报告；省、自治区、直辖市建设行政主管部门接到报告后，应当立即向人民政府和建设部报告。

11.2.3 重大事故发生后，事故发生单位应当在24小时内写出书面报告，逐级上报。

11.2.4 重大事故书面报告应当包括以下内容：

——事故发生的时间、地点、工程项目、企业名称；

——事故发生的简要经过、伤亡人数和直接经济损失的初步估计；

——事故发生原因的初步判断；

——事故发生后采取的措施及事故控制情况；

——事故报告单位。

12. 生产安全事故应急救援制度

12.1 应急救援预案的主要规定

12.1.1 县级以上地方人民政府建设行政主管部门应当根据本级人民政府的要求，制定本行政区域内建设工程特大生产安全事故应急救援预案。

12.1.2 施工单位应当制定本单位生产安全事故应急救援预案，建立应急救援组织或者配备应急救援人员，配备必要的应急救援器材、设备，并定期组织演练。施工单位的应急救援预案应当与当地主管部门的预案接口。

12.1.3 施工单位应当根据建设工程施工的特点、范围，对施工现场易发生重大事故的部位、环节进行监控，制定施工现场生产安全事故应急救援预案。实行施工总承包的，由总承包单位统一组织编制建设工程生产安全事故应急救援预案，工程总承包单位和分包单位按照应急救援预案，各自建立应急救援组织或者配备应急救援人员，配备救援器材、设备，并定期组织演练。

12.1.4 工程项目经理部应针对可能发生的事故制定相应的应急救援预案。准备应急救援的物资，并在事故发生时组织实施，防止事故扩大，以减少与之有关的伤害和不利环境影响。

12.2 现场应急预案的编制和管理

12.2.1 编制、审核和确认

1) 现场应急预案的编制：

应急预案的编制应与安保计划同步编写。根据对危险源与不利环境因素的识别结果，确定可能发生的事故或紧急情况的控制措施失效时所采取的补充措施和抢救行动，以及针对可能随之引发的伤害和其他影响所采取的措施。

应急预案是规定事故应急救援工作的全过程。

应急预案适用于项目部施工现场范围内可能出现的事故或紧急情况的救援和处理。

——应急预案中应明确：应急救援组织、职责和人员的安排，应急救援器材、设备的准备和平时的维护保养。

——在作业场所发生事故时，如何组织抢救，保护事故现场的安排，其中应明确如何抢救，使用什么器材、设备。

——应明确内部和外部联系的方法、渠道，根据事故性质，制定在多少时间内由谁、如何向企业上级、政府主管部门和其他有关部门联系、需要通知有关的近邻及消防、救险、医疗等单位的联系方式。

——工作场所内全体人员如何疏散的要求；

——应急救援的方案（在上级批准以后），项目部还应根据实际情况定期和不定期举行应急救援的演练，检验应急准备工作的能力。

2) 现场应急预案的审核和确认：

由施工现场项目经理部的上级有关部门，对应急预案的适宜性进行审核和确认。

12.3 现场应急救援预案的内容

应急救援预案可以包括下列内容，但不局限于下列内容：

12.3.1 目的；

12.3.2 适用范围；

12.3.3 引用的相关文件；

12.3.4 应急准备。

领导小组组长、副组长及联系电话，组员，办公场所（指挥中心）及电话。

项目经理部应急救援指挥流程图。

急救工具、用具（列出急救的器材、名称）。

12.3.5 应急响应：

1) 一般事故的应急响应：

当事故或紧急情况发生后，应明确由谁向谁汇报，同时采取什么措施防止事态扩大；现场领导如何组织处理；同时，在多少时间内向公司领导或主管部门汇报。

2) 重大事故的应急响应：

重大事故发生后，由谁在最短时间内向项目领导汇报，如何组织抢救，由谁指挥，配合对伤员、财物的急救处理，防止事故扩大。

项目部立即汇报：向内汇报，多少时间、报告哪个部门、报告的内容；向外报告，什么事故，可以由项目部门直接向外报警，什么事故应由项目部上级公司向有关上级部门上报。

12.3.6 演练和预案的评价及修改：

项目部还应规定平时定期演练的要求和具体项目。

演练或事故发生后，对应急救援预案的实际效果进行评价和修改预案的要求。

13. 意外伤害保险制度

根据《建筑法》第四十八条规定，建筑职工意外伤害保险是法定的强制性保险，也是保护建筑业从业人员合法权益，转移企业事故风险，增强企业预防和控制事故能力，促进企业安全生产的重要手段。中华人民共和国建设部于2003年5月23日公布了《建设部关于加强建筑意外伤害保险工作的指导意见》（建质〔2003〕107号），从九个方面对加强和规范建筑意外伤害保险工作提出了较详尽的规定，明确了建筑施工企业应当为施工现场从事施工作业和管理的人员，在施工活动过程中发生的人身意外伤亡事故提供保障，办理建筑意外伤害保险、支付保险费，范围应当覆盖工程项目。同时，还对保险期限、金额、保费、投保方式、索赔、安全服务及行业自保等都提出了指导性意见，其内容如下：

13.1 建筑意外伤害保险的范围

建筑施工企业应当为施工现场从事施工作业和管理的人员，在施工活动过程中发生的人身意外伤亡事故提供保障，办理建筑意外伤害保险、支付保险费，范围应当覆盖工程项目。已在企业所在地参加工伤保险的人员，从事现场施工时仍可参加建筑意外伤害保险。

各地建设行政主管部门可根据本地区实际情况，规定建筑意外伤害保险的附加险要求。

13.2 建筑意外伤害保险的保险期限

保险期限应涵盖工程项目开工之日到工程竣工验收合格日。提前竣工的，保险责任自行终止。因故延长工期的，应当办理保险顺延手续。

13.3 建筑意外伤害保险的保险金额

各地建设行政主管部门结合本地区实际情况，确定合理的最低保险金额。最低保险金额要能够保障施工伤亡人员得到有效的经济补偿。施工企业办理建筑意外伤害保险时，投保的保险金额不得低于此标准。

13.4 建筑意外伤害保险的保险费

保险费应当列入建筑安装工程费用。保险费由施工企业支付，施工企业不得向职工摊派。

施工企业和保险公司双方应本着平等协商的原则，根据各类风险因素商定建筑意外伤害保险费率，提倡差别费率和浮动费率。差别费率可与工程规模、类型、工程项目风险程度和施工现场环境等因素挂钩。浮动费率可与施工企业安全生产业绩、安全生产管理状况等因素挂钩。对重视安全生产管理、安全业绩好的企业可采用下浮费率；对安全生产业绩差、安全管理不善的企业可采用上浮费率。通过浮动费率机制，激励投保企业安全生产的积极性。

13.5 建筑意外伤害保险的投保

施工企业应在工程项目开工前，办理完投保手续。鉴于工程建设项目施工工艺流程中各工种调动频繁、用工流动性大，投保应实行不记名和不计人数的方式。工程项目中有分包单位的，由总承包施工企业统一办理，分包单位合理承担投保费用。业主直接发包的工程项目，由承包企业直接办理。

各级建设行政主管部门要强化监督管理，把在建工程项目开工前是否投保建筑意外伤害保险情况作为审查企业安全生产条件的重要内容之一；未投保的工程项目，不予发放施工许可证。

投保人办理投保手续后，应将投保有关信息以布告形式张贴于施工现场，告之被保险人。

13.6 关于建筑意外伤害保险的索赔

建筑意外伤害保险应规范和简化索赔程序，搞好索赔服务。各地建设行政主管部门要积极创造条件，引导投保企业在发生意外事故后立即向保险公司提出索赔，使施工伤亡人员能够得到及时、足额的赔付。各级建设行政主管部门应设置专门电话接受举报，凡被保险人发生意外伤害事故，企业和工程项目负责人隐瞒不报、不索赔的，要严肃查处。

13.7 关于建筑意外伤害保险的安全服务

施工企业应当选择能提供建筑安全生产风险管理、事故防范等安全服务和有保险能力的保险公司，以保证事故后能及时补偿与事故前能主动防范。目前还不能提供安全风险管理和事故预防的保险公司，应通过建筑安全服务中介组织向施工企业提供与建筑意外伤害保险相关的安全服务。建筑安全服务中介组织必须拥有一定数量、专业配套、具备建筑安全知识和管理经验的专业技术人员。

安全服务内容可包括施工现场风险评估、安全技术咨询、人员培训、防灾防损设备配置、安全技术研究等。施工企业在投保时可与保险机构商定具体服务内容。

各地建设行政主管部门应积极支持行业协会或者其他中介组织开展安全咨询服务工作，大力培育建筑安全中介服务市场。

13.8 关于建筑意外伤害保险行业自保

一些国家和地区结合建筑行业高风险特点，采取建筑意外伤害保险行业自保或企业联合自保形式，并取得一定成功经验。有条件的省（区、市）可根据本地的实际情况，研究探索建筑意外伤害保险行业自保。

三、安全技术操作规程

1. 安全技术操作规程是作业人员安全操作的准则。各企业、单位在对作业人员进行岗位安全教育，对作业人员进行安全技术操作知识的考核时，应当依据本企业颁发的安全技术操作规程。施工技术人员在对作业人员进行书面安全技术交底时，除针对作业现场的环境、施工方法、危险因素进行交底外，还应当依据安全技术操作规程的要求。

2. 安全技术操作规程的制定依据。企业可以依据国家标准，行业标准、规范，颁布的安全技术规程和国务院颁布的《建筑安装工程安全技术规程》，原国家建工总局颁布的《建筑安装工人安全技术操作规程》、×××省建设厅颁布的《×××省建设工程施工安全技术操作规程》，交通部门发布的《公路工程施工安全技术规程》等行业标准等效采用或部分采用。使用新产品、新工艺、新材料、新设备时，企业总工程师（技术负责人）应当依据新产品、新工艺、新材料、新设备的使用说明书或设计部门制定的安全操作要求，组织制定安全技术操作规程。

3. 安全操作规程发布前应经企业总工程师（技术负责人）审批后颁布执行，并确保每个相关人员，每个项目部都持有经正式颁布的安全技术操作规程。

第二节　安全生产条件所需资金的投入

一、法律依据

1.《安全生产法》第十八条规定：生产经营单位应当具备的安全生产条件所必须的资金投入，由生产经营单位的决策机构、主要负责人或者个人经营的投资人予以保证，并对由于安全生产所必需的资金投入不足导致的后果承担责任。

2.《安全生产法》第八十条规定：生产经营单位的决策机构、主要负责人、个人经营的投资人不依照本法规定保证安全生产所必需的资金投入，致使生产经营单位不具备安全生产条件的，责令限期改正，提供必需的资金；逾期未改正的，责令生产经营单位停产停业整顿。

有前款违法行为，导致发生生产安全事故，构成犯罪的，依照刑罚有关规定追究刑事责任；尚不够刑事处罚的，对生产经营单位的主要负责人给予撤职处分，对个人经营的投资人处二万元以上二十万元以下的罚款。

3.《建设工程安全生产管理条例》第二十一条规定：施工单位主要负责人依法对本单位的安全生产工作全面负责。施工单位应当建立、健全安全生产责任制度和安全生产教育培训制度，制定安全生产规章制度和操作规程，保证本单位安全生产条件所需资金的投入，对所承担的建设工程进行定期和专项安全检查，并做好安全检查记录。

施工单位的项目负责人应当由取得相应执业资格人员担任，对建设工程项目的安全施工负责，落实安全生产责任制度、安全生产规章制度和操作规程，确保安全生产费用的有效使用，并根据工程的特点组织制定安全施工措施，消除安全事故隐患，及时、如实报告生产安全事故。

4.《建设工程安全生产管理条例》第八条规定：建设单位在编制工程概算时，应当确定建设工程安全作业环境及安全施工措施所需费用。

5.《建筑工程安全生产管理条例》第二十二条规定：施工单位对列入建筑工程概算的安全作业环境及安全施工所需费用，应当用于施工安全防护用具及设施的采购和更新、安全施工措施的落实、安全生产条件的改善，不得挪作他用。

6.《建设工程安全生产管理条例》第六十三条规定：违反本条件的规定，施工单位挪用列入建设工程概算的安全生产作业环境及安全施工措施所需费用的，责令限期改正，处挪用费用20%以上50%以下的罚款；造成损失的，依法承担赔偿责任。

第五十四条规定：违反本条例的规定，建设单位未提供建设工程安全生产作业环境及安全施工措施所需费用的，责令限期改正；逾期未改正的，责令该建设工程停止施工。

建设单位未将保证安全施工的措施或者拆除工程的有关资料报送有关部门备案的，责令限期改正，给予警告。

二、编制和使用安全生产所需资金的规定

（一）国务院《关于加强企业生产中安全工作的几项规定》（国经营字244号文）第二章"关于安全技术措施计划"中规定：

1. 企业单位在编制生产、技术、财务计划的同时，必须编制安全技术措施计划。安全技术措施所需的设备、材料，应该列入物资、技术供应计划，对于每项措施，应该确定实现的期限和负责人。企业的领导人应该对安全技术措施计划的编制和贯彻执行负责。

2. 安全技术措施计划的范围，包括以改善劳动条件（主要指影响安全和健康的）、防止伤亡事故、预防职业病和职业中毒为目的的各项措施，不要与生产、基建和福利等措施混淆。

3. 安全技术措施计划所需的经费，按照现行规定，属于增加固定资产的，由国家拨款；属于其他零星支出的，摊入生产成本。企业主管部门应该根据所属企业安全技术措施的需要，合理地分配国家的拨款。劳动保护费的拨款，企业不得挪作他用。

4. 企业单位编制和执行安全技术措施计划，必须走群众路线，计划要经过群众讨论，使切合实际，力求做到花钱少、效果好；要组织群众定期检查，以保证计划的实现。

（二）原《劳动部、全国总工会发布安全技术措施计划的项目总名称表》（(79)劳总护字45号工发总字[1979]69号）

1. 安全技术

1.1 机器、机床、提升设备、机车、拖拉机、农业机器及电器设备等传动部分的防护装置；在传动梯吊台，廊道上安设的防护装置及各种快速自动开关等。

1.2 电刨、电锯、砂轮、剪床、冲床及锻压机器上的防护装置；有碎片、屑末、液体飞出及有裸露导电体等处所安设的防护装置。

1.3 升降机和起重机械上的各种防护装置及保险装置（如安全卡、安全钩、安全门、过速限制器、越程限制器、过卷扬限制器、门电锁、安全手柄、安全制动器等）；桥式起重机固定的着陆平台和梯子；升降机和起重机械为安全而进行的改装。

1.4 锅炉、受压容器、压缩机械及各种有爆炸危险的机器设备的保险装置和信号装置（如安全阀、自动控制装置、水封安全器、水位表、压力计等）。

1.5 各种联动机械和机器之间、工作场所的动力机械之间、建筑工地上、农业机器上为安全而设的信号装置，以及在操作过程中为安全而进行联系的各种信号装置。

1.6 各种运转机械上的安全启动和迅速停车设备。

1.7 为避免工作中发生危险而设置的自动加油装置。

1.8 为安全而重新布置或改装机械和设备。

1.9 电气设备安装防护性接地或接中性线的装置，以及其他防止触电的设施。

1.10 为安全而安设低电压照明设备。

1.11 在各种机床、机器旁，为减少危险和保证工人安全操作而安设的附属起重设备，以及用机械化的操纵代替危险的手动操作等。

1.12 在原有设备简陋，全部操作过程不能机械化的情况下，对个别繁重费力或危险的起重、搬运工作所采取的辅助机械化设施。

1.13 为搬运工作的安全或保证液体的排除，而重铺或修理地面。

1.14 在生产区域内危险处所装置的标志，信号和防护设施。

1.15 在工作可能到达的洞、坑、沟、升降口、漏斗等处安设的防护装置。

1.16 在生产区域内，工人经常过往的地点，为安全而设置的通道及便桥。

1.17 在高空作业时，为避免铆钉、铁片、工具等坠落伤人而设置的工具箱及防护网。

2. 工业卫生

2.1 为保持空气清洁或使温度合乎劳动保护要求而安设的通风换气装置。

2.2 为采用合理的自然通风和改善自然采光而开设天窗和侧窗；增设窗子的启闭和清洁擦拭装置。

2.3 增强或合理安装车间、通道及厂院的人工照明。

2.4 产生有害气体、粉尘或烟雾等生产过程的机械化、密闭化或空气净化设施。

2.5 为消除粉尘及各种有害物质而设置的吸尘设备及防尘设施。

2.6 防止辐射热危害的装置及隔热防暑设施。

2.7 对有害健康工作的厂房或地点实行隔离的设施。

2.8 为改善劳动条件而铺设各种垫板（如防潮的站足垫板等），在工作地点为孕妇所设的座位。

2.9 工作厂房或辅助房屋内增设或改善防寒取暖设施。

2.10 为劳动保护而设置对原料或加工材料的消毒设备。

2.11 为改善和保证供应职工在工作中的饮料而采取的设施（如配制清凉饮料或解毒饮料的设备、饮水清洁、消毒、保温的装置等）。

2.12 为减轻或消除工作中的噪声及振动的设施。

3. 辅助房屋及设施

3.1 在有高温或粉尘的工作、易脏的工作和有关化学物品或毒物的工作中，为工人设置的淋浴设备和盥洗设备。

3.2 增设或改善车间或车间附近的厕所。

3.3 更衣室或存衣箱；工作服的洗涤、干燥或消毒设备。
3.4 车间或工作场所的休息室、用膳室及食物加热设备。
3.5 寒冷季节露天作业的取暖室。
3.6 女工卫生室及其设备

4. 宣传教育
4.1 购置或编印安全劳动保护的参考书、刊物、宣传画、标语、幻灯及电影片等。
4.2 举行安全技术劳动保护展览会、设立陈列室、教育室等。
4.3 安全操作方法的教育训练及座谈会、报告会等。
4.4 建立与贯彻有关安全生产规章制度的措施。
4.5 安全技术劳动保护的研究与试验工作，及其所需的工具、仪器等。

5. 关于安全技术措施计划的项目总名称表的几项说明
5.1 安全技术的措施与改进生产的措施应根据措施的目的和效果加以划分。凡符合本名称表规定的项目，但从改进生产的观点来看，又是直接需要的措施（即为了合理安排生产而需要的措施），不得作为本名称表范围，而应列入生产技术财务计划中的其他有关计划。
5.2 企业在新建、改建时，应将安全技术措施列入工程项目内，在投入生产前加以解决，由基本建设的经费开支，不列入本名称表范围。
5.3 制造新机器设备时，必须包括该项机器设备的安全装置，由制造单位负责，不属于本名称表范围。
5.4 企业采取新的技术措施或采用新设备时，其相应必需解决的安全技术措施，应视为该项技术组织措施不可缺少的组成部分，同时解决，不属于本名称表范围。
5.5 本名称表第三部分"辅助房屋及设施"所规定的项目，应严格区别于集体福利事项，如公共食堂、公共浴室、托儿所、休养所等，均不属于本名称表范围。
5.6 个人防护用品及专用肥皂、药品、饮料等属于劳动保护的日常开支，按企业所订制度编入经费预算，不属于本名称表范围。安全技术各项设备的一般维护检修和燃料、电力消耗、应与企业中其他设备同样处理，亦不属于本名称表范围。

（三）原国家劳动总局《关于企业劳动保护宣传教育经费开支问题的函》（［80］劳护字18号文，1980年8104）

经财政部同意，我局和全国总工会于1979年7月12日联合发出"关于认真贯彻执行《安全技术措施计划的项目总名称表》的通知"，通知中指出"凡企业开展劳动保护宣传教育（包括装备劳动保护教育室经费），应按《安全技术措施计划项目总名称表》第四项规定，在企业劳动保护经费中开支"。以上规定，希认真贯彻执行。

三、施工企业安全生产资金投入参考资料
（一）安全资金投入使用范围
1. 安全生产资金投入应包括施工企业的安全生产资金投入和施工现场安全生产资金投入两部分。
1.1 施工企业安全生产资金投入使用范围：
1.1.1 安全宣传费；
1.1.2 安全教育、特种作业人员培训费；危险作业职工体检费；

1.1.3 消防设施、器材的建造购置费；

1.1.4 应急救援器材、装备购置费；

1.1.5 应急救援演练费；

1.1.6 防暑降温清凉饮料费、保健费；

1.1.7 工伤保险及意外伤害保险费；

1.1.8 其他法律法规及行政规章规定费用。

2. 工程项目安全生产资金投入使用范围：

2.1 列入工程概算的安全作业环境及安全施工措施所需费用，包括：

2.1.1 施工安全防护用具及设施的购置费及更新费；

2.1.2 用于落实施工组织设计的安全技术措施及专项安全施工方案的费用；

2.1.3 安全宣传、教育费：

(1) 安全宣传费；

(2) 安全教育、培训费；

(3) 安全标志、宣传设施器材的设置费。

2.1.4 消防设施、消防器材、保健设施、应急救援器材的建设、购置费；

2.1.5 施工临时用电设施、器材、脚手架防护购置、搭拆费；

2.1.6 施工机械设备安全检测费；

2.1.7 《建筑施工安全检查标准》（JGJ 59—99）要求达标所需的其他安全生产文明施工费用；

2.1.8 法律、法规、行政规章等规定的安全生产、文明施工项目开支的费用。

表 2.1.8-1

按定额专业划分	计算基础	费率（%）
建筑或与其一起发包的装饰工程九层以下（含九层）	不含税造价	1.32
建筑或与其一起发包的装饰工程九层以上	不含税造价	1.15
单独发包的装饰工程	不含税造价	0.75
市政	不含税造价	0.70
安装	不含税造价	0.65
园林	不含税造价	0.95
绿化工程	不含税造价	0.50
单独发包的土方、桩基工程等	不含税造价	0.50
市级以上文明工地	分部分项工程费用（约占总造价80%）	3.5%
市区沿街建筑工程	分部分项工程费用（约占总造价80%）	3.5%
市区一般建筑工程	分部分项工程费用（约占总造价80%）	2.5%

（二）安全文明施工措施费用的计价

1. 安全文明施工措施费用作为非竞争性费用，在编制工程预算投标报价中单列设立，计入总价，并在合同中列明其内容及费用金额，专款专用；

2. 工程项目实际总承包的，总承包单位按专业划分分别计算安全文明施工措施费用；总承包单位与分包单位的安全文明施工措施费用双方协商约定，不得重复计算；

3. 在编制工程预算或投标报价时，必须计算足够的安全文明施工措施费用，应单独详细列出费用内容及费用金额计入工程总造价，并作为合同文件的组成部分。

（三）安全文明施工措施费用的计提

（四）安全文明施工措施费计划的编制和使用

1. 各施工企业的安全生产资金年度计划，由企业安全管理机构编制，经批准后，由安全管理机构在批准的计划内使用。

2. 各工程项目的安全生产资金计划，由工程项目依据批准后的施工组织设计（施工方案）和专项安全施工方案的安全技术措施项目，编制计划，在列入工程概算的安全费用中列支使用。不足部分，由各施工企业规定补足办法。

（五）监督管理

各级财务、审计部门和安全机构负责对安全生产资金计划、使用进行监督管理和指导。

四、编制安全技术措施资金投入计划的方法

（一）公司每年根据本企业安全生产的状况，依据《安全技术措施计划的项目总名称表》编制年度安全技术措施计划，安排安全技术措施计划所需资金，并摊入企业的生产成本。安全技术措施计划可单独编制，亦可在编制企业年度安全生产工作计划（规划）时一并编制，经企业职工代表大会或总经理办公会议讨论通过后，正式发文执行。

（二）项目工程应针对工程的特点，编制施工组织设计或专项安全施工组织设计在施工组织设计或专项安全施工组织设计中要编制安全技术措施计划，安排落实安全技术措施计划所需资金，该项资金摊入工程直接费。施工组织设计应当经企业总工程师或项目总工程师审批，项目经理负责落实。

（三）资料收集

1. 企业安全生产管理部门应当收集正式发文执行的"年度安全技术措施计划"和经费开支的发票等证据。

2. 施工现场安全管理人员应当收集经企业总工程师或项目总工程师审批的施工组织设计或专项安全施工组织设计中的"安全技术措施计划"和经费开支的发票等证据。制成一式两份加盖工程项目公章，上报一份给公司安全生产管理部门，工程项目部留存一份备查。

第三节　安全生产管理机构和专职安全生产管理人员

一、法律依据

1. 《安全生产法》第十条规定：矿山建筑施工单位和危险物品的生产、经营、储存单位、应当设置安全生管理机构或配备专职安全生产管理人员。

2. 《建设工程安全生产管理条例》第二十三条规定：施工单位应当设立安全生产管理机构，配备专职安全生产管理人员。

二、专职安全生产管理人员数量的配备标准

《建设工程安全生产管理条例》第二十三条规定：专职安全生产管理人员的配备办法由国务院建设行政主管部门会同国务院其他有关部门制定。根据以往的一些要求如下：

1. 凡总承包一级企业，安全管理机构配备 5 名专职安全生产管理人员；总承包二级企业安全管理机构配备 4 名专职安全生产管理人员；总承包三级企业安全管理机构配备 3 名专职安全生产管理人员。

2. 凡专业承包一级企业安全管理机构配备 3 名专职安全生产管理人员；凡专业承包二级及三级企业安全管理机构配备 2 名专职安全生产管理人员。

3. 凡设立分公司或设立区域公司的也要单独设立安全管理机构。

4. 施工现场应按工程项目规模大小配备专职安全人员。建筑面积 1 万 m^2 以下的工地至少配备 1 名专职安全人员；1~5 万 m^2 的工地至少配备 2~3 名专职安全人员；5 万 m^2 以上的大型工地，按不同专业组成安全管理部。

三、安全生产管理机构和配备专项安全生产管理人员的方法

1. 企业主要负责人应当依法设立本企业安全生产管理机构，印发设立安全生产管理机构的工作职责；编制安全生产管理机构组成人员明细表。

企业设立的安全生产管理机构为企业内部常设安全生产工作的管理部门，安全生产委员会或安全生产领导小组是企业安全生产的领导机构，主要负责组织协调本企业安全生产的重大事项，安全生产委员会或安全生产领导小组不能代替企业的安全生产管理专门机构。

2. 施工现场专职安全员宜实行委派制度；新组建的工程项目部成立后，项目经理应当向公司安全生产管理机构申请委派专职安全生产管理人员。公司安全生产管理机构应当按项目经理申请委派专职安全生产管理人员的条件、专业，在 3~5 个工作日内在本企业登记的具有专职安全员资格的人员中派遣到工地。专职安全生产管理人员到施工现场报到后，项目经理应当组建工程项目安全生产领导小组并签发安全生产领导小组组成人员的名单、工作职责的文件，并抄报给派遣专职安全管理人员的公司安全生产机构。

四、资料收集

公司安全生产管理机构，应当及时收集公司有关设置安全生产管理机构，印发工作职责和任命专职安全生产管理人员的文件；及时收集各项目部申请委派专职安全生产管理人员和项目部有关设置安全生产领导小组，印发工作职责的文件资料。

第四节 "三类"人员安全生产考核及本企业管理人员和作业人员年度安全生产知识培训

一、"三类"人员安全生产考核

1. 法律依据

1.1 《安全生产法》

第二十条规定：生产经营单位的主要负责人和安全生产管理人员必须具备与本单位所从事的生产经营活动相应的安全生产知识和管理能力。

危险物品的生产、经营、储存单位以及矿山、建筑施工单位的主要负责人和安全生产管理人员，应当由有关主管部门对其安全生产知识的管理能力考核合格后方可任职。考核不得收费。

1.2 《建设工程安全生产管理条例》第三十六条规定：施工单位的主要负责人、项

目负责人、专职安全生产管理人员应当经建设行政主管部门或者其他有关部门考核合格后方可任职。

施工单位应当对管理人员和作业人员每年至少进行一次安全生产教育培训，其教育培训情况记入个人工作档案。安全生产教育培训考核不合格的人员，不得上岗。

施工企业的主要负责人，应当包括法定代表人、总经理、分管安全生产工作的副总经理、分管安全技术工作的总工程师（技术负责人）。

1.3 "三类"人员考核条件及方法

"三类"人员申请考核，必须具备以下条件：

1) 职业道德良好。

2) 在建筑施工企业工作的在职人员。

3) 学历和职称：建筑施工企业的主要负责人应当具备《建筑企业资质等级标准》规定的从事工程管理工作经历或相应职称；项目负责人应获得项目经理资质等级证书（三级项目经理有效聘书）或注册建造师资格证书；专职安全生产管理人员应为高中以上学历、具有3年以上工程管理工作经历或具有初级技术职称。

4) 经企业年度安全生产教育培训考核合格。

5) 经建设行政主管部门组织的安全生产知识考试合格。

2. "三类"人员安全生产管理能力考核条件

"三类"人员必须参加建设行政主管部门组织的安全生产知识考试合格后方可申请安全生产管理能力的考核。

3. "三类"人员安全生产管理能力考核申请材料

申请材料包括《×××省建筑施工企业主要负责人、项目负责人和专职安全生产管理人员安全生产考核申请表》（以下简称《申请表》）和附件材料。附件材料包括以下内容：

3.1 身份证（复印件）；

3.2 最高学历、学位证书（复印件）；

3.3 工程或工程经济类专业技术职称证书。项目负责人须有建筑施工企业项目经理资质证书或建造师执业资格证书（复印件）。

3.4 "三类"人员安全生产知识考核合格证明。

4. 审批程序

4.1 申请人向所在单位提出申请，递交申请材料一式三份和附件材料的原件（以下简称有关材料）。申请人对有关材料的真实性负责。

4.2 申请人所在单位收到有关材料后，应严格审核材料是否完整、真实。经审核无误后，在《申请表》中签署审核意见，并加盖企业公章。

4.3 申请人所在单位集中将本单位"三类"人员填写《×××省建筑施工企业主要负责人、项目负责人和专职安全生产管理人员安全生产考核申请名单》并进行核查，核查无误后将《申请表》和《申请名单》各一式两份报企业所在地建设行政主管部门或企业主管部门进行初审，初审符合考核条件的，由企业所在地建设行政主管部门或企业主管部门统一上报省安监站审核。

4.4 省安监站对《申请表》和《申请名单》进行审查，必要时对申请人进行抽查。

申请人隐瞒有关情况或者提供虚假材料的，不予受理，该申请人一年之内不得再次申请。

5. 其他

"三类"人员同时兼任建筑施工企业主要负责人、项目负责人和专职安全生产管理人员中两个及以上岗位的，必须取得另一岗位的安全生产考核合格证书后，方可上岗。

二、施工单位管理人员和作业人员年度安全知识培训

（一）法律依据

1.《安全生产法》第二十一条规定：生产经营单位应当对从业人员进行安全生产教育和培训，保证从业人员具备必要的安全生产知识，熟悉有关的安全生产规章制度和安全操作规程，掌握本岗位的安全操作技能。未经安全生产教育和培训合格的从业人员，不得上岗作业。

第二十二条规定：生产经营单位采用新工艺、新技术、新材料或者使用新设备，必须了解、掌握其安全技术特性，采取有效的安全防护措施，并对从业人员进行专门的安全生产教育和培训。

第二十三条规定：生产经营单位的特种作业人员必须按照国家有关规定经专门的安全作业培训，取得特种作业操作资格证书，方可上岗作业。

2.《建设工程安全生产管理条例》第三十六条规定：施工单位的主要负责人、项目负责人、专职安全生产管理人员应当经建设行政主管部门或者其他有关部门考核合格后方可任职。

施工单位应当对管理人员和作业人员每年至少进行一次安全生产教育培训，其教育培训情况记入个人工作档案。安全生产教育培训考核不合格人员，不得上岗。

第三十七条规定：作业人员进入新的岗位或者新的施工现场前，应当接受安全生产教育培训。未经教育培训或教育培训考核不合格的人员，不得上岗作业。

施工单位在采用新技术、新工艺、新设备、新材料时，应当对作业人员进行相应的安全生产教育培训。

（二）施工单位管理人员和作业人员年度安全知识培训的要求及方法

1. 培训对象、时间和内容

（1）建筑业企业职工每年必须接受一次专门的安全培训。

1）企业法定代表人、项目经理每年接受安全培训的时间，不得少于30学时；

2）企业专职安全管理人员除按照建教（1991）522号文《建设企事业单位关键岗位持证上岗管理规定》的要求，取得岗位合格证书并持证上岗外，每年还必须接受安全专业技术业务培训，时间不得少于40学时；

3）企业其他管理人员和技术人员每年接受安全培训的时间，不得少于20学时；

4）企业特殊工种（包括电工、焊工、架子工、司炉工、爆破工、机械操作工、起重工、塔吊司机及指挥人员、人货两用电梯司机等）在通过专业技术培训并取得岗位操作证后，每年仍须接受有针对性的安全培训，时间不得少于15学时；

5）企业其他职工每年接受安全培训的时间，不得少于15学时；

6）企业待岗、转岗、换岗的职工，在重新上岗前，必须接受一次安全培训，时间不得少于20学时。

（2）建筑企业新进场的工人，必须接受公司、项目（或工区、工程处、施工队，下同）、班组的三级安全培训教育，经考核合格后，方能上岗。

1) 公司安全培训教育的主要内容是：国家和地方有关安全生产的方针、政策、法规、标准、规范、规程和企业的安全规章制度等。培训教育的时间不得少于 15 学时。

2) 项目安全培训教育的主要内容是：工地安全制度、施工现场环境、工程施工特点及可能存在的不安全因素等。培训教育的时间不得少于 15 学时。

3) 班组安全培训教育的主要内容是：本工种的安全操作规程、事故案例剖析、劳动纪律和岗位讲评等。培训教育的时间不得少于 20 学时。

2. 安全培训教育的实施与管理

(1) 实行安全培训教育登记制度。建筑企业必须建立职工的安全培训教育档案，没有接受安全培训教育的职工，不得在施工现场从事作业或者管理活动。

(2) 县级以上地方人民政府建设行政主管部门制订本行政区域内建筑业企业职工安全培训教育规划和年度计划，并组织实施。省、自治区、直辖市的建筑业企业职工安全培训教育规划和年度计划，应当报建设部教育主管部门和建筑安全主管部门备案。

国务院有关专业部门负责组织制订所属建筑业企业职工安全培训教育规划和年度计划，并组织实施。

(3) 有条件的大中型建筑业企业，经企业所在地的建设行政主管部门或者授权所属的建筑安全监督管理机构审核确认后，可以对本企业的职工进行安全培训工作，并接受企业所在地的建设行政主管部门或者建筑安全监督管理机构的指导和监督。其他建筑业企业职工的安全培训工作，由企业所在地的建设行政主管部门或者建筑安全监督管理机构负责组织。

建筑业企业法定代表人、项目经理的安全培训工作，由企业所在地的建设行政主管部门或者建筑安全监督管理机构负责组织。

(4) 实行总承包的工程项目，总包单位要负责统一管理分包单位的职工安全培训教育工作。分包单位要服从总包单位的统一管理。

(5) 从事建筑业企业职工安全培训工作的人员，应当具备下列条件：

1) 具有中级以上专业技术职称；

2) 有五年以上施工现场经验或者从事建筑安全教学、法规等方面工作五年以上的人员；

3) 经建筑安全师资培训合格，并获得培训资格证书。

(6) 建筑业企业职工的安全培训，应当使用经建设部教育主管部门和建筑安全主管部门统一审定的培训大纲和教材。

(7) 建筑业企业职工的安全培训教育经费，从企业职工教育经费中列支。

三、资料收集

(一) "三类"人员考核资料

1. 建设行政管理部门、企业主管部门印发的"三类"人员安全生产知识和安全生产管理能力考核的相关文件。

2. 建设行政主管部门颁发的考核合格证复印件。

(二) 管理人员年度安全知识培训资料

1. 参加建设行政主管部门或企业主管部门年度安全知识培训的文件、课程表、成绩单等。

2. 企业自行组织的培训计划、培训考核记录。

（三）作业人员年度安全知识培训的计划，培训考核记录等资料

各项目部登记报公司安全生产管理机构汇总。

第五节　从业人员工伤保险以及施工现场从事危险作业人员意外伤害保险

一、法律依据

1. 从业人员工伤保险

《安全生产法》第四十三条规定：生产经营单位必须依法参加工伤社会保险，为从业人员缴纳保险费。

2. 意外伤害保险

《建设工程安全生产管理条例》第三十八条规定：施工单位应当为施工现场从事危险作业的人员办理意外伤害保险。

意外伤害保险费由施工单位支付。实行施工总承包的，由总承包单位支付意外伤害保险费。意外伤害保险期限自建设工程开工之日起至竣工验收合格止。

二、办理工伤保险的基本要求

1.《工伤保险条例》第二条规定：中华人民共和国境内的各类企业、有雇工的个体工商户（以下称用人单位）应当依照本条例规定参加工伤保险，为本单位全部职工或者雇工（以下称职工）缴纳工伤保险费。

中华人民共和国境内的各类企业的职工和个体工商户的雇工，均有依照本条例的规定享受工伤保险待遇的权利。

有雇工的个体工商户参加工伤保险的具体步骤和实施办法，由省、自治区、直辖市人民政府规定。

2.《工伤保险条例》第五条规定：国务院劳动保障行政部门负责全国的工伤保险工作。

县级以上地方各级人民政府劳动保障行政部门负责本行政区域内的工伤保险工作。

劳动保障行政部门按照国务院有关规定设立的社会保险经办机构（以下称经办机构）具体承办工伤保险事务。

3.《工伤保险条例》第八条规定：工伤保险费根据以支定收、收支平衡的原则，确定费率。

国家根据不同行业的工伤风险程度确定行业的差别费率，并根据工伤保险费使用、工伤发生率等情况在每个行业内确定若干费率档次。行业差别费率及行业内费率档次由国务院劳动保障行政部门会同国务院财政部门、卫生行政部门、安全生产监督管理部门制定，报国务院批准后公布施行。

统筹地区经办机构根据用人单位工伤保险费使用、工伤发生率等情况，适用所属行业内相应的费率档次确定单位缴费费率。

4.《工伤保险条例》第十条规定：用人单位应当按时缴纳工伤保险费。职工个人不缴纳工伤保险费。用人单位缴纳工伤保险费的数额为本单位职工工资总额乘以单位缴费费率之积。

三、办理意外伤害保险程序及保险合同期限

（一）建设工程中标并签订施工合同后，在办理工程质量、安全监督手续前，施工企业或项目部应到指定的保险公司驻当地服务窗口领取投保单，办理意外伤害保险。

（二）办理意外伤害保险时应提交以下材料：

1. 设立项目经理部的有效文件；
2. 项目经理资质证书；
3. 工程中标通知书和工程施工合同。

（三）领取意外伤害投保单后，投保人应在保险公司业务人员的指导下，认真按规定填写，设区市投保单一式三份，一份交当地安全监督机构汇总，一份交保险公司留存，一份交省建设业安全生产监督管理站备案；县(市)投保单一式四份，一份交社区市安监站。

（四）填写好投保单后，投保人按规定缴纳保险费。

（五）交清保险费后，保险公司向投保人开具保险单和保险费收据。

（六）保险单和保险费收据作为必备条件之一，办理安全监督手续。

（七）保险合同期限自工程开工之日起至工程竣工交付之日止；工程因故不能按期开工或工期延长的项目，应及时办理保险顺延手续；工程提前竣工交付的，保险终止日期相应提前；工程停工期间，保险公司不承担保险责任，投保人因故中途退出施工的，须出具建设单位终止合同的证明和建设行政主管部门的有关手续，按造价部门核准的工程决算，核定退保费用。

（八）保险费以建设工程承包合同总价为基础收取。1000 万元以下（含 1000 万元）的建筑工程按工程总价的 1.2‰ 收取，但保险费最低不得少于 2000 元；1000～5000 万元的工程保险费率按 $(1.3-0.0001x)$‰ 计算，x 为工程总造价，单位为万元。5000 万元以上的工程按工程总价的 0.6‰ 收取。

四、资料收集整理

（一）工伤保险资料（复印件）

1. 劳动保障部门出具给企业的工伤保险费征缴单；
2. 劳动保障部门支付工伤保险费的单据（发生了工伤事故的才有）。

（二）意外伤害保险资料（复印件）

工程项目按规定向指定的保险公司缴纳意外伤亡保险费的收据等。

第六节 施工起重机械设备检测

一、法律依据

1.《安全生产法》第二十八条规定：生产经营单位应当在有较大危险因素的生产经营场所和有关设施、设备上，设置明显的安全警示标志。

第二十九条规定：安全设备的设计、制造、安装、使用、检测、维修、改造和报废，应当符合国家标准或者行业标准。

生产经营单位必须对安全设备进行经常性维护、保养，并定期检测，保证正常运转。维护、保养、检测应当作好记录，并由有关人员签字。

第三十条规定：生产经营单位使用的涉及生命安全、危险性较大的特种设备，以及危

险物品的容器、运输工具，必须按照国家有关规定，由专业生产单位生产，并经取得专业资质的检测、检验机构检测、检验合格，取得安全使用证或者安全标志，方可投入使用。检测、检验机构对检测、检验结果负责。

2.《建设工程安全生产管理条例》第十八条规定：施工起重机械和整体提升脚手架、模板等自升式架设设施的使用达到国家规定的检验检测期限的，必须经具有专业资质的检验检测机构检测。经检测不合格的，不得继续使用。

第十九条规定：检验检测机构对检测合格的施工起重机械和整体提升脚手架、模板等自升式架设设施，应当出具安全合格证明文件，并对检测结果负责。

第三十五条规定：施工单位在使用施工起重机械和整体提升脚手架、模板等自升式架设设施前，应当组织有关单位进行验收，也可以委托具有相应资质的检验检测机构进行验收；使用承租的机械设备和施工机具及配件的，由施工总承包单位、分包单位、出租单位和安装单位共同进行验收。验收合格的方可使用。

《特种设备安全监察条例》规定的施工起重机械，在验收前应当经有相应资质的检验检测机构监督检验合格。

施工单位应当自施工起重机械和整体提升脚手架、模板等自升式架设设施验收合格之日起 30 日内，向建设行政主管部门或者其他有关部门登记。登记标志应当置于或者附着于该设备的显著位置。

二、资料收集

各类施工起重机械设备检测合格证明的复印件。

第七节　职业病防治措施

一、法律依据

2001 年 10 月 27 日中华人民共和国第 60 号主席令公布了《职业病防治法》，该法从 2002 年 5 月 1 日起施行。

《职业病防治法》第二条规定：本法适用于中华人民共和国领域内的职业病防治活动。

本法所称职业病，是指企业、事业单位和个体经济组织（以下统称用人单位）的劳动者在职业活动中，因接触粉尘、放射性物质和其他有毒、有害物质等因素而引起的疾病。

职业病的分类和目录由国务院卫生行政部门会同国务院劳动保障行政部门规定、调整并公布。

第五条规定：用人单位应当建立、健全职业病防治责任制，加强对职业病防治的管理，提高职业病防治水平，对本单位产生的职业病危害承担责任。

二、建筑业存在的职业病

1. 职业中毒

（1）铅及其化合物中毒（蓄电池、油漆、喷漆等）。

（2）汞及其化合物中毒（仪表制作）。

（3）锰及其化合物中毒（电焊、锰铁、锰钢冶炼）。

（4）磷及其化合物中毒（不包括磷化氢、磷化锌、磷化铝）。

（5）砷及其化合物中毒（不包括砷化氢）。

(6) 二氧化硫中毒（酸洗、硫酸除锈、电镀）。
(7) 氨中毒（晒图）。
(8) 氮氧化合物中毒［接触硝酸、放炮（TNT炸药）、锰烟］。
(9) 一氧化碳中毒（煤气管道修理、冬季取暖）。
(10) 二氧化碳中毒（接触煤烟）。
(11) 硫化氢中毒（下水道作业工人）。
(12) 四乙基铅中毒（含铅油库、驾驶、汽修）。
(13) 苯中毒（油漆、喷漆、烤漆、浸漆）。
(14) 甲苯中毒（油漆，喷漆、烤漆、浸漆）。
(15) 二甲苯中毒（油漆、喷漆、烤漆、浸漆）。
(16) 汽油中毒（驾驶、汽修、机修、油库工等）。
(17) 氯乙烯中毒（粘接、塑料、制管、焊接、玻纤瓦、热补胎）。
(18) 苯的氨基及化合物（不包括三硝基甲苯）中毒。
(19) 三硝基甲苯中毒（放炮、装炸药）。

2. 尘肺
(1) 矽肺（石工、风钻工、炮工、出碴工等）。
(2) 石墨尘肺（铸造）。
(3) 石棉肺（保温及石棉瓦拆除）。
(4) 水泥尘肺（水泥库、装卸）。
(5) 铝尘肺（铝制品加工）。
(6) 电焊工尘肺（电焊、气焊）。
(7) 铸工尘肺（浇铸工）。

3. 物理因素职业病
(1) 中毒（露天作业、锅炉等）。
(2) 减压病（潜涵作业、沉箱作业）。
(3) 局部振动病（制管、振动棒、风铆、电钻、校平）。

4. 职业性皮肤病
(1) 接触性皮炎（中国漆、酸碱）。
(2) 光敏性皮炎（沥青、煤焦油）。
(3) 电光性皮炎（紫外线）。
(4) 黑变病（沥青熬炒）。
(5) 痤疮（沥青）。
(6) 溃疡（铬、酸、碱）。

5. 职业性眼病
(1) 化学性眼部烧伤（酸、碱、油漆）。
(2) 电光性眼炎（紫外线、电焊）。
(3) 职业性白内障（含放射性白内障（激光））。

6. 职业性耳鼻喉口腔疾病
(1) 噪声聋（铆工、校平、气锤）。

(2) 铬鼻病（电镀作业）。

7．职业性肿瘤

(1) 石棉所致肺癌、间皮癌（保暖工：及石棉瓦拆除）。

(2) 苯所致白血病（接触苯及其化合物油漆、喷漆）。

(3) 铬酸盐制造业工人肺癌（电镀作业）。

8．其他职业病

(1) 化学灼伤（沥青、强酸、强碱，煤焦油）。

(2) 金属烟热（锰烟、电焊镀锌管、熔铅锌）。

(3) 职业性哮喘（接触易过敏的土漆、樟木、苯及其化合物）。

(4) 职业性病态反应性肺泡炎（接触中国漆、漆树等）。

(5) 牙酸蚀病（强酸）。

三、建筑业存在职业危害的主要工种

根据职业病的种类，建筑行业已列入有关工种和现虽尚未列入但确有职业病危害的工种相当广泛。主要工种详见下表。

建筑行业有职业危害的工种表

有害因素分类	主要危害	次要危害	危害的主要工作
粉尘	矽尘	岩石尘、黄泥沙尘、噪声、振动、三硝基甲苯	石工、碎石机工、碎砖工、掘进工、风钻工、炮工、出碴工
		高温	筑炉工
		高温、锰、磷、铅、三氧化硫等	型砂工、喷砂工、清砂工、浇铸工、玻璃打磨等
	石棉尘	矿渣棉、玻纤尘	安装保温工、石棉瓦拆除工
	水泥尘	振动、噪声	混凝土搅拌机司机、砂浆搅拌机司机、水泥上料工，搬运工，料库工
		苯、甲苯、二甲苯，环氧树脂	建材、建筑科研所试验工、公司材料试验工
	金属尘	噪声、金钢砂尘	砂轮磨锯工、金属打磨、金属除锈工、钢窗校直工、钢模板校平工
	木屑尘	噪声及其他粉尘	制材工、平刨机工、压刨机工、平光机工、开榫机工、凿眼机工
	其他粉尘	噪声	生石灰过筛工、河沙运料、上料工
铅	铅尘、铅烟、铅蒸气	硫酸、环氧树脂、乙二胺甲苯	充电工、铅焊工、溶铅、制铅板、除铅锈、锅炉管端退火工、白铁工、通风工、电缆头制作工、印刷工、铸字工、管道灌铅工、油漆工、喷漆工
四乙铅	四乙铅	汽油	驾驶员、汽车修理工、油库工
苯、甲苯、二甲苯		环氧树脂、乙二胺、铅	油漆工、喷漆工、环氧树脂、涂刷工、油库工、冷沥青涂料工、浸漆工、烤漆工、塑料件制作和焊接工
高分子化合物	聚氯乙烯	铅及化合物、环氧树脂、乙二胺	粘接、塑料、制管、焊接、玻璃瓦、热补胎
锰	锰尘、锰烟	红外线、紫外线	电焊工、气焊工、对焊工、点焊工、自动保护焊、惰性气体保护焊、冶炼

续表

有害因素分类	主要危害	次要危害	危害的主要工作
铬氰化合物	六价铬、锌、酸、碱	六价铬、锌、酸、碱、铅	电镀工、镀锌工
氨			制冷安装、冻结法施工、熏图
汞	汞及其他合物		仪表安装工，仪表监测工
二氧化硫			硫酸酸洗工、电镀工、冲电工、钢筋等除锈、冶炼工
氮氧化合物	二氧化碳	硝酸	密闭管道、球罐、气柜内电焊烟雾、放炮、硝酸试验工
一氧化碳	CO	CO_2	煤气管道修理工、冬期施工暖棚、冶炼、铸造
辐射	非电离辐射	紫外线、红外线、可见光、激光、射频辐射	电焊工、气焊工、不锈钢焊接工、电焊配合工、木材烘干工、医院同位素工作人员
	电离辐射	X射线，γ射线，α射线、超声波	金属和非金属探伤试验工、氩弧焊工、放射科工作人员
噪声		振动、粉尘	离心制管机、混凝土振动棒、混凝土平板振动器、电锤、汽锤、铆枪、打桩机、打夯机、风钻、发电机、空压机、碎石机、砂轮机、推土机、剪板机、带锯、圆锯、平刨、压刨、模板校平工、钢窗校平工
振动	全身振动	噪声	镦、气锻工；桩工，打桩机司机、推土机司机、汽车司机、小翻斗车司机、吊车司机、打夯机司机、挖掘机司机、铲运机司机、离心制管工
	局部振动	噪声	风钻工、风铲工、电钻工、混凝土振动棒、混凝土平板振动器、手提式砂轮机、钢模校平、钢窗校平工、铆枪

四、职业危害防治措施

(一) 防尘技术措施

1. 水泥除尘措施

(1) 流动搅拌机除尘。在建筑施工现场，搅拌机流动性比较大，因此，除尘设备必须考虑适合流动的特点，既要达到除尘目的，又要做到拆装方便。

流动搅拌机上有两个尘源点：一是向料斗上加料时飞起的粉尘；二是料斗向拌筒中倒料时，从进料口、出料口飞起的粉尘。

采用通风除尘系统。即在拌筒出料门安装活动胶皮护罩，挡住粉尘外扬；在拌筒上方安装吸尘罩，将拌筒进料口飞起的粉尘吸走；在地面料斗侧向安装吸尘罩，将加料时扬起的粉尘吸走；通过风机将空气粉尘送入旋风滤尘器，再通过器内水浴将粉尘降落，被水冲入蓄集池。

(2) 水泥制品厂搅拌站除尘。多用混凝土搅拌自动化。由计算机控制混凝土搅拌、输送全系统，这不仅提高了生产效率，减轻了工人劳动强度，同时在进料仓上方安装水泥、砂料粉尘除尘器，就可使料斗作业点粉尘降为零，从而达到彻底改善职工劳动条件的目的。

(3) 高压静电除尘。高压静电除尘是静电分离技术之一，已应用于水泥除尘回收。在水泥料斗上方安装吸尘罩，吸取悬浮在空中的尘粒，通过管道输送到绝缘金属筒仓内，仓内装有高压电晕电极，形成高压静电场，使尘粒荷电后贴附在尘源上，尘粒在电场力（包括风力）和自重力作用下，迅速返回尘源，从而达到抑制、回收的目的。

2. 木屑除尘措施

可在每台加工机械尘源上方或侧向安装吸尘罩，通过风机作用，将粉尘吸入输送管道，再送到蓄料仓内。

3. 金属除尘措施

钢、铝门窗的抛光（砂轮打磨）作业中，一般较多采用局部通风除尘系统，或在打磨台工人操作的侧方安装吸尘罩，通过支道管、主道管，将含金属粉尘的空气输送到室外。

（二）防毒技术措施

1. 在职业中毒的预防上，管理和生产部门应采取的措施

(1) 加强管理。要搞好防毒工作。

(2) 严格执行劳动保护法规和卫生标准。

(3) 对新建、改建、扩建的工程，一定要做到主体工程和防毒设施同时设计、施工及投产。

(4) 依靠科学技术，提高预防中毒的技术水平。包括：

1) 改革工艺；

2) 禁止使用危害严重的化工产品；

3) 加强设备的密闭化；

4) 加强通风。

2. 对生产工人应采取的预防职业中毒的措施

(1) 认真执行操作规程，熟练掌握操作方法，严防错误操作。

(2) 穿戴好个人防护用品。

3. 防止铅中毒的技术措施

铅中毒是可以预防的。只要积极采取措施，改善劳动条件，降低生产环境空气中铅烟浓度，达到国家规定标准 $0.03mg/m^3$，铅尘浓度在 $0.05mg/m^3$ 以下，就可以防止铅中毒。

(1) 消除或减少铅毒发生源。

(2) 改进工艺，使生产过程机械化、密闭化，减少对铅烟或铅尘接触的机会。

(3) 加强个人防护及个人卫生。

4. 防止锰中毒的技术措施

预防锰中毒，最主要的是应在那些通风不良的电焊作业场所采取措施，使空气中锰烟浓度降低到 $0.2mg/m^3$ 以下。

预防锰中毒主要应采取下列具体防护措施：

(1) 加强机械通风，或安装锰烟抽风装置，以降低现场浓度。

(2) 尽量采用低尘低毒焊条或无锰焊条；用自动焊代替手工焊等。

(3) 工作时戴手套、口罩；饭前洗手漱口；下班后全身淋浴；不在车间内吸烟、喝水、进食。

5. 预防苯中毒的措施

建筑企业使用油漆、喷漆的工人较多，施工前应采取综合性预防措施，使苯在空气中的浓度下降到国家卫生标准（40mg/m³）以下（甲苯、二甲苯为100mg/m³）。主要应采取以下措施。

（1）用无毒或低毒物代替苯。

（2）在喷漆上也采用新的工艺。

（3）采用密闭的操作和局部抽风排毒设备。

（4）在进入密闭的场所，如地下室、油罐等环境工作时，应戴防毒面具。

（5）通风不良的车间、地下室、防水池内涂刷各种防腐涂料或环氧树脂玻璃钢等作业，必须根据场地大小，采取多台抽风机把苯等有害气体抽出室外，以防止急性苯中毒。

（6）施工现场油漆配料房，应改善自然通风条件，减少连续配料时间，防止发生苯中毒和铅中毒。

（7）在较小的喷漆室内进行小件喷漆，可以采取水幕隔离的防护措施，即工人在水幕外面操纵喷枪，喷嘴在水幕内喷漆。

（三）弧光辐射、红外线、紫外线的防护措施

夏季强烈的太阳光线中，含有红外线和紫外线，生产中的红外线和紫外线主要来源于火焰和加热的物体，如锻造的加热炉、气焊和气割等。

为了保护眼睛不受电弧的伤害，焊接时必须使用镶铱特制防护眼镜片的面罩。可根据焊接电流强度和个人眼睛情况，考虑选择吸水式滤光镜片还是反射式防护镜片。

为防止弧光灼伤皮肤，焊工必须穿好工作服，戴好手套和鞋盖等。

（四）防止噪声危害的技术措施

各建筑、安装企业应重视噪声的治理，主要应从三个方面着手：消除和减弱生产中噪声源；控制噪声的传播；加强个人防护。

（1）控制和减弱噪声源。从改革工艺入手，以无声的工具代替有声的工具。

（2）控制噪声的传播：

1）合理布局。

2）应从消声方面采取措施：

①消声；

②吸声；

③隔声；

④隔振；

⑤阻尼。

（3）做好个人防护。如及时戴耳塞、耳罩、头盔等防噪声用品。

（4）定期进行预防性体检。

（五）防止振动危害的技术措施

（1）隔振，就是在振源与需要防振的设备之间，安装具有弹性性能的隔振装置，使振源产生的大部分振动被隔振装置所吸收。效果均较好。

（2）改革生产工艺，是防止振动危害的治本措施。

（3）有些手持振动工具的手柄，包扎泡沫塑料等隔振垫；工人操作时戴好专用的防振手套，也可减少振动的危害。

（六）防暑降温措施

为了补偿高温作业工人因大量出汗而损失的水分和盐分，最好的办法是供给含盐饮料。

对高温作业工人应进行体格检查，凡有心血管器质性疾病者不宜从事高温作业。炎热季节医务人员要到现场巡回医疗，发现中暑，要立即抢救。

五、资料收集整理

1. 职业病防治责任制度（文件）
2. 职业病防治措施（文件）
3. 开展职业病防治的各类记录

如体检、监测、检测等记录复印件。

第八节 危险性较大分部分项工程的预防监控措施和应急预案

一、法律依据

1. 《安全生产法》第三十三条规定：生产经营单位对重大危险源应当登记建档，进行定期检测、评估、监控，并制定应急预案，告知从业人员和相关人员在紧急情况下应当采取的应急措施。

生产经营单位应当按照国家有关规定将本单位重大危险源及有关安全措施、应急措施报有关地方人民政府负责安全生产监督管理的部门和有关部门备案。

2. 《建设工程安全生产管理条例》第二十六条规定：施工单位应当在施工组织设计中编制安全技术措施和施工现场临时用电方案，对下列达到一定规模的危险性较大的分部分项工程编制专项施工方案，并附具安全验算结果，经施工单位技术负责人、总监理工程师签字后实施，由专职安全生产管理人员进行现场监督：

（1）基坑支护与降水工程；
（2）土方开挖工程；
（3）模板工程；
（4）起重吊装工程；
（5）脚手架工程；
（6）拆除、爆破工程；
（7）国务院建设行政主管部门或者其他有关部门规定的其他危险性较大的工程。

对前款所列工程中涉及深基坑、地下暗挖工程、高大模板工程的专项施工方案，施工单位还应当组织专家进行论证、审查。

二、危险性较大分部分项工程的管理制度

1. 各施工企业应当依据《安全生产法》第三十三条和《建设工程安全生产管理条例》第二十六条的规定建立危险性较大分部分项工程的管理制度。

2. 管理制度应包括以下内容：

（1）登记建档。施工企业安全生产管理机构在参与审查安全施工方案时，对方案中涉及《建设工程安全生产管理条例》第二十六条规定的重大危险源应当登记建档。

(2) 根据需要对重大危险源进行检测、评估、专家论证。
(3) 对重大危险源进行跟踪监控。

三、危险性较大分部分项工程有关资料的收集

1. 建立危险性较大分部分项工程制度的文件；
2. 登记建档表；
3. 检测、评估，专家论证记录；
4. 跟踪监控记录。

第九节　生产安全事故应急救援

一、应急救援预案的主要规定

1. 县级以上地方人民政府建设行政主管部门应当根据本级人民政府的要求，制定本行政区域内建设工程特大生产安全事故应急救援预案。

2. 施工单位应当制定本单位生产安全事故应急救援预案，建立应急救援组织或者配备应急救援人员，配备必要的应急救援器材、设备，并定期组织演练。

3. 施工单位应当根据建设工程施工的特点、范围，对施工现场易发生重大事故的部位、环节进行监控，制定施工现场生产安全事故应急救援预案。实行施工总承包的，由总承包单位统一组织编制建设工程生产安全事故应急救援预案，工程总承包单位和分包单位按照应急救援预案，各自建立应急救援组织或者配备应急救援人员，配备救援器材、设备，并定期组织演练。

4. 工程项目经理部应针对可能发生的事故制定相应的应急救援预案。准备应急救援的物资，并在事故发生时组织实施，防止事故扩大，以减少与之有关的伤害和不利环境影响。

二、现场应急预案的编制和管理

1. 编制、审核和确认

1.1　现场应急预案的编制：

应急预案的编制应与安保计划同步编写。根据对危险源与不利环境因素的识别结果，确定可能发生的事故或紧急情况的控制措施失效时所采取的补充措施和抢救行动，以及针对可能随之引发的伤害和其他影响所采取的措施。

应急预案是规定事故应急救援工作的全过程。

应急预案适用于项目部施工现场范围内可能出现的事故或紧急情况的救援和处理。

——应急预案中应明确：应急救援组织、职责和人员的安排，应急救援器材、设备的准备和平时的维护保养。

——在作业场所发生事故时，如何组织抢救，保护事故现场的安排，其中应明确如何抢救，使用什么器材、设备。

——应明确内部和外部联系的方法、渠道，根据事故性质，制定在多少时间内由谁、如何向企业上级、政府主管部门和其他有关部门联系，需要通知有关的近邻及消防、救险、医疗等单位的联系方式。

——工作场所内全体人员如何疏散的要求。

——应急救援的方案（在上级批准以后），项目部还应根据实际情况定期和不定期举行应急救援的演练，检验应急准备工作的能力。

1.2 现场应急预案的审核和确认：

由施工现场项目经理部的上级有关部门，对应急预案的适宜性进行审核和确认。

2. 现场应急救援预案的内容

应急救援预案可以包括下列内容，但不局限于下列内容：

2.1 目的；

2.2 适用范围；

2.3 引用的相关文件；

2.4 应急准备。

领导小组组长、副组长及联系电话，组员，办公场所（指挥中心）及电话。

项目经理部应急救援指挥流程图。

急救工具、用具（列出急救的器材、名称）。

2.5 应急响应：

2.5.1 一般事故的应急响应：

当事故或紧急情况发生后，应明确由谁向谁汇报，同时采取什么措施防止事态扩大。

现场领导如何组织处理；同时，在多少时间内向公司领导或主管部门汇报。

2.5.2 重大事故的应急响应：

重大事故发生后，由谁在最短时间内向项目领导汇报，如何组织抢救、由谁指挥、配合对伤员、财物的急救处理，防止事故扩大。

项目部立即汇报：向内汇报，多少时间、报告哪个部门、报告的内容；向外报告，什么事故，可以由项目部门直接向外报警，什么事故应由项目部上级公司向有关上级部门上报。

2.6 演练和预案的评价及修改：

项目部还应规定平时定期演练的要求和具体项目。

演练或事故发生后，对应急救援预案的实际效果进行评价和修改预案的要求。

第十节 施工现场消防安全责任制

一、法律、法规依据

《建筑工程安全生产管理条例》第三十一条规定：施工单位应当在施工现场建立消防安全责任制度，确定消防安全责任人，制定用火、用电、使用易燃易爆材料等各项消防安全管理制度和操作规程，设置消防通道、消防水源，配备消防设施和灭火器材，并在施工现场入口处设置明显标志。

二、防火制度的建立

1. 施工现场都要建立、健全防火检查制度。

2. 建立义务消防队，人数不少于施工总人员的10%。

3. 建立动用明火审批制度，按规定划分级别审批手续完善，并有监护措施。

三、消防器材的配备

1. 临时搭设的建筑物区域内，每100m² 配备2只10L灭火器。

2. 大型临时设施总面积超过1200m²，应备有专供消防用的积水桶（池）、黄砂池等设施，上述周围不得堆放物品。

3. 临时木工间、油漆间和木、机具间等，每25m² 配备一只种类合适的灭火器，油库危险品仓库应配备足够数量、种类合适的灭火器。

4. 24m高度以上高层建筑施工现场，应设置具有足够扬程的高压水泵或其他防火设备和设施。

四、施工现场的防火要求

1. 各单位在编制施工组织设计时，施工总平面图、施工方法和施工技术均要符合消防安全要求。

2. 施工现场应明确划分用火作、易燃可燃材料堆场、仓库、易燃废品集中站和生活区等区域。

3. 施工现场夜间应有照明设备，保持消防车通道畅通无阻，并要安排力量加强值班巡逻。

4. 施工作业期间需搭设临时性建筑时，必须经施工企业技术负责人批准。施工结束时应及时拆除，但不得在高压架空下面搭设临时性建筑物或堆放可燃物品。

5. 施工现场应配备足够的消防器材，指定专人维护、管理、定期更新，保证完整好用。

6. 在土建施工时，应先将消防器材和设施配备好，有条件的，应敷设好室外消防水管和消防栓。

7. 焊、割作业点与氧气瓶、电石桶和乙炔发生器等危险物品的距离不得少于10m，与易燃易爆物品的距离不得少于30m；如达不到上述要求，应执行动火审批制度，并采取有效的安全隔离措施。

8. 乙炔发生器和氧气瓶的存放之间距离不得小于2m，使用时，两者的距离不得小于5m。

9. 氧气瓶、乙炔发生器等焊割设备上的安全附件应完整有效；否则，不准使用。

10. 施工现场的焊、割作用，必须符合防火要求，严格执行"十不烧"规定。

11. 冬期施工采用保温加热措施，应符合以下要求。

11.1 采用电热器加温，应设电压调整器控制电压，导线应绝缘良好，连接牢固，并在现场设置多处测量点。

11.2 采用锯末生石灰来蓄热，应选择安全配方比，并经工程技术人员同意后方可使用。

11.3 采取保温或加热措施前，应进行安全教育，施工过程中，应安排专人巡逻检查，发现隐患及时处理。

12. 施工现场的动火作业，必须执行审批制度。

12.1 一级动火作业由所在单位行政负责人填写动火申请表，编制安全技术措施方案，报公司保卫部门及消防部门审查批准后，方可动火。

12.2 二级动火作业由所在工地、车间的负责人填写动火申请表，编制安全技术措施方案。

第二章 安全生产许可证的申请

第一节 安全生产许可证的适用对象

一、国务院《安全生产许可证条例》规定:

1. 国家对矿山企业、建筑施工企业和危险化学品、烟花爆竹、民用爆破器材生产企业实行安全生产许可证制度。

2. 自2005年1月13日起企业未取得安全生产许可证的,不得从事生产活动。

二、依法取得工商行政管理部门颁发的《企业法人营业执照》的建筑施工企业。

三、建筑施工企业,是指从事土木工程、建筑工程、线路管道和设备安装工程及装修工程的新建、扩建、改建和拆除等有关活动的企业。

第二节 安全生产许可证的申请

一、申请材料

(1) 建筑施工企业安全生产许可证申请表(县属施工企业一式四份,省、市属施工企业一式三份);

(2) 企业法人营业执照(复印件);

(3) 建筑施工资质等级证书(复印件);

(4) 各级安全生产责任制和安全生产规章制度目录和文件,操作规程目录;

(5) 保证安全生产投入的证明文件(包括企业保证安全生产投入的管理办法或规章制度、年度安全资金投入计划及实施情况);

(6) 设置安全生产管理机构和配备专职安全生产管理人员的文件(包括企业设置安全管理机构的文件、安全管理机构的工作职责、安全机构负责人的任命文件、安全管理机构组成人员明细表);

(7) 主要负责人、项目负责人、专职安全生产管理人员安全生产考核合格名单及证书(复印件);

(8) 本企业特种作业人员名单及操作资格证书(复印件);

(9) 本企业管理人员和作业人员年度安全培训教育材料(包括企业培训计划、培训考核记录);

(10) 从业人员参加工伤保险以及施工现场从事危险作业人员参加意外伤害保险有关证明;

(11) 施工起重机械设备检测合格证明;

(12) 职业危害防治措施(要针对本企业业务特点可能会导致的职业病种类制定相应的预防措施);

(13) 危险性较大分部分项工程及施工现场易发生重大事故的部位、环节的预防监控措施和应急预案（根据本企业业务特点，详细列出危险性较大分部分项工程和事故易发部位、环节及有针对性和可操作性的控制措施和应急预案）；

(14) 生产安全事故应急救援预案（应本着事故发生后有效救援原则，列出救援组织人员详细名单、救援器材、设备清单和救援演练记录）。

其中，第2至第14项统一装订成册。企业在申请安全生产许可证时，需要交验所有证件、凭证原件。

二、对申报材料真实性的要求

申请安全生产许可证的建筑施工企业，应当对申请材料实质内容的真实性负责，不得隐瞒有关情况或者提供虚假材料。

三、证书有效期

安全生产许可证的有效期为3年。安全生产许可证有效期满需要延期的，企业应当于期满前3个月向原安全生产许可证颁发管理机关申请办理延期手续。

企业在安全生产许可证有效期内，严格遵守有关安全生产的法律法规，未发生死亡事故的，安全生产许可证有效期届满时，经原安全生产许可证颁发管理机关同意，不再审查，安全生产许可证有效期延期3年。

第三章 申请安全生产许可证材料范例

企 业 名 称	×××省×××公司
详 细 地 址	×××省×××市×××路××号
建 立 时 间	×××年×月×日
注 册 资 本 金	×××万元
营业执照注册号	××××××
注册经济类型	国　　有
主项资质等级	房屋建筑工程施工总承包壹级
证 书 编 号	××××××

法定代表人	×××	职务	总经理	职称	高级工程师
企业负责人	×××	职务	总经理	职称	高级工程师
技术负责人	×××	职务	副总工程师	职称	高级工程师

备 注：

企业资质年检记录
年检机关（章） 年　月　日
XX年度年检合格　　　　年检机关（章） 年　月　日
年检机关（章） 年　月　日
年检机关（章） 年　月　日

×××省×××公司文件

×××字〔2004〕35号

关于印发《×××省×××公司安全生产责任制》的通知

司属各单位：

《×××省×××公司安全生产责任制》已于2004年4月12日经理办公会议讨论通过，现印发给你们，请遵照执行。

附：《×××省×××公司安全生产责任制》

二〇〇四年八月十三日

主题词：2004年度　安全管理　目标措施

抄送：公司领导　各部室

（共印20份）

安全生产责任制
目录

第一章　总则
第二章　各级人员安全生产责任
第三条　公司经理安全生产责任
第四条　分管生产副经理安全生产责任
第五条　分管其他工作的负责人安全生产责任
第六条　公司技术负责人的安全生产责任
第七条　工程（项目）部经理的安全生产责任
第八条　施工员的安全生产责任
第九条　项目技术负责人的安全生产责任
第十条　公司安全管理人员的安全生产责任
第十一条　工程（项目）部安全管理人员的安全生产责任
第十二条　班组长的安全生产责任

第十三条　操作人员的安全生产责任
第三章　部门的安全生产责任
第十四条　安全部门的安全生产责任
第十五条　工程（生产）部门的安全生产责任
第十六条　技术、质量部门的安全生产责任
第十七条　机械部门的安全生产责任
第十八条　材料（物资）部门的安全生产责任
第十九条　财务部门的安全生产责任
第二十条　综合管理部门的安全生产责任

×××省×××公司文件

×××字［2004］38号

关于印发《×××省×××公司安全生产规章制度》的通知

司属各工程（项目）部：
　　根据有关法律、法规和行业安全生产管理的规定，为了落实本公司安全生产责任制，公司制定了安全生产规章制度，经二〇〇四年九月五日会议讨论通过，现予以发布，请认真贯彻执行。
　　附：《×××省×××公司安全生产规章制度》

二〇〇四年九月六日

主题词：2004年度　规章制度　通知
抄送：公司领导　各部室

（共印20份）

安全生产规章制度
目录

一、总则

二、安全生产目标管理制度；

三、安全生产定期检查制度；

四、安全生产教育培训制度；

五、安全技术交底制度；

六、施工机械保养维修制度；

七、施工机具、劳动防护用品采购管理制度；

八、安全生产资金投入管理制度；

九、分包单位人员资格管理制度；

十、伤亡事故报告和处理制度；

十一、消防安全责任制度；

十二、安全专项施工方案专家论证审查制度；

十三、安全技术管理制度；

十四、特种作业人员持证上岗制度；

十五、施工起重机械使用登记制度；

十六、危及施工安全工艺、设备、材料淘汰制度；

十七、意外伤害保险制度；

十八、项目管理人员安全责任制考核办法；

十九、施工现场防尘措施；

二十、施工不扰民措施；

二十一、安全生产会议制度；

二十二、安全生产纪律。

×××省×××公司文件

×××字〔2004〕6号

关于印发《建设工程施工安全技术操作规程》的通知

司属各单位：

现将我公司编印的《建设工程施工安全技术操作规程》印发给你们，请认真贯彻执行。

二○○四年二月六日

主题词：工程施工　安全技术　通知

抄送：公司领导　各部室

（共印20份）

安全技术操作规程
目录

第一编　总则
第一章　基本原则和适用范围
第二章　建设工程施工现场
第三章　建设工程作业人员
第四章　机电设备
第五章　高处作业及登高架设作业
第六章　季节施工

第二编　土木建筑施工
第七章　架子工
第八章　泥工
第九章　抹灰工
第十章　石工
第十一章　木工
第十二章　钢筋工
第十三章　混凝土工
第十四章　普通工
第十五章　工程施工临时用电电工
第十六章　大模板和大板施工
第十七章　升板法施工
第十八章　滑模施工
第十九章　沉井施工
第二十章　地下连续墙施工
第二十一章　网架及钢结构施工
第二十二章　桩基施工

第三编　装饰装潢施工
第二十三章　油漆玻璃工
第二十四章　幕墙装饰施工
第二十五章　吊顶及隔断工程和饰面工程施工
第二十六章　楼地面装饰工
第二十七章　饰品装饰装潢及灯具安装

第四编　市政工程
第二十八章　测量工
第二十九章　沥青装运操作工
第三十章　沥青洒布车操作工

第三十一章　沥青洒布机操作工
第三十二章　沥青混合料拌和设备操作工
第三十三章　沥青混合料摊铺机操作工
第三十四章　混凝土摊铺机操作工
第三十五章　混凝土真空吸水泵操作工
第三十六章　混凝土路面切缝机操作工
第三十七章　液压冲击破碎机操作工
第三十八章　涵管顶进操作工
第五编　设备安装
第三十九章　钳工
第四十章　安装电工
第四十一章　金属焊割作业工
第四十二章　管工
第四十三章　铆工
第四十四章　通风工
第四十五章　自控仪表工
第四十六章　筑炉工
第四十七章　保温工
第四十八章　无损探伤工
第六编　机械施工
第四十九章　土石方机械
第五十章　桩工机械
第五十一章　起重吊装及垂直运输机械
第五十二章　混凝土机械
第五十三章　中小型施工机具

×××省×××公司文件

×××字［2004］15号

关于印发2004年度安全技术措施费计划的通知

司属各单位：
　　现将我公司编制的《2004年度安全技术措施费计划》印发给你们，请遵照执行。
　　附：《2004年度安全技术措施费用计划表》。　　　　二〇〇四年三月十二日

2004年度安全技术措施费用计划表

序号	品　名	单位	数量	单位（元）	金额（元）
1	安全网	张	40000	36.00	1440000.00
2	安全带	付	100	80.00	8000.00
3	安全帽	顶	2500	12.00	30000.00
4	现场安全标志牌等	套	30	860.00	25800.00
5	标准配电箱（柜）	只	30	4500.00	135000.00
6	标准开关箱	只	300	360.00	108000.00
7	物料提升机安全装置改造	台	15	6000.00	90000.00
8	道路硬化、现场绿化等	个	30	10000.00	300000.00
9	员工安全培训	人	120	300.00	36000.00
10	安全管理资料	套	36	300.00	10800.00
11	安全宣传教育等	/	/	/	60000.00
12	合　　计				2243600.00

2004年1月1日

2004 年 1~10 月安全生产资金投入情况

序号	名　称	金额（元）
一	安全培训、宣传教育费	￥65000.00
二	安全管理资料印刷、编印费	￥16000.00
三	安全标志、消防器材	￥26000.00
四	安全监测工具、交通费用	￥56000.00
五	安全防护	￥1100000.00
六	施工用电配置措施费	￥180000.00
七	机械设备安全措施费	￥150000.00
八	施工场地硬化、绿化等	￥250000.00
九	劳动保护用具用品	￥120000.00
十	合　计	￥1963000.00

2004 年 11 月 9 日

×××省×××公司文件

×××字［2004］9号

关于设立×××省×××公司安全管理部的通知

各部室、各工程部：

  为适应公司安全生产的需要，经研究决定，成立×××省×××公司安全管理部。
  特此通知

二○○四年二月二十日

主题词：安全管理部   设立   通知
抄送：公司领导

×××省×××公司文件

×××字［2004］12号

×××省×××公司安全管理部工作职责

  1. 贯彻执行国家有关安全生产的法律、法规及行业安全技术标准、规范和本企业安全生产规章制度；

  2. 依据法律法规和行业主管部门安全管理规定组织或参与起草公司内部有关安全生产规章和安全技术操作规程；实施安全生产管理目标；

  3. 在公司经理领导下，负责对安全生产法律、法规和规章制度在本单位中贯彻实施情况进行监督检查；

  4. 指导、监督工程项目开展安全生产管理工作；监督检查工程项目安全生产目标的执行和落实，明确各级安全责任，做好安全生产工作；

5. 及时掌握项目工程的安全生产工作动态，传递安全管理信息；

6. 组织开展对安全管理人员和特种作业人员的公司级安全培训、考核等安全生产教育工作；抓好安全宣传；

7. 组织定期安全生产检查、开展安全生产活动；总结交流安全生产工作经验；

8. 参与施工组织设计（施工方案）中安全技术措施编制和审查工作，并对贯彻执行情况进行监督检查；

9. 负责工伤事故统计报告工作，组织或参与重大伤亡事故的调查处理工作。通报重大伤亡事故情况；

10. 制止违章指挥和违章作业，对违反安全生产法律法规和规章制度的行为，经劝阻无效，有权越级上报，情况紧急时有权责令暂停部分或全部施工，限期整改，有权按照规定和程序进行经济处罚或提请主管领导依照有关规定给予行政处分；

11. 认真负责做好公司安全日常管理工作，完成领导和上级交办的其他工作，自觉接受行业管理、国家监察和群众监督。

二〇〇四年二月二十日

主题词：安全管理部	职责
抄送：公司领导	

×××省×××公司文件

×××字［2004］11号

关于×××同志任职的通知

司属各单位：

经公司领导研究决定，聘任×××同志为安全管理部部长。

特此通知

二〇〇四年二月二十日

主题词：职务聘任	×××同志	通知
抄送：公司领导	各部室	

公司专职安全生产管理人员配备简况

安全管理机构负责人					
姓名		性别		最高学历	
职务		职称		专 业	
固定电话				移动电话	
安全生产考核合格发证单位				发证时间	
证书编号				证书有效期	
专职安全生产管理人员					
序号	姓名	专业	安全生产考核合格情况		
			发证单位	发证时间	证书编号	证书有效期

注：本表应包含企业安全生产管理机构人员。

主要负责人、项目负责人和专职安全生产管理人员安全生产考核合格人员名单

序号	姓名	性别	年龄	职务	人员类别	证件类型	证件号	有效期限

建筑施工企业主要负责人

安全生产考核合格证书

中华人民共和国建设部制

照 片
(考核发证单位安全
考核专用章钢印)

姓　　名：＿＿＿＿＿＿＿

性　　别：＿＿＿＿＿＿＿

出生年月：＿＿＿＿＿＿＿

身份证号：＿＿＿＿＿＿＿

企业名称：＿＿＿＿＿＿＿
　　　　　＿＿＿＿＿＿＿

职　　务：＿＿＿＿＿＿＿

技术职称：＿＿＿＿＿＿＿

证书编号：＿＿＿＿＿＿＿

考核发证单位

（公章）

发证时间：　　　年　月　日

建筑施工企业项目负责人

安全生产考核合格证书

中华人民共和国建设部制

企 业 名 称：_____
　　　　　　_____
职　　　务：_____
技 术 职 称：_____
证 书 编 号：_____

考核发证单位
（公章）

发证时间：　　　年　　月　　日

姓　　名：_____
性　　别：_____
出生年月：_____
身份证号：_____

建筑施工企业专职安全生产管理人员

安全生产考核合格证书

中华人民共和国建设部制

照片	企业名称：_____
（考核发证单位安全考核专用章钢印）	职　　务：_____
	技术职称：_____
	证书编号：_____

姓　　名：_____

性　　别：_____

出生年月：_____

身份证号：_____

考核发证单位
（公章）

发证时间：　　年　月　日

×××省×××公司特种作业人员登记表

序号	姓名	性别	出生年月	工种	培训内容	培训机构	发证机构	持证号码	复审日期	下次复审日期

中华人民共和国特种作业操作证正证	中华人民共和国特种作业操作证副证
	复审记录 第一次复审_____ 第二次复审_____ 国家安全生产监管管理局 国家煤矿安全监察局 制
中华人民共和国特种作业操作证正证	中华人民共和国特种作业操作证副证
	复审记录 第一次复审_____ 第二次复审_____ 国家安全生产监管管理局 国家煤矿安全监察局 制
中华人民共和国特种作业操作证正证	中华人民共和国特种作业操作证副证
	复审记录 第一次复审_____ 第二次复审_____ 国家安全生产监管管理局 国家煤矿安全监察局 制
中华人民共和国特种作业操作证正证	中华人民共和国特种作业操作证副证
	复审记录 第一次复审_____ 第二次复审_____ 国家安全生产监督管理局制

×××省×××公司文件

×××字［2004］10号

×××省×××公司二〇〇四年度安全教育培训计划

为做好二〇〇四年度建筑施工管理人员和作业人员的安全教育培训工作，根据建设部、省建设厅的要求，结合我单位生产经营实际，特制定二〇〇四年度安全教育培训计划。

一、指导思想

贯彻"安全第一、预防为主"的方针，进一步做好《建设工程安全生产管理条例》的学习宣传工作，提高公司建筑施工管理人员的业务素质和安全管理水平，增强施工作业人员安全意识和安全自我防范能力，减少一般事故，杜绝重伤以上事故的发生，促进公司安全生产工作健康有序地发展。

二、组织培训

1. 公司经理、公司分管安全工作副经理、安全科长、项目经理、安全生产管理人员和特种作业人员安全教育的培训工作，由公司安全生产评价标准管理部门根据上级要求，负责送培工作。

2. 公司负责项目其他管理人员和职工的安全教育培训工作。

三、培训内容

1.《建设工程安全生产管理条例》；

2. 建设部颁发的"一标五规"；

3.《×××省建设工程施工安全技术操作规程》；

4. 其他有关安全生产的文件和教材。

四、要求

安全教育培训工作是建筑施工管理人员和作业人员每年必须接受的一次安全专业知识学习。各项目部、机关有关部门要认真按计划组织好本部人员参加教育培训。特种作业人员必须按照国家有关规定经过专门的安全作业培训并取得特种作业操作资格证书后方可上岗作业。按照国务院393号令《建设工程安全生产管理条例》规定要求，今年特别是要抓好公司的主要负责人、项目负责人、专职安全生产管理人员这三类人员的培训、考核工作。

五、安全教育培训安排

1. 一季度（1~3月）：宣传贯彻《建设工程安全生产管理条例》；

2. 二季度（4~6月）：《一标五规》、配合安全生产月活动开展安全生产法律法规知识竞赛；

3. 三季度（7~9月）：《×××省建设工程施工安全技术操作规程》、"三类人员"培训考核；

4. 四季度（10～12月）：《安全生产许可证条例》、《施工企业安全生产评价标准》；《建筑施工安全技术操作规程》。

二〇〇四年二月十九日

建设部《建筑业企业职工安全培训教育暂行规定》

（建教〔1997〕83号文件摘录）

第2条、建筑业企业职工必须定期接受安全培训教育，坚持先培训，后上岗的制度。

第5条、建筑业企业职工每年必须接受一次专门的安全培训。

（一）企业法定代表人，项目经理每年接受安全培训的时间，不得少于30学时；

（二）企业专职安全管理人员除按建教（1990）522号文《建设企事业单位关键岗位持证上岗管理规定》的要求，取得岗位合格证书并持证上岗外，每年还必须接受安全专业技术业务培训，时间不得少于40学时；

（三）企业其他管理人员和技术人员每年接受安全培训的时间，不得少于20学时；

（四）企业特殊工种（包括电工、焊工、架子工、司炉工、爆破工、机械操作工、起重工、搭吊司机及指挥人员、人货两用电梯司机等）在通过专业技术培训并取得岗位操作证后，每年仍须接受有针对性的安全培训，时间不得少于15学时；

（五）企业其他职工每年接受安全培训的时间不得少于15学时；

（六）企业待岗、转岗、换岗的职工，在重新上岗前必须接受一次安全培训，时间不得少于20学时。

同志于　　　年　　月参加

公司举办的管理人员年度安全培训教育，

经考试成绩合格，准予结业。

×××省×××公司

年　　月　　日

编号：

结业证书

×××同志：

在我中心参加×××年《建设工程安全生产管理条例》培训，考试合格，准予结业。

×××建设行业安全管理监督站
×××建筑教育培训中心（印章）
××××年××月××日

×××保险股份有限公司×××分公司
个人业务保险暂收收据 (2004) ×地税
（业务联）

本收据在2005年2月底前使用有效

投保单号：　　　　　授权人：　　　　　收款日期：　年　月　日

第四联　业务联

保险事项	险种名称	缴费方式	保险金额（份数）	保险费金额					
				万	千	百	十	元	角	分
基本保险										
附加险										
合计（大写）										

业务部代码　　　　　业务员工号　　　　　联系电话

团体人身保险保险单（主单）

根据投保人的申请，本公司在投保人缴付约定的保险费后，按本保险条款及所附批单列明的事项，承担保险责任，特立本保险单。

险种名称	附加建工医疗B		
单位名称	×××建工集团公司		
单位地址			
单位代码		电话号码	
投保人数	260人	投保份数	260份
保险期间	自2004年02月14日零时起至被保险人清单列明的责任终期二十四时或本合同列明的终止性保险事故发生时止		
缴费期限	自2004年02月13日零时起至被保险人清单列明的缴费终期二十四时止		
缴费方式	趸缴	保险费	4215.60元
给付日期	详见保险合同	给付方式 详见保险合同	领取金额 详见保险合同

每份保险责任

意外伤害医疗　　　　　　RMB　10000元

保险责任与责任免除详见条款

特别约定

未尽事宜，详见条款。
1、每人主险保额为七万元，附加险保额为一万元。
2、保险期限终止日以实际竣工日为准。
3、项目名称：××××大学学生食堂、浴室
4、保险生效日从到账之日起开始承保。

总经理签署	公司签章
公司地址	（报案）
业务员　　　　审核人	签单日期　年　月　日

收到本保单后请仔细核对，如有误请及时向本公司办理更正。

检 验 报 告

报告编号：××××-×

产品名称：_____物 料 提 升 机_____

受检单位：_____

检验类别：_____现 场 检 验_____

×××建筑企业安全管理监督检测中心

注意事项

1. 报告无"检验专用章"或检验单位公章无效。

2. 报告无检验人、报告人、复核人、批准人签名（章）无效。

3. 报告涂改无效。

4. 对检验报告若有异议、可在收到本报告之日起 15 日内向检验单位提出，逾期不予受理。

5. 现场检验仅对工地现场当时使用状态负责。

6. 检验结束后，需严格按照技术规范进行使用维护。

地址：××市××路××号

邮编：××××××

电话：×××－×××××××

××市建筑行业安全管理监督站检测中心

×××市建筑行业安全管理监督站检测中心检验报告

共2页第1页

产品名称	物料提升机	型号规格	×××
受检单位	×××	工程名称	×××
制造单位	×××市×××建筑机械厂	检验类别	现场检验
检验条件	符合要求	检验地点	工地现场
委托时间	2004.5.19	检验时间	2004.6.3
检验依据	JGJ88—92《龙门架及井架物料提升机安全技术规范》		
检验项目	空载试验，标载试验及断绳保护		
检验结论	依据JGJ88—92标准，该设备经检验，符合使用要求。 （检验报告专用章） 签发日期：××××年×月×日		
检验人：	报告人：	审核人：	批准人：

物料提升机检验结果

检验项目	标准要求	实测结果				单项结论
			1	2	3	
空载试验	全行程范围内反复试验各工作不少于3次，各安全装置有效灵敏，各机构动作平稳准确	各机构动作	灵敏	灵敏	灵敏	合格
		停靠装置	平稳	平稳	平稳	合格
		超高限位器	灵敏	灵敏	灵敏	合格
		下极限限位器*				
		缓冲器*				
		超载限位器*				
		通信装置*				
标载试验	1. 全行程范围内反复试验各工作不少于3次，各安全装置有效灵敏、各机构动作平衡准确	各机构动作	灵敏	灵敏	灵敏	合格
		停靠装置	平稳	平稳	平稳	合格
		超高限位器	灵敏	灵敏	灵敏	合格
		下极限限位器*				
		缓冲器*				
		超载限位器*				
		通信装置*				
	2. 断绳试验下滑行程不大于1m	L_Q		3.26		合格
		L_Z		3.11		
		$L = -L_Q - L_Z$		0.05		

备注：*为提升高度超过30m的提升机。

检 验 报 告

报告编号：×××××

产品名称：　　　密目式安全立网　　　

受检单位：　　　　　　　　　　　　　

检验类别：　　　送　样　检　验　　　

×××建筑行业安全管理监督检测中心

注 意 事 项

1. 报告无"检验专用章"或检验单位公章无效。

2. 报告无检验人、报告人、复核人、批准人签名（章）无效。

3. 报告涂改无效。

4. 对检验报告若有异议、可在收到本报告之日起 15 日内向检验单位提出，逾期不予受理。

5. 委托检验仅对来样负责。

6. 本报告自签发之日起，三个月内有效。

地址：××市××路××号

邮编：××××××

电话：××××-××××××××

×××建筑行业安全管理监督站检测中心

×××建筑行业安全管理监督站检测中心检验报告

共2页第1页

产品名称	密目式安全立网	型号规格	1.8×6.0M
受检单位		商　标	×××
生产单位	×××建材厂	检验类别	送样检验
检验地点	检测中心	样品等级	正品
样品数量	2张	送样日期	2004年4月21日
抽样数量	500张	检测日期	2004年4月29日
原编号	×××××	送样单位	×××
检验依据	GB 16909—1997《密目式安全立网》		
检验项目	规格、网目密度、环扣孔径、环扣间距、耐贯穿性、耐冲击性		
检验结论	依据GB 16909—1997标准，该产品经检验，综合判定为合格。 签发日期：2004年4月29日		

检验人：　　　报告人：　　　审核人：　　　批准人：

密目式安全立网检验结果汇总

共2页第2页

序号	检验项目	标准条款	标准要求	实测结果	结论	备注
1	规格	4	宽度：1.8m 长度：6.0m	宽度：1.77m 长度：5.90m	合格	
2	网目密度	5.2.1	≥800 （目/100cm^2）	2621 （目/100cm^2）	合格	
3	环扣孔径	5.2.3	≥8mm	11.1mm	合格	
4	环扣间距	4.1	≤450mm	275mm	合格	
5	耐贯穿性	5.3	不发生贯穿，或网体被切断曲折线长度≤60mm，直线长度≤100mm	未贯穿	合格	
6	耐冲击性	5.3	网体或边绳不断或网体被冲断直线长度≤200mm，曲折线长度≤150mm	冲断直线长度90mm	合格	
试验条件	温度：28℃					
其它	网材料：聚乙烯　　　　网重量：3.12kg					
主要检测设备	密目式安全网检测试验台					

[200307A4版]　　　　　　　　　　　　　　　　　　　报告书编号：×××

设　备　概　况			
使用单位			
设备注册代码	×××××	型号规格	××××
设备名称	汽车起重机	幅度（m）	
最大起重量（kg）	90000	起升高度（m）	44
制造单位	××××	产品出厂编号	
用户设备编号	B3-0298	验收检验日期	2004/2/24
检验环境状况	良好		
检 验 依 据	1.《起重机械监督检验规程》； 2. GB/T 14560—1993《150t以下履带起重机技术条件》； 3. JB5055—1994《履带起重机安全规程》； 4. JB/T 9738—2000《汽车起重机和轮胎起重机技术要求》； 5. JB 8716—1998《汽车起重机和轮胎起重机安全规程》		
主要检测 仪器设备	钢卷尺　　游标卡尺　　钢直尺 　　　　　　　　　　　线锤 塞尺		验电器及常用电工工具 放大镜（20倍） 百分表
检验结论	合格 下次检验日期：2005年2月24日		（检验机构检验专用章） 签发日期：2004年2月24日
备注	原编号：	打印校对	王花秀
批准		审核	检验

共6页 第3页

×××省××××公司文件

××××字（2004）39号

×××省××××公司职业危害防治措施

　　为保障施工现场作业人员在生产过程中的身心健康，依据有关法律、法规，结合本司施工特点，制定本措施。

　　一、严格遵守有关环境保护的法律、法规，采取有效措施，按照国家环保技术标准控制施工现场的各种粉尘、废气、废水、固体废气物以及噪声。

　　二、施工现场应按要求设置各种防护设施，防止在施工中产生的尘土飞扬及废物、杂物飘散，高层或多层建筑施工中，搭设封闭或临时专用垃圾道，采用容器吊运，不得随意抛洒建筑垃圾。

　　三、水泥和其他易飞扬的颗粒散体材料入库采用遮盖存放措施；搅拌机安装降尘设备，木制作机械、钢、铝门窗的抛光（砂轮打磨）安装吸尘罩。

　　四、为预防职业中毒，严格执行劳动保护法规和卫生标准，遵守操作规程，穿戴好个人防护用品，在通风不良的作业场所，还应采取通风措施。

　　五、在防止噪声危害的措施方面，应重视噪声的治理，消除和减弱生产中噪声源，控制噪声的传播，加强个人防护。

　　六、在炎热季节施工作业，应采取防暑降温措施，合理调整工作时间，改善食堂饮食，增供含盐饮料，发放清凉物品和防署药品，预防中署。

　　七、根据女工的生理特点，严禁安排其从事繁重的体力劳动，严禁从事有毒、粉尘、放射性、高低温作业等有害工作。

　　八、工程项目负责人、安全管理人员对本工程项目劳动保护、职业危害和保健执行情况进行经常性的检查和监督，发现问题立即解决或上报上级有关部门解决。

二〇〇四年九月十六日

主题词：职业危害　　　防治措施

抄送：公司领导　各部室

（共印20份）

×××省××××公司文件

×××字（2004）37号

×××省××××公司施工生产安全事故应急救援预案

为了加强对施工生产安全事故的防范，及时做好安全事故发生后的救援处置工作，最大限度地减少事故损失，根据《中华人民共和国安全生产法》、《建设工程安全生产管理条例》等有关规定，结合本企业施工生产的实际，特制定本公司施工生产安全事故应急救援预案。

一、应急预案的任务和目标

更好地适应法律和经济活动的要求，给企业员工的工作和施工场区周围居民提供更好更安全的环境；保证各种应急反应资源处于良好的备战状态；指导应急反应行动计划有序地进行，防止因应急反应行动组织不力或现场救援工作的无序和混乱而延误事故的应急救援；有效地避免或降低人员伤亡和财产损失；帮助实现应急反应行动的快速、有序、高效；充分体现应急救援的"应急精神"。

二、应急救援组织机构情况

本司施工生产安全事故应急救援预案的应急反应组织机构分一、二级编制，公司本部设置应急预案实施的一级应急反应组织机构，工程（项目）部设置应急计划实施的二级应急反应组织机构。具体组织框架图如图1、图2。

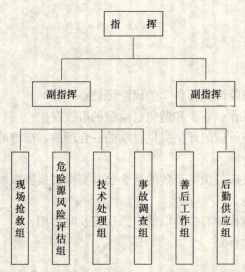 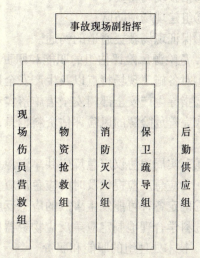

图1　公司本部一级应急反应组织机构框架　　图2　工程（项目）部二级反应组织机构框架图

三、应急救援组织机构的职责、分工、组成

（一）一级应急反应组织机构各部门的职能及职责

1. 应急预案指挥的职能及职责

①分析紧急状态确定相应报警级别，根据相关危险类型、潜在后果、现有资源控制紧急情况的行动类型；

②指挥、协调应急反应行动；

③与企业外应急反应人员、部门、组织和机构进行联络；

④直接监察应急操作人员行动；

⑤最大限度地保证现场人员和外援人员及相关人员的安全；

⑥协调后勤方面以支援应急反应组织；

⑦应急反应组织的启动；

⑧应急评估、确定升高或降低应急警报级别；

⑨通报外部机构，决定请求外部援助；

⑩决定应急撤离，决定事故现场外影响区域的安全性。

2. 应急预案副指挥的职能及职责

①协助应急指挥组织和指挥应急操作任务；

②向应急指挥提出采取的减缓事故后果行动的应急反应对策和建议；

③保持与事故现场副指挥的直接联络；

④协调、组织和获取应急所需的其他资源，设备以支援现场的应急操作；

⑤组织公司本部的相关技术和管理人员对施工生产过程各危险源进行风险评估；

⑥定期检查各常设应急反应组织和部门的日常工作和应急反应准备状态；

⑦根据各施工现场的实际条件，努力与周边有条件的企业为在事故应急处理中共享资源、相互帮助、建立共同应急救援网络和制定应急救援协议。

3. 现场抢救组的职能和职责

①抢救现场伤员；

②抢救现场物资；

③组建现场消防队；

④保证现场救援通道的畅通。

4. 危险源风险评估组的职能和职责

①对各施工现场特点以及生产安全过程的危险源进行科学的风险评估；

②指导生产安全部门安全措施落实和监控工作，减少和避免危险源的事故发生；

③完善危险源的风险评估资料信息，为应急反应的评估提供科学的、合理的、准确的依据；

④落实周边协议应急反应共享资源及应急反应最快捷有效的社会公共资源的报警联络方式，为应急反应提供及时的应急反应支援措施；

⑤确定各种可能发生事故的应急反应现场指挥中心位置以使应急反应及时启用；

⑥科学合理地制定应急反应物资器材、人力计划。

5. 技术处理组的职能和职责

①根据各项目经理部的施工生产内容及特点，制定其可能出现而必须运用建筑工程技

术解决的应急反应方案,整理归档,为事故现场提供有效的工程技术服务做好技术准备;

②应急预案启动后,根据事故现场的特点,及时向应急指挥提供科学的工程技术方案和技术支持,有效地指导应急反应行动中的工程技术工作。

6. 善后工作组的职能和职责

①做好伤亡人员及家属的稳定工作,确保事故发生后伤亡人员和家属思想能够稳定,大灾之后不发生大乱;

②做好受伤人员医疗救护的跟踪工作,协调处理医疗救护单位的相关矛盾;

③与保险部门一起做好伤亡人员及财产损失的理赔工作;

④慰问有关伤员及家属。

7. 事故调查组的职能及职责

①保护事故现场;

②对事故现场的有关实物资料进行取样封存;

③调查了解事故发生的主要原因及相关人员的责任;

④按"四不放过"的原则对相关人员进行处罚、教育、总结。

8. 后勤供应组的职能和职责

①协助制订施工项目应急反应物资资源的储备计划,按已制订的项目施工现场的应急反应物资储备计划,检查、监督、落实应急反应物资的储备数量,收集和建立并归档;

②定期检查、监督、落实应急反应物资资源管理人员的到位和变更情况及时调整应急反应物资资源的更新和达标;

③定期收集和整理各项目部的应急反应物资资源信息、建立档案并归档,为应急反应行动的启动,做好物资资源数据储备;

④应急预案启动后,按应急指挥的部署,有效地组织应急反应物资资源到施工现场,并及时对事故现场进行增援,同时提供后勤服务。

(二) 二级应急反应组织机构各部门的职能及职责

1. 事故现场副指挥的职能及职责

①所有施工现场操作和协调,包括与指挥中心的协调;

②现场事故评估;

③保证现场人员和公众应急反应行动的执行;

④控制紧急情况;

⑤做好与消防、医疗、交通管制、抢险救灾等各公共救援部门的联系。

2. 现场伤员营救组的职能及职责

①引导现场作业人员从安全通道疏散;

②对受伤人员进行营救至安全地带。

3. 物资抢救组的职能及职责

①抢救可以转移的场区内物资;

②转移可能引起新危险源的物资到安全地带。

4. 消防灭火组的职能及职责

①启动场区内的消防灭火装置和器材进行初期的消防灭火自救工作;

②协助消防部门进行消防灭火的辅助工作。

5．保卫疏导组的职能及职责
①对场区内外进行有效的隔离工作和维护现场应急救援通道畅通的工作；
②疏散场区内外人员撤出危险地带。
6．后勤供应组的职能及职责
①迅速调配抢险物资器材至事故发生点；
②提供和检查抢险人员的装备和安全防护；
③及时提供后续的抢险物资；
④迅速组织后勤必须供给的物品，并及时输送后勤物品到抢险人员手中。

（三）应急反应组织机构人员的构成

应急反应组织机构在应急指挥、应急副指挥的领导下由各职能部室、工程（项目）部的人员分别兼职构成。

1．应急指挥由公司的主要负责人担任；
2．应急副指挥由公司的副经理担任；
3．现场抢救组长由公司的各工程（项目）部经理担任，项目部组成人员为成员；
4．危险源风险评估组组长由公司的总工（技术负责人）担任；
5．技术处理组组长由公司的工程管理部部长担任，部室人员为成员；
6．善后工作及后勤供应组组长由公司的综合部部长担任，部室人员为成员；
7．事故调查组组长由公司的安全管理部部长担任，部室人员为成员；
8．事故现场副指挥由项目部的项目经理担任；
9．现场伤员营救组组长由施工员担任，各作业班组分别抽调人员组成；
10．物资抢救组由施工员、材料员和各作业班组抽调人员组成；
11．消防灭火组由施工现场的电工、各作业班组抽调人员组成；
12．后勤供应组由施工现场的后勤人员、各作业班组抽调人员组成；

四、应急救援的培训与演练

（一）培训

按计划组织公司本部、工程项目部的全体人员进行有效的培训，从而具备完成其应急任务所需的知识和技能。

1．一级应急组织每年进行一次培训；
2．二级应急组织每一项目开工前或半年进行一次培训；
3．新加入的人员及时培训；

主要培训以下内容：

1．灭火器的使用以及灭火步骤的训练；
2．施工安全防护、作业区内安全警示设置、个人的防护措施、施工用电常识、在建工程的交通安全、大型机械的安全使用；
3．对危险源的突显特性辨识；
4．事故报警；
5．紧急情况下人员的安全疏散；
6．现场抢救的基本知识。

（二）演练

应急预案和应急计划确认后，经过有效的培训，公司本部人员每年演练一次。施工项目部在项目开工后演练一次，根据工程工期长短不定期举行演练，施工作业人员变动较大时增加演练次数。每次演练结束，及时做出总结，对存有一定差距的在日后的工作中加以提高。

五、事故报告指定机构人员、联系电话

公司的安全部是事故报告的指定机构，联系人：×××，电话：××××-×××××，手机：×××××。安全部接到报告后及时向指挥报告，指挥根据有关法律法规及时、如实向建设行政主管部门或其他有关部门报告，特种设备发生事故的，还应当同时向特种设备安全监督管理部门报告。

六、救援器材、设备、车辆等落实

公司每年从利润提取一定比例的费用，根据公司施工生产的性质、特点以及应急救援工作的实际需要有针对、有选择地配备应急救援器材、设备，并对应急救援器材、设备进行经常性维护、保养，不得挪作他用。启动应急救援预案后，公司的机械设备、运输车辆统一纳入应急救援工作之中。

七、应急救援预案的启动、终止和终止后工作恢复

当事故的评估预测达到启动应急救援预案条件时，由应急指挥启动应急反应预案令。

对事故现场经过应急救援预案实施后，引起事故的危险源得到有效控制、消除；所有现场人员均得到清点；不存在其他影响应急救援预案终止的因素；应急救援行动已完全转化为社会公共救援；应急指挥认为事故的发展状态必须终止的；应急指挥下达应急终止令。

应急救援预案实施终止后，应采取有效措施防止事故扩大，保护事故现场和物证，经有关部门认可后可恢复施工生产。

对应急救援预案实施的全过程，认真科学地作出总结，完善应急救援预案中的不足和缺陷，为今后的预案建立、制订、修改提供经验和完善的依据。

八、本《预案》如与上级规定相抵触时，按上级规定执行。

九、本《预案》自发布之日起执行，原有关《预案》废止。

附：《×××省×××××公司施工生产应急反应组成人员名单》

二〇〇四年十月二十六日

主题词：施工安全事故	反应救援	预案
主送：各工程（项目）部		
抄送：公司领导		

施工生产应急反应指挥部组成人员名称

指挥：公司经理×××；
副指挥：公司副经理×××；
指挥部成员：×××、×××、×××、×××
现场抢救组组长：由各工程（项目）部负责人担任；
危险源风险评估组组长：公司副经理×××（兼）；
技术处理组组长：公司技术管理部部长×××；
善后工作、后勤供应组组长：公司综合管理部部长×××；
事故调查组组长：公司安全管理部部长×××；
各工程（项目）部应根据《预案》要求成立相应机构。

二○○四年十月二十六日

应急救援器材、设备清单

序号	名称	规格型号	数量	备注
1	应急指挥车	4×4猎豹轻型越野车	1	
2	对讲机	TC3600、TC3400	4	现场
3	急救医药箱		17	现场
4	医务所		1	现场
5	干粉灭火器	MF24系列	217	现场
6	CO_2灭火器	MT2系列	48	现场
7	接地电阻测试仪	ZC29B	1	
8	游标卡尺	0~150mm	1	
9	扭力扳手	0~300N·m	1	

第四章 有关法律、法规文件

中华人民共和国安全生产法

(2002年6月29日第九届全国人民代表大会常务委员会第二十八次会议通过 2002年6月29日中华人民共和国主席令第70号公布 自2002年11月1日起施行)

第一章 总 则

第一条 为了加强安全生产监督管理,防止和减少生产安全事故,保障人民群众生命和财产安全,促进经济发展,制定本法。

第二条 在中华人民共和国领域内从事生产经营活动的单位(以下统称生产经营单位)的安全生产,适用本法;有关法律、行政法规对消防安全和道路交通安全、铁路交通安全、水上交通安全、民用航空安全另有规定的,适用其规定。

第三条 安全生产管理,坚持安全第一、预防为主的方针。

第四条 生产经营单位必须遵守本法和其他有关安全生产的法律、法规,加强安全生产管理,建立、健全安全生产责任制度,完善安全生产条件,确保安全生产。

第五条 生产经营单位的主要负责人对本单位的安全生产工作全面负责。

第六条 生产经营单位的从业人员有依法获得安全生产保障的权利,并应当依法履行安全生产方面的义务。

第七条 工会依法组织职工参加本单位安全生产工作的民主管理和民主监督,维护职工在安全生产方面的合法权益。

第八条 国务院和地方各级人民政府应当加强对安全生产工作的领导,支持、督促各有关部门依法履行安全生产监督管理职责。

县级以上人民政府对安全生产监督管理中存在的重大问题应当及时予以协调、解决。

第九条 国务院负责安全生产监督管理的部门依照本法,对全国安全生产工作实施综合监督管理;县级以上地方各级人民政府负责安全生产监督管理的部门依照本法,对本行政区域内安全生产工作实施综合监督管理。

国务院有关部门依照本法和其他有关法律、行政法规的规定,在各自的职责范围内对有关的安全生产工作实施监督管理;县级以上地方各级人民政府有关部门依照本法和其他有关法律、法规的规定,在各自的职责范围内对有关的安全生产工作实施监督管理。

第十条 国务院有关部门应当按照保障安全生产的要求,依法及时制定有关的国家标准或者行业标准,并根据科技进步和经济发展适时修订。

生产经营单位必须执行依法制定的保障安全生产的国家标准或者行业标准。

第十一条 各级人民政府及其有关部门应当采取多种形式,加强对有关安全生产的法律、法规和安全生产知识的宣传，提高职工的安全生产意识。

第十二条　依法设立的为安全生产提供技术服务的中介机构，依照法律、行政法规和执业准则，接受生产经营单位的委托为其安全生产工作提供技术服务。

第十三条　国家实行生产安全事故责任追究制度，依照本法和有关法律、法规的规定，追究生产安全事故责任人员的法律责任。

第十四条　国家鼓励和支持安全生产科学技术研究和安全生产先进技术的推广应用，提高安全生产水平。

第十五条　国家对在改善安全生产条件、防止生产安全事故、参加抢险救护等方面取得显著成绩的单位和个人，给予奖励。

第二章　生产经营单位的安全生产保障

第十六条　生产经营单位应当具备本法和有关法律、行政法规和国家标准或者行业标准规定的安全生产条件；不具备安全生产条件的，不得从事生产经营活动。

第十七条　生产经营单位的主要负责人对本单位安全生产工作负有下列职责：
（一）建立、健全本单位安全生产责任制；
（二）组织制定本单位安全生产规章制度和操作规程；
（三）保证本单位安全生产投入的有效实施；
（四）督促、检查本单位的安全生产工作，及时消除生产安全事故隐患；
（五）组织制定并实施本单位的生产安全事故应急救援预案；
（六）及时、如实报告生产安全事故。

第十八条　生产经营单位应当具备的安全生产条件所必需的资金投入，由生产经营单位的决策机构、主要负责人或者个人经营的投资人予以保证，并对由于安全生产所必需的资金投入不足导致的后果承担责任。

第十九条　矿山、建筑施工单位和危险物品的生产、经营、储存单位，应当设置安全生产管理机构或者配备专职安全生产管理人员。

前款规定以外的其他生产经营单位，从业人员超过300人的，应当设置安全生产管理机构或者配备专职安全生产管理人员；从业人员在300人以下的，应当配备专职或者兼职的安全生产管理人员，或者委托具有国家规定的相关专业技术资格的工程技术人员提供安全生产管理服务。

生产经营单位依照前款规定委托工程技术人员提供安全生产管理服务的，保证安全生产的责任仍由本单位负责。

第二十条　生产经营单位的主要负责人和安全生产管理人员必须具备与本单位所从事的生产经营活动相应的安全生产知识和管理能力。

危险物品的生产、经营、储存单位以及矿山、建筑施工单位的主要负责人和安全生产管理人员，应当由有关主管部门对其安全生产知识和管理能力考核合格后方可任职。考核不得收费。

第二十一条　生产经营单位应当对从业人员进行安全生产教育和培训，保证从业人员具备必要的安全生产知识，熟悉有关的安全生产规章制度和安全操作规程，掌握本岗位的安全操作技能。未经安全生产教育和培训合格的从业人员，不得上岗作业。

第二十二条　生产经营单位采用新工艺、新技术、新材料或者使用新设备必须了解、掌握其安全技术特性，采取有效的安全防护措施，并对从业人员进行专门的安全生产教育和培训。

　　第二十三条　生产经营单位的特种作业人员必须按照国家有关规定经专门的安全作业培训，取得特种作业操作资格证书，方可上岗作业。

　　特种作业人员的范围由国务院负责安全生产监督管理的部门会同国务院有关部门确定。

　　第二十四条　生产经营单位新建、改建、扩建工程项目（以下统称建设项目）的安全设施，必须与主体工程同时设计、同时施工、同时投入生产和使用。安全设施投资应当纳入建设项目概算。

　　第二十五条　矿山建设项目和用于生产、储存危险物品的建设项目，应当分别按照国家有关规定进行安全条件论证和安全评价。

　　第二十六条　建设项目安全设施的设计人、设计单位应当对安全设施设计负责。

　　矿山建设项目和用于生产、储存危险物品的建设项目的安全设施设计应当按照国家有关规定报经有关部门审查，审查部门及其负责审查的人员对审查结果负责。

　　第二十七条　矿山建设项目和用于生产、储存危险物品的建设项目的施工单位必须按照批准的安全设施设计施工，并对安全设施的工程质量负责。

　　矿山建设项目和用于生产、储存危险物品的建设项目竣工投入生产或者使用前，必须依照有关法律、行政法规的规定对安全设施进行验收；验收合格后，方可投入生产和使用。验收部门及其验收人员对验收结果负责。

　　第二十八条　生产经营单位应当在有较大危险因素的生产经营场所和有关设施、设备上，设置明显的安全警示标志。

　　第二十九条　安全设备的设计、制造、安装、使用、检测、维修、改造和报废，应当符合国家标准或者行业标准。

　　生产经营单位必须对安全设备进行经常性维护、保养，并定期检测，保证正常运转。维护、保养、检测应当作好记录，并由有关人员签字。

　　第三十条　生产经营单位使用的涉及生命安全、危险性较大的特种设备，以及危险物品的容器、运输工具，必须按照国家有关规定，由专业生产单位生产，并经取得专业资质的检测、检验机构检测、检验合格，取得安全使用证或者安全标志，方可投入使用。检测、检验机构对检测、检验结果负责。

　　涉及生命安全、危险性较大的特种设备的目录由国务院负责特种设备安全监督管理的部门制定，报国务院批准后执行。

　　第三十一条　国家对严重危及生产安全的工艺、设备实行淘汰制度。

　　生产经营单位不得使用国家明令淘汰、禁止使用的危及生产安全的工艺、设备。

　　第三十二条　生产、经营、运输、储存、使用危险物品或者处置废弃危险物品的，由有关主管部门依照有关法律、法规的规定和国家标准或者行业标准审批并实施监督管理。

　　生产经营单位生产、经营、运输、储存、使用危险物品或者处置废弃危险物品，必须执行有关法律、法规和国家标准或者行业标准，建立专门的安全管理制度，采取可靠的安全措施，接受有关主管部门依法实施的监督管理。

第三十三条 生产经营单位对重大危险源应当登记建档,进行定期检测、评估、监控,并制定应急预案,告知从业人员和相关人员在紧急情况下应当采取的应急措施。

生产经营单位应当按照国家有关规定将本单位重大危险源及有关安全措施、应急措施报有关地方人民政府负责安全生产监督管理的部门和有关部门备案。

第三十四条 生产、经营、储存、使用危险物品的车间、商店、仓库不得与员工宿舍在同一座建筑物内,并应当与员工宿舍保持安全距离。

生产经营场所和员工宿舍应当设有符合紧急疏散要求、标志明显、保持畅通的出口。禁止封闭、堵塞生产经营场所或者员工宿舍的出口。

第三十五条 生产经营单位进行爆破、吊装等危险作业,应当安排专门人员进行现场安全管理,确保操作规程的遵守和安全措施的落实。

第三十六条 生产经营单位应当教育和督促从业人员严格执行本单位的安全生产规章制度和安全操作规程;并向从业人员如实告知作业场所和工作岗位存在的危险因素、防范措施以及事故应急措施。

第三十七条 生产经营单位必须为从业人员提供符合国家标准或者行业标准的劳动防护用品,并监督、教育从业人员按照使用规则佩戴、使用。

第三十八条 生产经营单位的安全生产管理人员应当根据本单位的生产经营特点,对安全生产状况进行经常性检查;对检查中发现的安全问题,应当立即处理;不能处理的,应当及时报告本单位有关负责人。检查及处理情况应当记录在案。

第三十九条 生产经营单位应当安排用于配备劳动防护用品、进行安全生产培训的经费。

第四十条 两个以上生产经营单位在同一作业区域内进行生产经营活动,可能危及对方安全生产的,应当签订安全生产管理协议,明确各自的安全生产管理职责和应当采取的安全措施,并指定专职安全生产管理人员进行安全检查与协调。

第四十一条 生产经营单位不得将生产经营项目、场所、设备发包或者出租给不具备安全生产条件或者相应资质的单位或者个人。

生产经营项目、场所有多个承包单位、承租单位的,生产经营单位应当与承包单位、承租单位签订专门的安全生产管理协议,或者在承包合同、租赁合同中约定各自的安全生产管理职责;生产经营单位对承包单位、承租单位的安全生产工作统一协调、管理。

第四十二条 生产经营单位发生重大生产安全事故时,单位的主要负责人应当立即组织抢救,并不得在事故调查处理期间擅离职守。

第四十三条 生产经营单位必须依法参加工伤社会保险,为从业人员缴纳保险费。

第三章 从业人员的权利和义务

第四十四条 生产经营单位与从业人员订立的劳动合同,应当载明有关保障从业人员劳动安全、防止职业危害的事项,以及依法为从业人员办理工伤社会保险的事项。

生产经营单位不得以任何形式与从业人员订立协议,免除或者减轻其对从业人员因生产安全事故伤亡依法应承担的责任。

第四十五条 生产经营单位的从业人员有权了解其作业场所和工作岗位存在的危险因素、防范措施及事故应急措施,有权对本单位的安全生产工作提出建议。

第四十六条　从业人员有权对本单位安全生产工作中存在的问题提出批评、检举、控告；有权拒绝违章指挥和强令冒险作业。

生产经营单位不得因从业人员对本单位安全生产工作提出批评、检举、控告或者拒绝违章指挥、强令冒险作业而降低其工资、福利等待遇或者解除与其订立的劳动合同。

第四十七条　从业人员发现直接危及人身安全的紧急情况时，有权停止作业或者在采取可能的应急措施后撤离作业场所。

生产经营单位不得因从业人员在前款紧急情况下停止作业或者采取紧急撤离措施而降低其工资、福利等待遇或者解除与其订立的劳动合同。

第四十八条　因生产安全事故受到损害的从业人员，除依法享有工伤社会保险外，依照有关民事法律尚有获得赔偿的权利的，有权向本单位提出赔偿要求。

第四十九条　从业人员在作业过程中，应当严格遵守本单位的安全生产规章制度和操作规程，服从管理，正确佩戴和使用劳动防护用品。

第五十条　从业人员应当接受安全生产教育和培训，掌握本职工作所需的安全生产知识，提高安全生产技能，增强事故预防和应急处理能力。

第五十一条　从业人员发现事故隐患或者其他不安全因素，应当立即向现场安全生产管理人员或者本单位负责人报告；接到报告的人员应当及时予以处理。

第五十二条　工会有权对建设项目的安全设施与主体工程同时设计、同时施工、同时投入生产和使用进行监督，提出意见。

工会对生产经营单位违反安全生产法律、法规，侵犯从业人员合法权益的行为，有权要求纠正；发现生产经营单位违章指挥、强令冒险作业或者发现事故隐患时，有权提出解决的建议，生产经营单位应当及时研究答复；发现危及从业人员生命安全的情况时，有权向生产经营单位建议组织从业人员撤离危险场所，生产经营单位必须立即作出处理。

工会有权依法参加事故调查，向有关部门提出处理意见，并要求追究有关人员的责任。

第四章　安全生产的监督管理

第五十三条　县级以上地方各级人民政府应当根据本行政区域内的安全生产状况，组织有关部门按照职责分工，对本行政区域内容易发生重大生产安全事故的生产经营单位进行严格检查；发现事故隐患，应当及时处理。

第五十四条　依照本法第九条规定对安全生产负有监督管理职责的部门（以下统称负有安全生产监督管理职责的部门）依照有关法律、法规的规定，对涉及安全生产的事项需要审查批准（包括批准、核准、许可、注册、认证、颁发证照等，下同）或者验收的，必须严格依照有关法律、法规和国家标准或者行业标准规定的安全生产条件和程序进行审查；不符合有关法律、法规和国家标准或者行业标准规定的安全生产条件的，不得批准或者验收通过。对未依法取得批准或者验收合格的单位擅自从事有关活动的，负责行政审批的部门发现或者接到举报后应当立即予以取缔，并依法予以处理。对已经依法取得批准的单位，负责行政审批的部门发现其不再具备安全生产条件的，应当撤销原批准。

第五十五条　负有安全生产监督管理职责的部门对涉及安全生产的事项进行审查、验收，不得收取费用；不得要求接受审查、验收的单位购买其指定品牌或者指定生产、销售单位的安全设备、器材或者其他产品。

第五十六条 负有安全生产监督管理职责的部门依法对生产经营单位执行有关安全生产的法律、法规和国家标准或者行业标准的情况进行监督检查，行使以下职权：

（一）进入生产经营单位进行检查，调阅有关资料，向有关单位和人员了解情况。

（二）对检查中发现的安全生产违法行为，当场予以纠正或者要求限期改正；对依法应当给予行政处罚的行为，依照本法和其他有关法律、行政法规的规定作出行政处罚决定。

（三）对检查中发现的事故隐患，应当责令立即排除；重大事故隐患排除前或者排除过程中无法保证安全的，应当责令从危险区域内撤出作业人员，责令暂时停产停业或者停止使用；重大事故隐患排除后，经审查同意，方可恢复生产经营和使用。

（四）对有根据认为不符合保障安全生产的国家标准或者行业标准的设施、设备、器材予以查封或者扣押，并应当在15日内依法作出处理决定。

监督检查不得影响被检查单位的正常生产经营活动。

第五十七条 生产经营单位对负有安全生产监督管理职责的部门的监督检查人员（以下统称安全生产监督检查人员）依法履行监督检查职责，应当予以配合，不得拒绝、阻挠。

第五十八条 安全生产监督检查人员应当忠于职守，坚持原则，秉公执法。安全生产监督检查人员执行监督检查任务时，必须出示有效的监督执法证件；对涉及被检查单位的技术秘密和业务秘密，应当为其保密。

第五十九条 安全生产监督检查人员应当将检查的时间、地点、内容、发现的问题及其处理情况，作出书面记录，并由检查人员和被检查单位的负责人签字；被检查单位的负责人拒绝签字的，检查人员应当将情况记录在案，并向负有安全生产监督管理职责的部门报告。

第六十条 负有安全生产监督管理职责的部门在监督检查中，应当互相配合，实行联合检查；确需分别进行检查的，应当互通情况，发现存在的安全问题应当由其他有关部门进行处理的，应当及时移送其他有关部门并形成记录备查，接受移送的部门应当及时进行处理。

第六十一条 监察机关依照行政监察法的规定，对负有安全生产监督管理职责的部门及其工作人员履行安全生产监督管理职责实施监察。

第六十二条 承担安全评价、认证、检测、检验的机构应当具备国家规定的资质条件，并对其作出的安全评价、认证、检测、检验的结果负责。

第六十三条 负有安全生产监督管理职责的部门应当建立举报制度，公开举报电话、信箱或者电子邮件地址，受理有关安全生产的举报；受理的举报事项经调查核实后，应当形成书面材料；需要落实整改措施的，报经有关负责人签字并督促落实。

第六十四条 任何单位或者个人对事故隐患或者安全生产违法行为，均有权向负有安全生产监督管理职责的部门报告或者举报。

第六十五条 居民委员会、村民委员会发现其所在区域内的生产经营单位存在事故隐患或者安全生产违法行为时，应当向当地人民政府或者有关部门报告。

第六十六条 县级以上各级人民政府及其有关部门对报告重大事故隐患或者举报安全

生产违法行为的有功人员，给予奖励。具体奖励办法由国务院负责安全生产监督管理的部门会同国务院财政部门制定。

第六十七条 新闻、出版、广播、电影、电视等单位有进行安全生产宣传教育的义务，有对违反安全生产法律、法规的行为进行舆论监督的权利。

第五章 生产安全事故的应急救援与调查处理

第六十八条 县级以上地方各级人民政府应当组织有关部门制定本行政区域内特大生产安全事故应急救援预案，建立应急救援体系。

第六十九条 危险物品的生产、经营、储存单位以及矿山、建筑施工单位应当建立应急救援组织；生产经营规模较小，可以不建立应急救援组织的，应当指定兼职的应急救援人员。

危险物品的生产、经营、储存单位以及矿山、建筑施工单位应当配备必要的应急救援器材、设备，并进行经常性维护、保养，保证正常运转。

第七十条 生产经营单位发生生产安全事故后，事故现场有关人员应当立即报告本单位负责人。

单位负责人接到事故报告后，应当迅速采取有效措施，组织抢救，防止事故扩大，减少人员伤亡和财产损失，并按照国家有关规定立即如实报告当地负有安全生产监督管理职责的部门，不得隐瞒不报、谎报或者拖延不报，不得故意破坏事故现场、毁灭有关证据。

第七十一条 负有安全生产监督管理职责的部门接到事故报告后，应当立即按照国家有关规定上报事故情况。负有安全生产监督管理职责的部门和有关地方人民政府对事故情况不得隐瞒不报、谎报或者拖延不报。

第七十二条 有关地方人民政府和负有安全生产监督管理职责的部门的负责人接到重大生产安全事故报告后，应当立即赶到事故现场，组织事故抢救。

任何单位和个人都应当支持、配合事故抢救，并提供一切便利条件。

第七十三条 事故调查处理应当按照实事求是、尊重科学的原则，及时、准确地查清事故原因，查明事故性质和责任，总结事故教训，提出整改措施，并对事故责任者提出处理意见。事故调查和处理的具体办法由国务院制定。

第七十四条 生产经营单位发生生产安全事故，经调查确定为责任事故的，除了应当查明事故单位的责任并依法予以追究外，还应当查明对安全生产的有关事项负有审查批准和监督职责的行政部门的责任，对有失职、渎职行为的，依照本法第七十七条的规定追究法律责任。

第七十五条 任何单位和个人不得阻挠和干涉对事故的依法调查处理。

第七十六条 县级以上地方各级人民政府负责安全生产监督管理的部门应当定期统计分析本行政区域内发生生产安全事故的情况，并定期向社会公布。

第六章 法 律 责 任

第七十七条 负有安全生产监督管理职责的部门的工作人员，有下列行为之一的，给予降级或者撤职的行政处分；构成犯罪的，依照刑法有关规定追究刑事责任：

（一）对不符合法定安全生产条件的涉及安全生产的事项予以批准或者验收通过的；

（二）发现未依法取得批准、验收的单位擅自从事有关活动或者接到举报后不予取缔或者不依法予以处理的；

（三）对已经依法取得批准的单位不履行监督管理职责，发现其不再具备安全生产条件而不撤销原批准或者发现安全生产违法行为不予查处的。

第七十八条 负有安全生产监督管理职责的部门，要求被审查、验收的单位购买其指定的安全设备、器材或者其他产品的，在对安全生产事项的审查、验收中收取费用的，由其上级机关或者监察机关责令改正，责令退还收取的费用；情节严重的，对直接负责的主管人员和其他直接责任人员依法给予行政处分。

第七十九条 承担安全评价、认证、检测、检验工作的机构，出具虚假证明，构成犯罪的，依照刑法有关规定追究刑事责任；尚不够刑事处罚的，没收违法所得，违法所得在5000元以上的，并处违法所得2倍以上5倍以下的罚款，没有违法所得或者违法所得不足5000元的，单处或者并处5000元以上2万元以下的罚款，对其直接负责的主管人员和其他直接责任人员处5000元以上5万元以下的罚款；给他人造成损害的，与生产经营单位承担连带赔偿责任。

对有前款违法行为的机构，撤销其相应资格。

第八十条 生产经营单位的决策机构、主要负责人、个人经营的投资人不依照本法规定保证安全生产所必需的资金投入，致使生产经营单位不具备安全生产条件的，责令限期改正，提供必需的资金；逾期未改正的，责令生产经营单位停产停业整顿。

有前款违法行为，导致发生生产安全事故，构成犯罪的，依照刑法有关规定追究刑事责任；尚不够刑事处罚的，对生产经营单位的主要负责人给予撤职处分，对个人经营的投资人处2万元以上20万元以下的罚款。

第八十一条 生产经营单位的主要负责人未履行本法规定的安全生产管理职责的，责令限期改正；逾期未改正的，责令生产经营单位停产停业整顿。

生产经营单位的主要负责人有前款违法行为，导致发生生产安全事故，构成犯罪的，依照刑法有关规定追究刑事责任；尚不够刑事处罚的，给予撤职处分或者处2万元以上20万元以下的罚款。

生产经营单位的主要负责人依照前款规定受刑事处罚或者撤职处分的，自刑罚执行完毕或者受处分之日起，5年内不得担任任何生产经营单位的主要负责人。

第八十二条 生产经营单位有下列行为之一的，责令限期改正；逾期未改正的，责令停产停业整顿，可以并处2万元以下的罚款：

（一）未按照规定设立安全生产管理机构或者配备安全生产管理人员的；

（二）危险物品的生产、经营、储存单位以及矿山、建筑施工单位的主要负责人和安全生产管理人员未按照规定经考核合格的；

（三）未按照本法第二十一条、第二十二条的规定对从业人员进行安全生产教育和培训，或者未按照本法第三十六条的规定如实告知从业人员有关的安全生产事项的；

（四）特种作业人员未按照规定经专门的安全作业培训并取得特种作业操作资格证书，上岗作业的。

第八十三条 生产经营单位有下列行为之一的，责令限期改正；逾期未改正的，责令停止建设或者停产停业整顿，可以并处5万元以下的罚款；造成严重后果，构成犯罪的，依照刑法有关规定追究刑事责任：

（一）矿山建设项目或者用于生产、储存危险物品的建设项目没有安全设施设计或者安全设施设计未按照规定报经有关部门审查同意的；

（二）矿山建设项目或者用于生产、储存危险物品的建设项目的施工单位未按照批准的安全设施设计施工的；

（三）矿山建设项目或者用于生产、储存危险物品的建设项目竣工投入生产或者使用前，安全设施未经验收合格的；

（四）未在有较大危险因素的生产经营场所和有关设施、设备上设置明显的安全警示标志的；

（五）安全设备的安装、使用、检测、改造和报废不符合国家标准或者行业标准的；

（六）未对安全设备进行经常性维护、保养和定期检测的；

（七）未为从业人员提供符合国家标准或者行业标准的劳动防护用品的；

（八）特种设备以及危险物品的容器、运输工具未经取得专业资质的机构检测、检验合格，取得安全使用证或者安全标志，投入使用的；

（九）使用国家明令淘汰、禁止使用的危及生产安全的工艺、设备的。

第八十四条　未经依法批准，擅自生产、经营、储存危险物品的，责令停止违法行为或者予以关闭，没收违法所得，违法所得10万元以上的，并处违法所得1倍以上5倍以下的罚款，没有违法所得或者违法所得不足10万元的，单处或者并处2万元以上10万元以下的罚款；造成严重后果，构成犯罪的，依照刑法有关规定追究刑事责任。

第八十五条　生产经营单位有下列行为之一的，责令限期改正；逾期未改正的，责令停产停业整顿，可以并处2万元以上10万元以下的罚款；造成严重后果，构成犯罪的，依照刑法有关规定追究刑事责任：

（一）生产、经营、储存、使用危险物品，未建立专门安全管理制度、未采取可靠的安全措施或者不接受有关主管部门依法实施的监督管理的；

（二）对重大危险源未登记建档，或者未进行评估、监控，或者未制定应急预案的；

（三）进行爆破、吊装等危险作业，未安排专门管理人员进行现场安全管理的。

第八十六条　生产经营单位将生产经营项目、场所、设备发包或者出租给不具备安全生产条件或者相应资质的单位或者个人的，责令限期改正，没收违法所得；违法所得5万元以上的，并处违法所得1倍以上5倍以下的罚款；没有违法所得或者违法所得不足5万元的，单处或者并处1万元以上5万元以下的罚款；导致发生生产安全事故给他人造成损害的，与承包方、承租方承担连带赔偿责任。

生产经营单位未与承包单位、承租单位签订专门的安全生产管理协议或者未在承包合同、租赁合同中明确各自的安全生产管理职责，或者未对承包单位、承租单位的安全生产统一协调、管理的，责令限期改正；逾期未改正的，责令停产停业整顿。

第八十七条　两个以上生产经营单位在同一作业区域内进行可能危及对方安全生产的生产经营活动，未签订安全生产管理协议或者未指定专职安全生产管理人员进行安全检查与协调的，责令限期改正；逾期未改正的，责令停产停业。

第八十八条　生产经营单位有下列行为之一的，责令限期改正；逾期未改正的，责令停产停业整顿；造成严重后果，构成犯罪的，依照刑法有关规定追究刑事责任：

（一）生产、经营、储存、使用危险物品的车间、商店、仓库与员工宿舍在同一座建筑内，或者与员工宿舍的距离不符合安全要求的；

（二）生产经营场所和员工宿舍未设有符合紧急疏散需要、标志明显、保持畅通的出口，或者封闭、堵塞生产经营场所或者员工宿舍出口的。

第八十九条 生产经营单位与从业人员订立协议，免除或者减轻其对从业人员因生产安全事故伤亡依法应承担的责任的，该协议无效；对生产经营单位的主要负责人、个人经营的投资人处2万元以上10万元以下的罚款。

第九十条 生产经营单位的从业人员不服从管理，违反安全生产规章制度或者操作规程的，由生产经营单位给予批评教育，依照有关规章制度给予处分；造成重大事故，构成犯罪的，依照刑法有关规定追究刑事责任。

第九十一条 生产经营单位主要负责人在本单位发生重大生产安全事故时，不立即组织抢救或者在事故调查处理期间擅离职守或者逃匿的，给予降职、撤职的处分，对逃匿的处15日以下拘留；构成犯罪的，依照刑法有关规定追究刑事责任。

生产经营单位主要负责人对生产安全事故隐瞒不报、谎报或者拖延不报的，依照前款规定处罚。

第九十二条 有关地方人民政府、负有安全生产监督管理职责的部门，对生产安全事故隐瞒不报、谎报或者拖延不报的，对直接负责的主管人员和其他直接责任人员依法给予行政处分；构成犯罪的，依照刑法有关规定追究刑事责任。

第九十三条 生产经营单位不具备本法和其他有关法律、行政法规和国家标准或者行业标准规定的安全生产条件，经停产停业整顿仍不具备安全生产条件的，予以关闭；有关部门应当依法吊销其有关证照。

第九十四条 本法规定的行政处罚，由负责安全生产监督管理的部门决定；予以关闭的行政处罚由负责安全生产监督管理的部门报请县级以上人民政府按照国务院规定的权限决定；给予拘留的行政处罚由公安机关依照治安管理处罚条例的规定决定。有关法律、行政法规对行政处罚的决定机关另有规定的，依照其规定。

第九十五条 生产经营单位发生生产安全事故造成人员伤亡、他人财产损失的，应当依法承担赔偿责任；拒不承担或者其负责人逃匿的，由人民法院依法强制执行。

生产安全事故的责任人未依法承担赔偿责任，经人民法院依法采取执行措施后，仍不能对受害人给予足额赔偿的，应当继续履行赔偿义务；受害人发现责任人有其他财产的，可以随时请求人民法院执行。

第七章 附 则

第九十六条 本法下列用语的含义：

危险物品，是指易燃易爆物品、危险化学品、放射性物品等能够危及人身安全和财产安全的物品。

重大危险源，是指长期地或者临时地生产、搬运、使用或者储存危险物品，且危险物品的数量等于或者超过临界量的单元（包括场所和设施）。

第九十七条 本法自2002年11月1日起施行。

建设工程安全生产管理条例

(2003年11月12日国务院第28次常务会议通过 2003年11月24日中华人民共和国国务院令第393号公布 自2004年2月1日起施行)

第一章 总 则

第一条 为了加强建设工程安全生产监督管理，保障人民群众生命和财产安全，根据《中华人民共和国建筑法》、《中华人民共和国安全生产法》，制定本条例。

第二条 在中华人民共和国境内从事建设工程的新建、扩建、改建和拆除等有关活动及实施对建设工程安全生产的监督管理，必须遵守本条例。

本条例所称建设工程，是指土木工程、建筑工程、线路管道和设备安装工程及装修工程。

第三条 建设工程安全生产管理、坚持安全第一、预防为主的方针。

第四条 建设单位、勘察单位、设计单位、施工单位、工程监理单位及其他与建设工程安全生产有关的单位，必须遵守安全生产法律、法规的规定，保证建设工程安全生产，依法承担建设工程安全生产责任。

第五条 国家鼓励建设工程安全生产的科学技术研究和先进技术的推广应用，推进建设工程安全生产的科学管理。

第二章 建设单位的安全责任

第六条 建设单位应当向施工单位提供施工现场及毗邻区域内供水、排水、供电、供气、供热、通信、广播电视等地下管线资料、气象和水文观测资料，相邻建筑物和构筑物、地下工程的有关资料，并保证资料的真实、准确、完整。

建设单位因建设工程需要，向有关部门或者单位查询前款规定的资料时，有关部门或者单位应当及时提供。

第七条 建设单位不得对勘察、设计、施工、工程监理等单位提出不符合建设工程安全生产法律、法规和强制性标准规定的要求，不得压缩合同约定的工期。

第八条 建设单位在编制工程概算时，应当确定建设工程安全作业环境及安全施工措施所需费用。

第九条 建设单位不得明示或者暗示施工单位购买、租赁、使用不符合安全施工要求的安全防护用具、机械设备、施工机具及配件、消防设施和器材。

第十条 建设单位在申请领取施工许可证时，应当提供建设工程有关安全施工措施的资料。

依法批准开工报告的建设工程，建设单位应当自开工报告批准之日起15日内，将保证安全施工的措施报送建设工程所在地的县级以上地方人民政府建设行政主管部门或者其他有关部门备案。

第十一条 建设单位应当将拆除工程发包给具有相应资质等级的施工单位。

建设单位应当在拆除工程施工 15 日前，将下列资料报送建设工程所在地的县级以上地方人民政府建设行政主管部门或者其他有关部门备案：

（一）施工单位资质等级证明；

（二）拟拆除建筑物、构筑物及可能危及毗邻建筑的说明；

（三）拆除施工组织方案；

（四）堆放、清除废弃物的措施。

实施爆破作业的，应当遵守国家有关民用爆炸物品管理的规定。

第三章　勘察、设计、工程监理及其他有关单位的安全责任

第十二条　勘察单位应当按照法律、法规和工程建设强制性标准进行勘察，提供的勘察文件应当真实、准确，满足建设工程安全生产的需要。

勘察单位在勘察作业时，应当严格执行操作规程，采取措施保证各类管线、设施和周边建筑物、构筑物的安全。

第十三条　设计单位应当按照法律、法规和工程建设强制性标准进行设计，防止因设计不合理导致生产安全事故的发生。

设计单位应当考虑施工安全操作和防护的需要，对涉及施工安全的重点部位和环节在设计文件中注明，并对防范生产安全事故提出指导意见。

采用新结构、新材料、新工艺的建设工程和特殊结构的建设工程，设计单位应当在设计中提出保障施工作业人员安全和预防生产安全事故的措施建议。

设计单位和注册建筑师等注册执业人员应当对其设计负责。

第十四条　工程监理单位应当审查施工组织设计中的安全技术措施或者专项施工方案是否符合工程建设强制性标准。

工程监理单位在实施监理过程中，发现存在安全事故隐患的，应当要求施工单位整改；情况严重的，应当要求施工单位暂时停止施工，并及时报告建设单位。施工单位拒不整改或者不停止施工的，工程监理单位应当及时向有关主管部门报告。

工程监理单位和监理工程师应当按照法律、法规和工程建设强制性标准实施监理，并对建设工程安全生产承担监理责任。

第十五条　为建设工程提供机械设备和配件的单位，应当按照安全施工的要求配备齐全有效的保险、限位等安全设施和装置。

第十六条　出租的机械设备和施工机具及配件，应当具有生产（制造）许可证、产品合格证。

出租单位应当对出租的机械设备和施工机具及配件的安全性能进行检测，在签订租赁协议时，应当出具检测合格证明。

禁止出租检测不合格的机械设备和施工机具及配件。

第十七条　在施工现场安装、拆卸施工起重机械和整体提升脚手架、模板等自升式架设设施，必须由具有相应资质的单位承担。

安装、拆卸施工起重机械和整体提升脚手架、模板等自升式架设设施，应当编制拆装方案、制定安全施工措施，并由专业技术人员现场监督。

施工起重机械和整体提升脚手架、模板等自升式架设设施安装完毕后，安装单位应当

自检，出具自检合格证明，并向施工单位进行安全使用说明，办理验收手续并签字。

第十八条 施工起重机械和整体提升脚手架、模板等自升式架设设施的使用达到国家规定的检验检测期限的，必须经具有专业资质的检验检测机构检测。经检测不合格的，不得继续使用。

第十九条 检验检测机构对检测合格的施工起重机械和整体提升脚手架、模板等自升式架设设施，应当出具安全合格证明文件，并对检测结果负责。

第四章 施工单位的安全责任

第二十条 施工单位从事建设工程的新建、扩建、改建和拆除等活动，应当具备国家规定的注册资本、专业技术人员、技术装备和安全生产等条件，依法取得相应等级的资质证书，并在其资质等级许可的范围内承揽工程。

第二十一条 施工单位主要负责人依法对本单位的安全生产工作全面负责。施工单位应当建立健全安全生产责任制度和安全生产教育培训制度，制定安全生产规章制度和操作规程，保证本单位安全生产条件所需资金的投入，对所承担的建设工程进行定期和专项安全检查，并做好安全检查记录。

施工单位的项目负责人应当由取得相应执业资格的人员担任，对建设工程项目的安全施工负责，落实安全生产责任制度、安全生产规章制度和操作规程，确保安全生产费用的有效使用，并根据工程的特点组织制定安全施工措施，消除安全事故隐患，及时、如实报告生产安全事故。

第二十二条 施工单位对列入建设工程概算的安全作业环境及安全施工措施所需费用，应当用于施工安全防护用具及设施的采购和更新、安全施工措施的落实、安全生产条件的改善，不得挪作他用。

第二十三条 施工单位应当设立安全生产管理机构，配备专职安全生产管理人员。

专职安全生产管理人员负责对安全生产进行现场监督检查。发现安全事故隐患，应当及时向项目负责人和安全生产管理机构报告；对于违章指挥、违章操作的，应当立即制止。

专职安全生产管理人员的配备办法由国务院建设行政主管部门会同国务院其他有关部门制定。

第二十四条 建设工程实行施工总承包的，由总承包单位对施工现场的安全生产负总责。

总承包单位应当自行完成建设工程主体结构的施工。

总承包单位依法将建设工程分包给其他单位的，分包合同中应当明确各自的安全生产方面的权利、义务。总承包单位和分包单位对分包工程的安全生产承担连带责任。

分包单位应当服从总承包单位的安全生产管理，分包单位不服从管理导致生产安全事故的，由分包单位承担主要责任。

第二十五条 垂直运输机械作业人员、安装拆卸工、爆破作业人员、起重信号工、登高架设作业人员等特种作业人员，必须按照国家有关规定经过专门的安全作业培训，并取得特种作业操作资格证书后，方可上岗作业。

第二十六条 施工单位应当在施工组织设计中编制安全技术措施和施工现场临时用电方案，对下列达到一定规模的危险性较大的分部分项工程编制专项施工方案，并附具安全验算结果，经施工单位技术负责人、总监理工程师签字后实施，由专职安全生产管理人员进行现场监督：

（一）基坑支护与降水工程；

（二）土方开挖工程；

（三）模板工程；

（四）起重吊装工程；

（五）脚手架工程；

（六）拆除、爆破工程；

（七）国务院建设行政主管部门或者其他有关部门规定的其他危险性较大的工程。

对前款所列工程中涉及深基坑、地下暗挖工程、高大模板工程的专项施工方案，施工单位还应当组织专家进行论证、审查。

本条第一款规定的达到一定规模的危险性较大工程的标准，由国务院建设行政主管部门会同国务院其他有关部门制定。

第二十七条 建设工程施工前，施工单位负责项目管理的技术人员应当对有关安全施工的技术要求向施工作业班组、作业人员作出详细说明，并由双方签字确认。

第二十八条 施工单位应当在施工现场入口处、施工起重机械、临时用电设施、脚手架、出入通道口、楼梯口、电梯井口、孔洞口、桥梁口、隧道口、基坑边沿、爆破物及有害危险气体和液体存放处等危险部位，设置明显的安全警示标志。安全警示标志必须符合国家标准。

施工单位应当根据不同施工阶段和周围环境及季节、气候的变化，在施工现场采取相应的安全施工措施。施工现场暂时停止施工的，施工单位应当做好现场防护，所需费用由责任方承担，或者按照合同约定执行。

第二十九条 施工单位应当将施工现场的办公、生活区与作业区分开设置，并保持安全距离；办公、生活区的选址应当符合安全性要求。职工的膳食、饮水、休息场所等应当符合卫生标准。施工单位不得在尚未竣工的建筑物内设置员工集体宿舍。

施工现场临时搭建的建筑物应当符合安全使用要求。施工现场使用的装配式活动房屋应当具有产品合格证。

第三十条 施工单位对因建设工程施工可能造成损害的毗邻建筑物、构筑物和地下管线等，应当采取专项防护措施。

施工单位应当遵守有关环境保护法律、法规的规定，在施工现场采取措施，防止或者减少粉尘、废气、废水、固体废物、噪声、振动和施工照明对人和环境的危害和污染。

在城市市区内的建设工程，施工单位应当对施工现场实行封闭围挡。

第三十一条 施工单位应当在施工现场建立消防安全责任制度，确定消防安全责任人，制定用火、用电、使用易燃易爆材料等各项消防安全管理制度和操作规程，设置消防通道、消防水源，配备消防设施和灭火器材，并在施工现场入口处设置明显标志。

第三十二条 施工单位应当向作业人员提供安全防护用具和安全防护服装，并书面告知危险岗位的操作规程和违章操作的危害。

作业人员有权对施工现场的作业条件、作业程序和作业方式中存在的安全问题提出批评、检举和控告，有权拒绝违章指挥和强令冒险作业。

在施工中发生危及人身安全的紧急情况时，作业人员有权立即停止作业或者在采取必要的应急措施后撤离危险区域。

第三十三条 作业人员应当遵守安全施工的强制性标准、规章制度和操作规程，正确使用安全防护用具、机械设备等。

第三十四条 施工单位采购、租赁的安全防护用具、机械设备、施工机具及配件，应当具有生产（制造）许可证、产品合格证，并在进入施工现场前进行查验。

施工现场的安全防护用具、机械设备、施工机具及配件必须由专人管理，定期进行检查、维修和保养，建立相应的资料档案，并按照国家有关规定及时报废。

第三十五条 施工单位在使用施工起重机械和整体提升脚手架、模板等自升式架设设施前，应当组织有关单位进行验收，也可以委托具有相应资质的检验检测机构进行验收；使用承租的机械设备和施工机具及配件的，由施工总承包单位、分包单位、出租单位和安装单位共同进行验收。验收合格的方可使用。

《特种设备安全监察条例》规定的施工起重机械，在验收前应当经有相应资质的检验检测机构监督检验合格。

施工单位应当自施工起重机械和整体提升脚手架、模板等自升式架设设施验收合格之日起30日内，向建设行政主管部门或者其他有关部门登记。登记标志应当置于或者附着于该设备的显著位置。

第三十六条 施工单位的主要负责人、项目负责人、专职安全生产管理人员应当经建设行政主管部门或者其他有关部门考核合格后方可任职。

施工单位应当对管理人员和作业人员每年至少进行一次安全生产教育培训，其教育培训情况记入个人工作档案。安全生产教育培训考核不合格的人员，不得上岗。

第三十七条 作业人员进入新的岗位或者新的施工现场前，应当接受安全生产教育培训。未经教育培训或者教育培训考核不合格的人员，不得上岗作业。

施工单位在采用新技术、新工艺、新设备、新材料时，应当对作业人员进行相应的安全生产教育培训。

第三十八条 施工单位应当为施工现场从事危险作业的人员办理意外伤害保险。

意外伤害保险费由施工单位支付。实行施工总承包的，由总承包单位支付意外伤害保险费。意外伤害保险期限自建设工程开工之日起至竣工验收合格止。

第五章 监 督 管 理

第三十九条 国务院负责安全生产监督管理的部门依照《中华人民共和国安全生产法》的规定，对全国建设工程安全生产工作实施综合监督管理。

县级以上地方人民政府负责安全生产监督管理的部门依照《中华人民共和国安全生产法》的规定，对本行政区域内建设工程安全生产工作实施综合监督管理。

第四十条 国务院建设行政主管部门对全国的建设工程安全生产实施监督管理。国务院铁路、交通、水利等有关部门按照国务院规定的职责分工，负责有关专业建设工程安全生产的监督管理。

县级以上地方人民政府建设行政主管部门对本行政区域内的建设工程安全生产实施监督管理。县级以上地方人民政府交通、水利等有关部门在各自的职责范围内，负责本行政区域内的专业建设工程安全生产的监督管理。

第四十一条 建设行政主管部门和其他有关部门应当将本条例第十条、第十一条规定的有关资料的主要内容抄送同级负责安全生产监督管理的部门。

第四十二条 建设行政主管部门在审核发放施工许可证时，应当对建设工程是否有安全施工措施进行审查，对没有安全施工措施的，不得颁发施工许可证。

建设行政主管部门或者其他有关部门对建设工程是否有安全施工措施进行审查时，不得收取费用。

第四十三条 县级以上人民政府负有建设工程安全生产监督管理职责的部门在各自的职责范围内履行安全监督检查职责时，有权采取下列措施：

（一）要求被检查单位提供有关建设工程安全生产的文件和资料；

（二）进入被检查单位施工现场进行检查；

（三）纠正施工中违反安全生产要求的行为；

（四）对检查中发现的安全事故隐患，责令立即排除；重大安全事故隐患排除前或者排除过程中无法保证安全的，责令从危险区域内撤出作业人员或者暂时停止施工。

第四十四条 建设行政主管部门或者其他有关部门可以将施工现场的监督检查委托给建设工程安全监督机构具体实施。

第四十五条 国家对严重危及施工安全的工艺、设备、材料实行淘汰制度。具体目录由国务院建设行政主管部门会同国务院其他有关部门制定并公布。

第四十六条 县级以上人民政府建设行政主管部门和其他有关部门应当及时受理对建设工程生产安全事故及安全事故隐患的检举、控告和投诉。

第六章　生产安全事故的应急救援和调查处理

第四十七条 县级以上地方人民政府建设行政主管部门应当根据本级人民政府的要求，制定本行政区域内建设工程特大生产安全事故应急救援预案。

第四十八条 施工单位应当制定本单位生产安全事故应急救援预案，建立应急救援组织或者配备应急救援人员，配备必要的应急救援器材、设备，并定期组织演练。

第四十九条 施工单位应当根据建设工程施工的特点、范围，对施工现场易发生重大事故的部位、环节进行监控，制定施工现场生产安全事故应急救援预案。实行施工总承包的，由总承包单位统一组织编制建设工程生产安全事故应急救援预案，工程总承包单位和分包单位按照应急救援预案，各自建立应急救援组织或者配备应急救援人员，配备救援器材、设备，并定期组织演练。

第五十条 施工单位发生生产安全事故，应当按照国家有关伤亡事故报告和调查处理的规定，及时、如实地向负责安全生产监督管理的部门、建设行政主管部门或者其他有关部门报告；特种设备发生事故的，还应当同时向特种设备安全监督管理部门报告。接到报告的部门应当按照国家有关规定，如实上报。

实行施工总承包的建设工程，由总承包单位负责上报事故。

第五十一条 发生生产安全事故后，施工单位应当采取措施防止事故扩大，保护事故现场。需要移动现场物品时，应当做出标记和书面记录，妥善保管有关证物。

第五十二条 建设工程生产安全事故的调查、对事故责任单位和责任人的处罚与处理，按照有关法律、法规的规定执行。

第七章 法 律 责 任

第五十三条 违反本条例的规定，县级以上人民政府建设行政主管部门或者其他有关行政管理部门的工作人员，有下列行为之一的，给予降级或者撤职的行政处分；构成犯罪的，依照刑法有关规定追究刑事责任：

（一）对不具备安全生产条件的施工单位颁发资质证书的；

（二）对没有安全施工措施的建设工程颁发施工许可证的；

（三）发现违法行为不予查处的；

（四）不依法履行监督管理职责的其他行为。

第五十四条 违反本条例的规定，建设单位未提供建设工程安全生产作业环境及安全施工措施所需费用的，责令限期改正；逾期未改正的，责令该建设工程停止施工。

建设单位未将保证安全施工的措施或者拆除工程的有关资料报送有关部门备案的，责令限期改正，给予警告。

第五十五条 违反本条例的规定，建设单位有下列行为之一的，责令限期改正，处20万元以上50万元以下的罚款；造成重大安全事故，构成犯罪的，对直接责任人员，依照刑法有关规定追究刑事责任；造成损失的，依法承担赔偿责任：

（一）对勘察、设计、施工、工程监理等单位提出不符合安全生产法律、法规和强制性标准规定的要求的；

（二）要求施工单位压缩合同约定的工期的；

（三）将拆除工程发包给不具有相应资质等级的施工单位的。

第五十六条 违反本条例的规定，勘察单位、设计单位有下列行为之一的，责令限期改正，处10万元以上30万元以下的罚款；情节严重的，责令停业整顿，降低资质等级，直至吊销资质证书；造成重大安全事故，构成犯罪的，对直接责任人员，依照刑法有关规定追究刑事责任；造成损失的，依法承担赔偿责任：

（一）未按照法律、法规和工程建设强制性标准进行勘察、设计的；

（二）采用新结构、新材料、新工艺的建设工程和特殊结构的建设工程，设计单位未在设计中提出保障施工作业人员安全和预防生产安全事故的措施建议的。

第五十七条 违反本条例的规定，工程监理单位有下列行为之一的，责令限期改正；逾期未改正的，责令停业整顿，并处10万元以上30万元以下的罚款；情节严重的，降低资质等级，直至吊销资质证书；造成重大安全事故，构成犯罪的，对直接责任人员，依照刑法有关规定追究刑事责任；造成损失的、依法承担赔偿责任：

（一）未对施工组织设计中的安全技术措施或者专项施工方案进行审查的；

（二）发现安全事故隐患未及时要求施工单位整改或者暂时停止施工的；

（三）施工单位拒不整改或者不停止施工，未及时向有关主管部门报告的；

（四）未依照法律、法规和工程建设强制性标准实施监理的。

第五十八条 注册执业人员未执行法律、法规和工程建设强制性标准的，责令停止执业3个月以上1年以下；情节严重的，吊销执业资格证书，5年内不予注册；造成重大安全事故的，终身不予注册；构成犯罪的，依照刑法有关规定追究刑事责任。

第五十九条 违反本条例的规定,为建设工程提供机械设备和配件的单位,未按照安全施工的要求配备齐全有效的保险、限位等安全设施和装置的,责令限期改正,处合同价款1倍以上3倍以下的罚款;造成损失的,依法承担赔偿责任。

第六十条 违反本条例的规定,出租单位出租未经安全性能检测或者经检测不合格的机械设备和施工机具及配件的,责令停业整顿,并处5万元以上10万元以下的罚款;造成损失的,依法承担赔偿责任。

第六十一条 违反本条例的规定,施工起重机械和整体提升脚手架、模板等自升式架设设施安装、拆卸单位有下列行为之一的,责令限期改正,处5万元以上10万元以下的罚款;情节严重的,责令停业整顿,降低资质等级,直至吊销资质证书;造成损失的,依法承担赔偿责任:

(一)未编制拆装方案、制定安全施工措施的;

(二)未由专业技术人员现场监督的;

(三)未出具自检合格证明或者出具虚假证明的;

(四)未向施工单位进行安全使用说明,办理移交手续的。

施工起重机械和整体提升脚手架、模板等自升式架设设施安装、拆卸单位有前款规定的第(一)项、第(三)项行为,经有关部门或者单位职工提出后,对事故隐患仍不采取措施,因而发生重大伤亡事故或者造成其他严重后果,构成犯罪的,对直接责任人员,依照刑法有关规定追究刑事责任。

第六十二条 违反本条例的规定,施工单位有下列行为之一的,责令限期改正;逾期未改正的,责令停业整顿,依照《中华人民共和国安全生产法》的有关规定处以罚款;造成重大安全事故,构成犯罪的,对直接责任人员,依照刑法有关规定追究刑事责任:

(一)未设立安全生产管理机构、配备专职安全生产管理人员或者分部分项工程施工时无专职安全生产管理人员现场监督的;

(二)施工单位的主要负责人、项目负责人、专职安全生产管理人员、作业人员或者特种作业人员,未经安全教育培训或者经考核不合格即从事相关工作的;

(三)未在施工现场的危险部位设置明显的安全警示标志,或者未按照国家有关规定在施工现场设置消防通道、消防水源、配备消防设施和灭火器材的;

(四)未向作业人员提供安全防护用具和安全防护服装的;

(五)未按照规定在施工起重机械和整体提升脚手架、模板等自升式架设设施验收合格后登记的;

(六)使用国家明令淘汰、禁止使用的危及施工安全的工艺、设备、材料的。

第六十三条 违反本条例的规定,施工单位挪用列入建设工程概算的安全生产作业环境及安全施工措施所需费用的,责令限期改正,处挪用费用20%以上50%以下的罚款;造成损失的,依法承担赔偿责任。

第六十四条 违反本条例的规定,施工单位有下列行为之一的,责令限期改正;逾期未改正的,责令停业整顿,并处5万元以上10万元以下的罚款;造成重大安全事故,构成犯罪的,对直接责任人员,依照刑法有关规定追究刑事责任:

(一)施工前未对有关安全施工的技术要求作出详细说明的;

(二)未根据不同施工阶段和周围环境及季节、气候的变化,在施工现场采取相应的安全施工措施，或者在城市市区内的建设工程的施工现场未实行封闭围挡的；

（三）在尚未竣工的建筑物内设置员工集体宿舍的；

（四）施工现场临时搭建的建筑物不符合安全使用要求的；

（五）未对因建设工程施工可能造成损害的毗邻建筑物、构筑物和地下管线等采取专项防护措施的。

施工单位有前款规定第（四）项、第（五）项行为，造成损失的，依法承担赔偿责任。

第六十五条 违反本条例的规定，施工单位有下列行为之一的，责令限期改正；逾期未改正的，责令停业整顿，并处10万元以上30万元以下的罚款；情节严重的，降低资质等级，直至吊销资质证书；造成重大安全事故，构成犯罪的，对直接责任人员，依照刑法有关规定追究刑事责任；造成损失的，依法承担赔偿责任：

（一）安全防护用具、机械设备、施工机具及配件在进入施工现场前未经查验或者查验不合格即投入使用的；

（二）使用未经验收或者验收不合格的施工起重机械和整体提升脚手架、模板等自升式架设设施的；

（三）委托不具有相应资质的单位承担施工现场安装、拆卸施工起重机械和整体提升脚手架、模板等自升式架设设施的；

（四）在施工组织设计中未编制安全技术措施、施工现场临时用电方案或者专项施工方案的。

第六十六条 违反本条例的规定，施工单位的主要负责人、项目负责人未履行安全生产管理职责的，责令限期改正；逾期未改正的，责令施工单位停业整顿；造成重大安全事故、重大伤亡事故或者其他严重后果，构成犯罪的，依照刑法有关规定追究刑事责任。

作业人员不服管理、违反规章制度和操作规程冒险作业造成重大伤亡事故或者其他严重后果，构成犯罪的，依照刑法有关规定追究刑事责任。

施工单位的主要负责人、项目负责人有前款违法行为，尚不够刑事处罚的，处2万元以上20万元以下的罚款或者按照管理权限给予撤职处分；自刑罚执行完毕或者受处分之日起，5年内不得担任任何施工单位的主要负责人、项目负责人。

第六十七条 施工单位取得资质证书后，降低安全生产条件的，责令限期改正；经整改仍未达到与其资质等级相适应的安全生产条件的，责令停业整顿，降低其资质等级直至吊销资质证书。

第六十八条 本条例规定的行政处罚，由建设行政主管部门或者其他有关部门依照法定职权决定。

违反消防安全管理规定的行为，由公安消防机构依法处罚。

有关法律、行政法规对建设工程安全生产违法行为的行政处罚决定机关另有规定的，从其规定。

第八章 附　则

第六十九条 抢险救灾和农民自建低层住宅的安全生产管理，不适用本条例。

第七十条 军事建设工程的安全生产管理，按照中央军事委员会的有关规定执行。

第七十一条 本条例自2004年2月1日起施行。

安全生产许可证条例

(2004年1月7日国务院第34次常务会议通过，
2004年1月13日中华人民共和国国务院令第397号公布，自公布之日起施行)

第一条 为了严格规范安全生产条件，进一步加强安全生产监督管理，防止和减少生产安全事故，根据《中华人民共和国安全生产法》的有关规定，制定本条例。

第二条 国家对矿山企业、建筑施工企业和危险化学品、烟花爆竹、民用爆破器材生产企业（以下统称企业）实行安全生产许可制度。

企业未取得安全生产许可证的，不得从事生产活动。

第三条 国务院安全生产监督管理部门负责中央管理的非煤矿矿山企业和危险化学品、烟花爆竹生产企业安全生产许可证的颁发和管理。

省、自治区、直辖市人民政府安全生产监督管理部门负责前款规定以外的非煤矿矿山企业和危险化学品、烟花爆竹生产企业安全生产许可证的颁发和管理，并接受国务院安全生产监督管理部门的指导和监督。

国家煤矿安全监察机构负责中央管理的煤矿企业安全生产许可证的颁发和管理。

在省、自治区、直辖市设立的煤矿安全监察机构负责前款规定以外的其他煤矿企业安全生产许可证的颁发和管理，并接受国家煤矿安全监察机构的指导和监督。

第四条 国务院建设主管部门负责中央管理的建筑施工企业安全生产许可证的颁发和管理。

省、自治区、直辖市人民政府建设主管部门负责前款规定以外的建筑施工企业安全生产许可证的颁发和管理，并接受国务院建设主管部门的指导和监督。

第五条 国务院国防科技工业主管部门负责民用爆破器材生产企业安全生产许可证的颁发和管理。

第六条 企业取得安全生产许可证，应当具备下列安全生产条件：

（一）建立、健全安全生产责任制，制定完备的安全生产规章制度和操作规程；

（二）安全投入符合安全生产要求；

（三）设置安全生产管理机构，配备专职安全生产管理人员；

（四）主要负责人和安全生产管理人员经考核合格；

（五）特种作业人员经有关业务主管部门考核合格，取得特种作业操作资格证书；

（六）从业人员经安全生产教育和培训合格；

（七）依法参加工伤保险，为从业人员缴纳保险费；

（八）厂房、作业场所和安全设施、设备、工艺符合有关安全生产法律、法规、标准和规程的要求；

（九）有职业危害防治措施，并为从业人员配备符合国家标准或者行业标准的劳动防护用品；

（十）依法进行安全评价；

（十一）有重大危险源检测、评估、监控措施和应急预案；

（十二）有生产安全事故应急救援预案、应急救援组织或者应急救援人员，配备必要的应急救援器材、设备；

（十三）法律、法规规定的其他条件。

第七条 企业进行生产前，应当依照本条例的规定向安全生产许可证颁发管理机关申请领取安全生产许可证，并提供本条例第六条规定的相关文件、资料。安全生产许可证颁发管理机关应当自收到申请之日起45日内审查完毕，经审查符合本条例规定的安全生产条件的，颁发安全生产许可证；不符合本条例规定的安全生产条件的，不予颁发安全生产许可证，书面通知企业并说明理由。

煤矿企业应当以矿（井）为单位，在申请领取煤炭生产许可证前，依照本条例的规定取得安全生产许可证。

第八条 安全生产许可证由国务院安全生产监督管理部门规定统一的式样。

第九条 安全生产许可证的有效期为3年。安全生产许可证有效期满需要延期的，企业应当于期满前3个月向原安全生产许可证颁发管理机关办理延期手续。

企业在安全生产许可证有效期内，严格遵守有关安全生产的法律法规，未发生死亡事故的，安全生产许可证有效期届满时，经原安全生产许可证颁发管理机关同意，不再审查，安全生产许可证有效期延期3年。

第十条 安全生产许可证颁发管理机关应当建立、健全安全生产许可证档案管理制度，并定期向社会公布企业取得安全生产许可证的情况。

第十一条 煤矿企业安全生产许可证颁发管理机关、建筑施工企业安全生产许可证颁发管理机关、民用爆破器材生产企业安全生产许可证颁发管理机关，应当每年向同级安全生产监督管理部门通报其安全生产许可证颁发和管理情况。

第十二条 国务院安全生产监督管理部门和省、自治区、直辖市人民政府安全生产监督管理部门对建筑施工企业、民用爆破器材生产企业、煤矿企业取得安全生产许可证的情况进行监督。

第十三条 企业不得转让、冒用安全生产许可证或者使用伪造的安全生产许可证。

第十四条 企业取得安全生产许可证后，不得降低安全生产条件，并应当加强日常安全生产管理，接受安全生产许可证颁发管理机关的监督检查。

安全生产许可证颁发管理机关应当加强对取得安全生产许可证的企业的监督检查，发现其不再具备本条例规定的安全生产条件的，应当暂扣或者吊销安全生产许可证。

第十五条 安全生产许可证颁发管理机关工作人员在安全生产许可证颁发、管理和监督检查工作中，不得索取或者接受企业的财物，不得谋取其他利益。

第十六条 监察机关依照《中华人民共和国行政监察法》的规定，对安全生产许可证颁发管理机关及其工作人员履行本条例规定的职责实施监察。

第十七条 任何单位或者个人对违反本条例规定的行为，有权向安全生产许可证颁发管理机关或者监察机关等有关部门举报。

第十八条 安全生产许可证颁发管理机关工作人员有下列行为之一的，给予降级或者撤职的行政处分；构成犯罪的，依法追究刑事责任：

（一）向不符合本条例规定的安全生产条件的企业颁发安全生产许可证的；

（二）发现企业未依法取得安全生产许可证擅自从事生产活动，不依法处理的；

（三）发现取得安全生产许可证的企业不再具备本条例规定的安全生产条件，不依法处理的；

（四）接到对违反本条例规定行为的举报后，不及时处理的；

（五）在安全生产许可证颁发、管理和监督检查工作中，索取或者接受企业的财物，或者谋取其他利益的。

第十九条 违反本条例规定，未取得安全生产许可证擅自进行生产的，责令停止生产，没收违法所得，并处10万元以上50万元以下的罚款；造成重大事故或者其他严重后果，构成犯罪的，依法追究刑事责任。

第二十条 违反本条例规定，安全生产许可证有效期满未办理延期手续，继续进行生产的，责令停止生产，限期补办延期手续，没收违法所得，并处5万元以上10万元以下的罚款；逾期仍不办理延期手续，继续进行生产的，依照本条例第十九条的规定处罚。

第二十一条 违反本条例规定，转让安全生产许可证的，没收违法所得，处10万元以上50万元以下的罚款，并吊销其安全生产许可证；构成犯罪的，依法追究刑事责任；接受转让的，依照本条例第十九条的规定处罚。

冒用安全生产许可证或者使用伪造的安全生产许可证的，依照本条例第十九条的规定处罚。

第二十二条 本条例施行前已经进行生产的企业，应当自本条例施行之日起1年内，依照本条例的规定向安全生产许可证颁发管理机关申请办理安全生产许可证；逾期不办理安全生产许可证，或者经审查不符合本条例规定的安全生产条件，未取得安全生产许可证，继续进行生产的，依照本条例第十九条的规定处罚。

第二十三条 本条例规定的行政处罚，由安全生产许可证颁发管理机关决定。

第二十四条 本条例自公布之日起施行。

企业职工伤亡事故报告和处理规定

（1991年2月22日中华人民共和国国务院令第75号发布
自1991年5月1日起施行）

第一章 总 则

第一条 为了及时报告、统计、调查和处理职工伤亡事故，积极采取预防措施，防止伤亡事故，制定本规定。

第二条 本规定适用于中华人民共和国境内的一切企业。

第三条 本规定所称伤亡事故，是指职工在劳动过程中发生的人身伤害、急性中毒事故。

第四条 伤亡事故的报告、统计调查和处理工作必须坚持实事求是、尊重科学的原则。

第二章 事 故 报 告

第五条 伤亡事故发生后，负伤者或者事故现场有关人员应当立即直接或者逐级报告企业负责人。

第六条 企业负责人接到重伤、死亡、重大死亡事故报告后，应当立即报告企业主管部门和企业所在地劳动部门、公安部门、人民检察院、工会。

第七条 企业主管部门和劳动部门接到死亡、重大死亡事故报告后，应当立即按系统逐级上报；死亡事故报至省、自治区、直辖市企业主管部门和劳动部门；重大死亡事故报至国务院有关主管部门、劳动部门。

第八条 发生死亡、重大死亡事故的企业应当保护事故现场，并迅速采取必要措施抢救人员和财产，防止事故扩大。

第三章 事故调查

第九条 轻伤、重伤事故，由企业负责人或其指定人员组织生产、技术、安全等有关人员以及工会成员参加的事故调查组，进行调查。

第十条 死亡事故，由企业主管部门会同企业所在地设区的市（或者相当于设区的市一级）劳动部门、公安部门、工会组织事故调查组，进行调查。

重大死亡事故，按照企业的隶属关系由省、自治区、直辖市企业主管部门或者国务院有关主管部门会同同级劳动部门、公安部门、监察部门、工会组成事故调查组，进行调查。

前两款的事故调查组应邀请人民检察院派员参加，还可邀请其他部门的人员和有关专家参加。

第十一条 事故调查组成员应当符合下列条件：
（一）具有事故调查所需要的某一方面的专长；
（二）与所发生事故没有直接利害关系。

第十二条 事故调查组的职责：
（一）查明事故发生原因、过程和人员伤亡、经济损失情况；
（二）确定事故责任者；
（三）提出事故处理意见和防范措施的建议；
（四）写出事故调查报告。

第十三条 事故调查组有权向发生事故的企业和有关单位、有关人员了解有关情况和索取有关资料，任何单位和个人不得拒绝。

第十四条 事故调查组在查明事故情况以后，如果对事故的分析和事故责任者的处理不能取得一致意见，劳动部门有权提出结论性意见；如果仍有不同意见，应当报上级劳动部门商有关部门处理；仍不能达成一致意见的，报同级人民政府裁决。但不得超过事故处理工作的时限。

第十五条 任何单位和个人不得阻碍、干涉事故调查组的正常工作。

第四章 事故处理

第十六条 事故调查组提出的事故处理意见和防范措施建议，由发生事故的企业及其主管部门负责处理。

第十七条 因忽视安全生产、违章指挥、违章作业、玩忽职守或者发现事故隐患、危害情况而不采取有效措施以致造成伤亡事故的，由企业主管部门或者企业按照国家有关规定，对企业负责人和直接责任人员给予行政处分；构成犯罪的，由司法机关依法追究刑事责任。

第十八条 违反本规定,在伤亡事故发生后隐瞒不报、谎报、故意迟延不报、故意破坏事故现场,或者无正当理由,拒绝接受调查以及拒绝提供有关情况和资料的,由有关部门按照国家有关规定,对有关单位负责人和直接责任人员给予行政处分;构成犯罪的,由司法机关依法追究刑事责任。

第十九条 在调查、处理伤亡事故中玩忽职守、徇私舞弊或者打击报复的,由其所在单位按照国家有关规定给予行政处分;构成犯罪的,由司法机关依法追究刑事责任。

第二十条 伤亡事故处理工作应当在90日内结案,特殊情况不得超过180日。伤亡事故处理结案后,应当公开宣布处理结果。

第五章 附 则

第二十一条 伤亡事故统计办法和报表格式由国务院劳动部门会同国务院统计部门按照国家有关规定制定。

伤亡事故经济损失的确定办法和事故的分类办法由国务院劳动部门会同国务院有关部门制定。

伤亡事故的调查、处理,法律、行政法规另有专门规定的,从其规定。

第二十二条 劳动部门对企业执行本规定的情况进行监督检查。

第二十三条 发生特别重大事故应当按照国家有关规定办理。

第二十四条 国家机关、事业单位、人民团体发生的伤亡事故参照本规定执行。

第二十五条 本规定由国务院劳动部负责解释。

第二十六条 本规定自1991年5月1日起施行,1956年国务院发布的《工人职员伤亡事故报告规程》同时废止。

特种设备安全监察条例

(2003年2月19日国务院第68次常务会议通过, 2003年3月11日中华人民共和国国务院令第373号公布 自2003年6月1日起施行)

第一章 总 则

第一条 为了加强特种设备的安全监察,防止和减少事故,保障人民群众生命和财产安全,促进经济发展,制定本条例。

第二条 本条例所称特种设备是指涉及生命安全、危险性较大的锅炉、压力容器(含气瓶,下同)、压力管道、电梯、起重机械、客运索道、大型游乐设施。

前款特种设备的目录由国务院负责特种设备安全监督管理的部门(以下简称国务院特种设备安全监督管理部门)制订,报国务院批准后执行。

第三条 特种设备的生产(含设计、制造、安装、改造、维修,下同)、使用、检验检测及其监督检查,应当遵守本条例。但本条例另有规定的除外。

军事装备、核设施、航空航天器、铁路机车、海上设施和船舶以及煤矿矿井使用的特种设备的安全监察不适用本条例。

房屋建筑工地和市政工程工地用起重机械的安装、使用的监督管理，由建设行政主管部门依照有关法律、法规的规定执行。

第四条 国务院特种设备安全监督管理部门负责全国特种设备的安全监察工作，县以上地方负责特种设备安全监督管理的部门对本行政区域内特种设备实施安全监察（以下统称特种设备安全监督管理部门）。

第五条 特种设备生产、使用单位应当建立健全特种设备安全管理制度和岗位安全责任制度。

特种设备生产、使用单位的主要负责人应当对本单位特种设备的安全全面负责。

特种设备生产、使用单位和特种设备检验检测机构，应当接受特种设备安全监督管理部门依法进行的特种设备安全监察。

第六条 特种设备检验检测机构，应当依照本条例规定，进行检验检测工作，对其检验检测结果、鉴定结论承担法律责任。

第七条 县级以上地方人民政府应当督促、支持特种设备安全监督管理部门依法履行安全监察职责，对特种设备安全监察中存在的重大问题及时予以协调、解决。

第八条 国家鼓励推行科学的管理方法，采用先进技术，提高特种设备安全性能和管理水平，增强特种设备生产、使用单位防范事故的能力，对取得显著成绩的单位和个人，给予奖励。

第九条 任何单位和个人对违反本条例规定的行为，有权向特种设备安全监督管理部门和行政监察等有关部门举报。

特种设备安全监督管理部门应当建立特种设备安全监察举报制度，公布举报电话、信箱或者电子邮件地址，受理对特种设备生产、使用和检验检测违法行为的举报，并及时予以处理。

特种设备安全监督管理部门和行政监察等有关部门应当为举报人保密，并按照国家有关规定给予奖励。

第二章　特种设备的生产

第十条 特种设备生产单位，应当依照本条例规定以及国务院特种设备安全监督管理部门制订并公布的安全技术规范（以下简称安全技术规范）的要求，进行生产活动。

特种设备生产单位对其生产的特种设备的安全性能负责。

第十一条 压力容器的设计单位应当经国务院特种设备安全监督管理部门许可，方可从事压力容器的设计活动。

压力容器的设计单位应当具备下列条件：

（一）有与压力容器设计相适应的设计人员、设计审核人员；

（二）有与压力容器设计相适应的健全的管理制度和责任制度。

第十二条 锅炉、压力容器中的气瓶（以下简称气瓶）、氧舱和客运索道、大型游乐设施的设计文件，应当经国务院特种设备安全监督管理部门核准的检验检测机构鉴定，方可用于制造。

第十三条 按照安全技术规范的要求，应当进行型式试验的特种设备产品、部件或者试制特种设备新产品、新部件，必须进行整机或者部件的型式试验。

第十四条　锅炉、压力容器、电梯、起重机械、客运索道、大型游乐设施及其安全附件、安全保护装置的制造、安装、改造单位，以及压力管道用管子、管件、阀门、法兰、补偿器、安全保护装置等（以下简称压力管道元件）的制造单位，应当经国务院特种设备安全监督管理部门许可，方可从事相应的活动。

前款特种设备的制造、安装、改造单位应当具备下列条件：

（一）有与特种设备制造、安装、改造相适应的专业技术人员和技术工人；

（二）有与特种设备制造、安装、改造相适应的生产条件和检测手段；

（三）有健全的质量管理制度和责任制度。

第十五条　特种设备出厂时，应当附有安全技术规范要求的设计文件、产品质量合格证明、安装及使用维修说明、监督检验证明等文件。

第十六条　锅炉、压力容器、电梯、起重机械、客运索道、大型游乐设施的维修单位，应当有与特种设备维修相适应的专业技术人员和技术工人以及必要的检测手段，并经省、自治区、直辖市特种设备安全监督管理部门许可，方可从事相应的维修活动。

第十七条　锅炉、压力容器、起重机械、客运索道、大型游乐设施的安装、改造、维修，必须由依照本条例取得许可的单位进行。

电梯的安装、改造、维修，必须由电梯制造单位或者其通过合同委托、同意的依照本条例取得许可的单位进行。电梯制造单位对电梯质量以及安全运行涉及的质量问题负责。

特种设备安装、改造、维修的施工单位应当在施工前将拟进行的特种设备安装、改造、维修情况书面告知直辖市或者设区的市的特种设备安全监督管理部门，告知后即可施工。

第十八条　电梯井道的土建工程必须符合建筑工程质量要求。电梯安装施工过程中，电梯安装单位应当遵守施工现场的安全生产要求，落实现场安全防护措施。电梯安装施工过程中，施工现场的安全生产监督，由有关部门依照有关法律、行政法规的规定执行。

电梯安装施工过程中，电梯安装单位应当服从建筑施工总承包单位对施工现场的安全生产管理，并订立合同，明确各自的安全责任。

第十九条　电梯的制造、安装、改造和维修活动，必须严格遵守安全技术规范的要求。电梯制造单位委托或者同意其他单位进行电梯安装、改造、维修活动的，应当对其安装、改造、维修活动进行安全指导和监控。电梯的安装、改造、维修活动结束后，电梯制造单位应当按照安全技术规范的要求对电梯进行校验和调试，并对校验和调试的结果负责。

第二十条　锅炉、压力容器、电梯、起重机械、客运索道、大型游乐设施的安装、改造、维修竣工后，安装、改造、维修的施工单位应当在验收后30日内将有关技术资料移交使用单位。使用单位应当将其存入该特种设备的安全技术档案。

第二十一条　锅炉、压力容器、压力管道元件、起重机械、大型游乐设施的制造过程和锅炉、压力容器、电梯、起重机械、客运索道、大型游乐设施的安装、改造、重大维修过程，必须经国务院特种设备安全监督管理部门核准的检验检测机构按照安全技术规范的要求进行监督检验；未经监督检验合格的不得出厂或者交付使用。

第二十二条　气瓶充装单位应当经省、自治区、直辖市的特种设备安全监督管理部门许可，方可从事充装活动。

气瓶充装单位应当具备下列条件：
（一）有与气瓶充装和管理相适应的管理人员和技术人员；
（二）有与气瓶充装和管理相适应的充装设备、检测手段、场地厂房、器具、安全设施和一定的气体储存能力，并能够向使用者提供符合安全技术规范要求的气瓶；
（三）有健全的充装安全管理制度、责任制度、紧急处理措施。
气瓶充装单位应当对气瓶使用者安全使用气瓶进行指导，提供服务。

第三章　特种设备的使用

第二十三条　特种设备使用单位，应当严格执行本条例和有关安全生产的法律、行政法规的规定，保证特种设备的安全使用。

第二十四条　特种设备使用单位应当使用符合安全技术规范要求的特种设备。特种设备投入使用前，使用单位应当核对其是否附有本条例第十五条规定的相关文件。

第二十五条　特种设备在投入使用前或者投入使用后 30 日内，特种设备使用单位应当向直辖市或者设区的市的特种设备安全监督管理部门登记。登记标志应当置于或者附着于该特种设备的显著位置。

第二十六条　特种设备使用单位应当建立特种设备安全技术档案。安全技术档案应当包括以下内容：
（一）特种设备的设计文件、制造单位、产品质量合格证明、使用维护说明等文件以及安装技术文件和资料；
（二）特种设备的定期检验和定期自行检查的记录；
（三）特种设备的日常使用状况记录；
（四）特种设备及其安全附件、安全保护装置、测量调控装置及有关附属仪器仪表的日常维护保养记录；
（五）特种设备运行故障和事故记录。

第二十七条　特种设备使用单位应当对在用特种设备进行经常性日常维护保养，并定期自行检查。

特种设备使用单位对在用特种设备应当至少每月进行一次自行检查，并作出记录。特种设备使用单位在对在用特种设备进行自行检查和日常维护保养时发现异常情况的，应当及时处理。

特种设备使用单位应当对在用特种设备的安全附件、安全保护装置、测量调控装置及有关附属仪器仪表进行定期校验、检修，并作出记录。

第二十八条　特种设备使用单位应当按照安全技术规范的定期检验要求，在安全检验合格有效期届满前 1 个月向特种设备检验检测机构提出定期检验要求。

检验检测机构接到定期检验要求后，应当按照安全技术规范的要求及时进行检验。

未经定期检验或者检验不合格的特种设备，不得继续使用。

第二十九条　特种设备出现故障或者发生异常情况，使用单位应当对其进行全面检查，消除事故隐患后，方可重新投入使用。

第三十条　特种设备存在严重事故隐患，无改造、维修价值，或者超过安全技术规范规定使用年限，特种设备使用单位应当及时予以报废，并应当向原登记的特种设备安全监督管理部门办理注销。

第三十一条 特种设备使用单位应当制定特种设备的事故应急措施和救援预案。

第三十二条 电梯的日常维护保养必须由依照本条例取得许可的安装、改造、维修单位或者电梯制造单位进行。

电梯应当至少每15日进行一次清洁、润滑、调整和检查。

第三十三条 电梯的日常维护保养单位应当在维护保养中严格执行国家安全技术规范的要求，保证其维护保养的电梯的安全技术性能，并负责落实现场安全防护措施，保证施工安全。

电梯的日常维护保养单位，应当对其维护保养的电梯的安全性能负责。接到故障通知后，应当立即赶赴现场，并采取必要的应急救援措施。

第三十四条 电梯、客运索道、大型游乐设施等为公众提供服务的特种设备运营使用单位，应当设置特种设备安全管理机构或者配备专职的安全管理人员；其他特种设备使用单位，应当根据情况设置特种设备安全管理机构或者配备专职、兼职的安全管理人员。

特种设备的安全管理人员应当对特种设备使用状况进行经常性检查，发现问题的应当立即处理；情况紧急时，可以决定停止使用特种设备并及时报告本单位有关负责人。

第三十五条 客运索道、大型游乐设施的运营使用单位在客运索道、大型游乐设施每日投入使用前，应当进行试运行和例行安全检查，并对安全装置进行检查确认。

电梯、客运索道、大型游乐设施的运营使用单位应当将电梯、客运索道、大型游乐设施的安全注意事项和警示标志置于易于为乘客注意的显著位置。

第三十六条 客运索道、大型游乐设施的运营使用单位的主要负责人应当熟悉客运索道、大型游乐设施的相关安全知识，并全面负责客运索道、大型游乐设施的安全使用。

客运索道、大型游乐设施的运营使用单位的主要负责人至少应当每月召开一次会议，督促、检查客运索道、大型游乐设施的安全使用工作。

客运索道、大型游乐设施的运营使用单位，应当结合本单位的实际情况，配备相应数量的营救装备和急救物品。

第三十七条 电梯、客运索道、大型游乐设施的乘客应当遵守使用安全注意事项的要求，服从有关工作人员的指挥。

第三十八条 电梯投入使用后，电梯制造单位应当对其制造的电梯的安全运行情况进行跟踪调查和了解，对电梯的日常维护保养单位或者电梯的使用单位在安全运行方面存在的问题，提出改进建议，并提供必要的技术帮助。发现电梯存在严重事故隐患的，应当及时向特种设备安全监督管理部门报告。电梯制造单位对调查和了解的情况，应当作出记录。

第三十九条 锅炉、压力容器、电梯、起重机械、客运索道、大型游乐设施的作业人员及其相关管理人员（以下统称特种设备作业人员），应当按照国家有关规定经特种设备安全监督管理部门考核合格，取得国家统一格式的特种作业人员证书，方可从事相应的作业或者管理工作。

第四十条 特种设备使用单位应当对特种设备作业人员进行特种设备安全教育和培训，保证特种设备作业人员具备必要的特种设备安全作业知识。

特种设备作业人员在作业中应当严格执行特种设备的操作规程和有关的安全规章制

度。

第四十一条　特种设备作业人员在作业过程中发现事故隐患或者其他不安全因素，应当立即向现场安全管理人员和单位有关负责人报告。

<h2 style="text-align:center;">第四章　检验检测</h2>

第四十二条　从事本条例规定的监督检验、定期检验、型式试验检验检测工作的特种设备检验检测机构，应当经国务院特种设备安全监督管理部门核准。

特种设备使用单位设立的特种设备检验检测机构，经国务院特种设备安全监督管理部门核准，负责本单位一定范围内的特种设备定期检验、型式试验工作。

第四十三条　特种设备检验检测机构，应当具备下列条件：

（一）有与所从事的检验检测工作相适应的检验检测人员；

（二）有与所从事的检验检测工作相适应的检验检测仪器和设备；

（三）有健全的检验检测管理制度、检验检测责任制度。

第四十四条　特种设备的监督检验、定期检验和型式试验应当由依照本条例经核准的特种设备检验检测机构进行。

特种设备检验检测工作应当符合安全技术规范的要求。

第四十五条　从事本条例规定的监督检验、定期检验和型式试验的特种设备检验检测人员应当经国务院特种设备安全监督管理部门组织考核合格，取得检验检测人员证书，方可从事检验检测工作。

检验检测人员从事检验检测工作，必须在特种设备检验检测机构执业，但不得同时在两个以上检验检测机构中执业。

第四十六条　特种设备检验检测机构和检验检测人员进行特种设备检验检测，应当遵循诚信原则和方便企业的原则，为特种设备生产、使用单位提供可靠、便捷的检验检测服务。

特种设备检验检测机构和检验检测人员对涉及的被检验检测单位的商业秘密，负有保密义务。

第四十七条　特种设备检验检测机构和检验检测人员应当客观、公正、及时地出具检验检测结果、鉴定结论。检验检测结果、鉴定结论经检验检测人员签字后，由检验检测机构负责人签署。

特种设备检验检测机构和检验检测人员对检验检测结果、鉴定结论负责。

国务院特种设备安全监督管理部门应当组织对特种设备检验检测机构的检验检测结果、鉴定结论进行监督抽查。县以上地方负责特种设备安全监督管理的部门在本行政区域内也可以组织监督抽查，但是要防止重复抽查。监督抽查结果应当向社会公布。

第四十八条　特种设备检验检测机构和检验检测人员不得从事特种设备的生产、销售，不得以其名义推荐或者监制、监销特种设备。

第四十九条　特种设备检验检测机构进行特种设备检验检测，发现严重事故隐患，应当及时告知特种设备使用单位，并立即向特种设备安全监督管理部门报告。

第五十条　特种设备检验检测机构和检验检测人员利用检验检测工作故意刁难特种设备生产、使用单位，特种设备生产、使用单位有权向特种设备安全监督管理部门投诉，接到投诉的特种设备安全监督管理部门应当及时进行调查处理。

第五章 监 督 检 查

第五十一条 特种设备安全监督管理部门依照本条例规定,对特种设备生产、使用单位和检验检测机构实施安全监察。

对学校、幼儿园以及车站、客运码头、商场、体育场馆、展览馆、公园等公众聚集场所的特种设备,特种设备安全监督管理部门应当实施重点安全监察。

第五十二条 特种设备安全监督管理部门根据举报或者取得的涉嫌违法证据,对涉嫌违反本条例规定的行为进行查处时,可以行使下列职权:

(一)向特种设备生产、使用单位和检验检测机构的法定代表人、主要负责人和其他有关人员调查、了解与涉嫌从事违反本条例的生产、使用、检验检测有关的情况;

(二)查阅、复制特种设备生产、使用单位和检验检测机构的有关合同、发票、账簿以及其他有关资料;

(三)对有证据表明不符合安全技术规范要求的或者有其他严重事故隐患的特种设备或者其主要部件,予以查封或者扣押。

第五十三条 依照本条例规定,实施许可、核准、登记的特种设备安全监督管理部门,应当严格依照本条例规定条件和安全技术规范要求对有关事项进行审查;不符合本条例规定条件和安全技术规范要求的,不得许可、核准、登记。

未依法取得许可、核准、登记的单位擅自从事特种设备的生产、使用或者检验检测活动的,特种设备安全监督管理部门应当予以取缔或者依法予以处理。

已经取得许可、核准、登记的特种设备的生产、使用单位和检验检测机构,特种设备安全监督管理部门发现其不再符合本条例规定条件和安全技术规范要求的,应当依法撤销原许可、核准、登记。

第五十四条 特种设备安全监督管理部门在办理本条例规定的有关行政审批事项时,其受理、审查、许可、核准的程序必须公开,并应当自受理申请之日起 30 日内,作出许可、核准或者不予许可、核准的决定;不予许可、核准的,应当书面向申请人说明理由。

第五十五条 地方各级特种设备安全监督管理部门不得以任何形式进行地方保护和地区封锁。不得对已经依照本条例规定在其他地方取得许可的特种设备生产单位重复进行许可,也不得要求对依照本条例规定在其他地方检验检测合格的特种设备,重复进行检验检测。

第五十六条 特种设备安全监督管理部门的安全监察人员(以下简称特种设备安全监察人员)应当熟悉相关法律、法规、规章和安全技术规范,具有相应的专业知识和工作经验,并经国务院特种设备安全监督管理部门考核,取得特种设备安全监察人员证书。

特种设备安全监察人员应当忠于职守、坚持原则、秉公执法。

第五十七条 特种设备安全监督管理部门对特种设备生产、使用单位和检验检测机构实施安全监察时,应当有两名以上特种设备安全监察人员参加,并出示有效的特种设备安全监察人员证件。

第五十八条 特种设备安全监督管理部门对特种设备生产、使用单位和检验检测机构实施安全监察,应当对每次安全监察的内容、发现的问题及处理情况,作出记录,并由参加安全监察的特种设备安全监察人员和被检查单位的有关负责人签字后归档。被检查单位的有关负责人拒绝签字的，特种设备安全监察人员应当将情况记录在案。

第五十九条 特种设备安全监督管理部门对特种设备生产、使用单位和检验检测机构进行安全监察时，发现有违反本条例和安全技术规范的行为或者在用的特种设备存在事故隐患的，应当以书面形式发出特种设备安全监察指令，责令有关单位及时采取措施，予以改正或者消除事故隐患。紧急情况下需要采取紧急处置措施的，应当随后补发书面通知。

第六十条 特种设备安全监督管理部门对特种设备生产、使用单位和检验检测机构进行安全监察，发现重大违法行为或者严重事故隐患时，应当在采取必要措施的同时，及时向上级特种设备安全监督管理部门报告。接到报告的特种设备安全监督管理部门应当采取必要措施，及时予以处理。

对违法行为或者严重事故隐患的处理需要当地人民政府和有关部门的支持、配合时，特种设备安全监督管理部门应当报告当地人民政府，并通知其他有关部门。当地人民政府和其他有关部门应当采取必要措施，及时予以处理。

第六十一条 国务院特种设备安全监督管理部门和省、自治区、直辖市特种设备安全监督管理部门应当定期向社会公布特种设备安全状况。

公布特种设备安全状况，应当包括下列内容：

（一）在用的特种设备数量；

（二）特种设备事故的情况、特点、原因分析、防范对策；

（三）其他需要公布的情况。

第六十二条 特种设备发生事故，事故发生单位应当迅速采取有效措施，组织抢救，防止事故扩大，减少人员伤亡和财产损失，并按照国家有关规定，及时、如实地向负有安全生产监督管理职责的部门和特种设备安全监督管理部门等有关部门报告。不得隐瞒不报、谎报或者拖延不报。

第六十三条 特种设备发生事故的，按照国家有关规定进行事故调查，追究责任。

第六章 法 律 责 任

第六十四条 未经许可，擅自从事压力容器设计活动的，由特种设备安全监督管理部门予以取缔，处5万元以上20万元以下罚款；有违法所得的，没收违法所得；触犯刑律的，对负有责任的主管人员和其他直接责任人员依照刑法关于非法经营罪或者其他罪的规定，依法追究刑事责任。

第六十五条 锅炉、气瓶、氧舱和客运索道、大型游乐设施的设计文件，未经国务院特种设备安全监督管理部门核准的检验检测机构鉴定，擅自用于制造的，由特种设备安全监督管理部门责令改正，没收非法制造的产品，处5万元以上20万元以下罚款；触犯刑律的，对负有责任的主管人员和其他直接责任人员依照刑法关于生产、销售伪劣产品罪、非法经营罪或者其他罪的规定，依法追究刑事责任。

第六十六条 按照安全技术规范的要求应当进行型式试验的特种设备产品、部件或者试制特种设备新产品、新部件，未进行整机或者部件型式试验的，由特种设备安全监督管理部门责令限期改正；逾期未改正的，处2万元以上10万元以下罚款。

第六十七条 未经许可，擅自从事锅炉、压力容器、电梯、起重机械、客运索道、大型游乐设施及其安全附件、安全保护装置的制造、安装、改造以及压力管道元件的制造活动的，由特种设备安全监督管理部门予以取缔，没收非法制造的产品，已经实施安装、改造的，责令恢复原状或者责令限期由取得许可的单位重新安装、改造，处5万元以上20万元以下罚款；触犯刑律的，对负有责任的主管人员和其他直接责任人员依照刑法关于生产、销售伪劣产品罪、非法经营罪、重大责任事故罪或者其他罪的规定，依法追究刑事责任。

第六十八条　特种设备出厂时，未按照安全技术规范的要求附有设计文件、产品质量合格证明、安装及使用维修说明、监督检验证明等文件的，由特种设备安全监督管理部门责令改正；情节严重的，责令停止生产、销售，处违法生产、销售货值金额30%以下罚款；有违法所得的，没收违法所得。

第六十九条　未经许可，擅自从事锅炉、压力容器、电梯、起重机械、客运索道、大型游乐设施的维修或者日常维护保养的，由特种设备安全监督管理部门予以取缔，处1万元以上5万元以下罚款；有违法所得的，没收违法所得；触犯刑律的，对负有责任的主管人员和其他直接责任人员依照刑法关于非法经营罪、重大责任事故罪或者其他罪的规定，依法追究刑事责任。

第七十条　锅炉、压力容器、电梯、起重机械、客运索道、大型游乐设施的安装、改造、维修的施工单位，在施工前未将拟进行的特种设备安装、改造、维修情况书面告知直辖市或者设区的市的特种设备安全监督管理部门即行施工的，或者在验收后30日内未将有关技术资料移交锅炉、压力容器、电梯、起重机械、客运索道、大型游乐设施的使用单位的，由特种设备安全监督管理部门责令限期改正；逾期未改正的，处2000元以上1万元以下罚款。

第七十一条　锅炉、压力容器、压力管道元件、起重机械、大型游乐设施的制造过程和锅炉、压力容器、电梯、超重机械、客运索道、大型游乐设施的安装、改造、重大维修过程，未经国务院特种设备安全监督管理部门核准的检验检测机构按照安全技术规范的要求进行监督检验，出厂或者交付使用的，由特种设备安全监督管理部门责令改正，没收违法生产、销售的产品，已经实施安装、改造或者重大维修的，责令限期进行监督检验，处5万元以上20万元以下的罚款；有违法所得的，没收违法所得；情节严重的，撤销制造、安装、改造或者维修单位已经取得的许可，并由工商行政管理部门吊销其营业执照；触犯刑律的，对负有责任的主管人员和其他直接责任人员依照刑法关于生产、销售伪劣产品罪或者其他罪的规定，依法追究刑事责任。

第七十二条　未经许可，擅自从事气瓶充装活动的，由特种设备安全监督管理部门予以取缔，没收违法充装的气瓶，处5万元以上20万元以下罚款；有违法所得的，没收违法所得；触犯刑律的，对负有责任的主管人员和其他直接责任人员依照刑法关于非法经营罪或者其他罪的规定，依法追究刑事责任。

第七十三条　电梯制造单位有下列情形之一的，由特种设备安全监督管理部门责令限期改正；逾期未改正的，予以通报批评：

（一）未依照本条例第十九条的规定对电梯进行校验、调试的；

（二）对电梯的安全运行情况进行跟踪调查和了解时，发现存在严重事故隐患，未及时向特种设备安全监督管理部门报告的。

第七十四条 特种设备使用单位有下列情形之一的，由特种设备安全监督管理部门责令限期改正；逾期未改正的，处 2000 元以上 2 万元以下罚款；情节严重的，责令停止使用或者停产停业整顿：

（一）特种设备投入使用前或者投入使用后 30 日内，未向特种设备安全监督管理部门登记，擅自将其投入使用的；

（二）未依照本条例第二十六条的规定，建立特种设备安全技术档案的；

（三）未依照本条例第二十七条的规定，对在用特种设备进行经常性日常维护保养和定期自行检查的，或者对在用特种设备的安全附件、安全保护装置、测量调控装置及有关附属仪器仪表进行定期校验、检修，并作出记录的；

（四）未按照安全技术规范的定期检验要求，在安全检验合格有效期届满前 1 个月向特种设备检验检测机构提出定期检验要求的；

（五）使用未经定期检验或者检验不合格的特种设备的；

（六）特种设备出现故障或者发生异常情况，未对其进行全面检查、消除事故隐患，继续投入使用的；

（七）未制定特种设备的事故应急措施和救援预案的；

（八）未依照本条例第三十二条第二款的规定，对电梯进行清洁、润滑、调整和检查的。

第七十五条 特种设备存在严重事故隐患，无改造、维修价值，或者超过安全技术规范规定的使用年限，特种设备使用单位未予以报废，并向原登记的特种设备安全监督管理部门办理注销的，由特种设备安全监督管理部门责令限期改正；逾期未改正的，处 5 万元以上 20 万元以下罚款。

第七十六条 电梯、客运索道、大型游乐设施的运营使用单位有下列情形之一的，由特种设备安全监督管理部门责令限期改正；逾期未改正的，责令停止使用或者停产停业整顿，处 1 万元以上 5 万元以下罚款：

（一）客运索道、大型游乐设施每日投入使用前，未进行试运行和例行安全检查，并对安全装置进行检查确认的；

（二）未将电梯、客运索道、大型游乐设施的安全注意事项和警示标志置于易于为乘客注意的显著位置的。

第七十七条 特种设备使用单位有下列情形之一的，由特种设备安全监督管理部门责令限期改正；逾期未改正的，责令停止使用或者停产停业整顿，处 2000 元以上 2 万元以下罚款：

（一）未依照本条例规定设置特种设备安全管理机构或者配备专职、兼职的安全管理人员的；

（二）从事特种设备作业的人员，未取得相应特种作业人员证书，上岗作业的；

（三）未对特种设备作业人员进行特种设备安全教育和培训的。

第七十八条 特种设备使用单位的主要负责人在本单位发生重大特种设备事故时，不立即组织抢救或者在事故调查处理期间擅离职守或者逃匿的，给予降职、撤职的处分；触犯刑律的，依照刑法关于重大责任事故罪或者其他罪的规定，依法追究刑事责任。

特种设备使用单位的主要负责人对特种设备事故隐瞒不报、谎报或者拖延不报的，依照前款规定处罚。

第七十九条 特种设备作业人员违反特种设备的操作规程和有关的安全规章制度操作，或者在作业过程中发现事故隐患或者其他不安全因素，未立即向现场安全管理人员和单位有关负责人报告的，由特种设备使用单位给予批评教育、处分；触犯刑律的，依照刑法关于重大责任事故罪或者其他罪的规定，依法追究刑事责任。

第八十条 未经核准，擅自从事本条例所规定的监督检验、定期检验、型式试验等检验检测活动的，由特种设备安全监督管理部门予以取缔，处5万元以上20万元以下罚款；有违法所得的，没收违法所得；触犯刑律的，对负有责任的主管人员和其他直接责任人员依照刑法关于非法经营罪或者其他罪的规定，依法追究刑事责任。

第八十一条 特种设备检验检测机构，有下列情形之一的，由特种设备安全监督管理部门处2万元以上10万元以下罚款；情节严重的，撤销其检验检测资格：

（一）检验检测工作不符合安全技术规范的要求；

（二）聘用未经特种设备安全监督管理部门组织考核合格并取得检验检测人员证书的人员、从事相关检验检测工作的；

（三）在进行特种设备检验检测中，发现严重事故隐患，未及时告知特种设备使用单位，并立即向特种设备安全监督管理部门报告的。

第八十二条 特种设备检验检测机构和检验检测人员，出具虚假的检验检测结果、鉴定结论或者检验检测结果、鉴定结论严重失实的，由特种设备安全监督管理部门对检验检测机构没收违法所得，处5万元以上20万元以下罚款，情节严重的，撤销其检验检测资格；对检验检测人员处5000元以上5万元以下罚款，情节严重的，撤销其检验检测资格，触犯刑律的，依照刑法关于中介组织人员提供虚假证明文件罪、中介组织人员出具证明文件重大失实罪或者其他罪的规定，依法追究刑事责任。

特种设备检验检测机构和检验检测人员，出具虚假的检验检测结果、鉴定结论或者检验检测结果、鉴定结论严重失实，造成损害的，应当承担赔偿责任。

第八十三条 特种设备检验检测机构或者检验检测人员从事特种设备的生产、销售，或者以其名义推荐或者监制、监销特种设备的，由特种设备安全监督管理部门撤销特种设备检验检测机构和检验检测人员的资格，处5万元以上20万元以下罚款；有违法所得的，没收违法所得。

第八十四条 特种设备检验检测机构和检验检测人员利用检验检测工作故意刁难特种设备生产、使用单位，由特种设备安全监督管理部门责令改正；拒不改正的，撤销其检验检测资格。

第八十五条 检验检测人员，从事检验检测工作，不在特种设备检验检测机构执业或者同时在两个以上检验检测机构中执业的，由特种设备安全监督管理部门责令改正，情节严重的，给予停止执业6个月以上2年以下的处罚；有违法所得的，没收违法所得。

第八十六条 特种设备安全监督管理部门及其特种设备安全监察人员，有下列违法行为之一的，对直接负责的主管人员和其他直接责任人员，依法给予降级或者撤职的行政处分；独犯刑律的，依照刑法关于受贿罪、滥用职权罪、玩忽职守罪或者其他罪的规定，依法追究刑事责任：

（一）不按照本条例规定的条件和安全技术规范要求，实施许可、核准、登记的；

（二）发现未经许可、核准、登记擅自从事特种设备的生产、使用或者检验检测活动不予取缔或者不依法予以处理的；

（三）发现特种设备生产、使用单位不再具备本条例规定的条件而不撤销其原许可，或者发现特种设备生产、使用违法行为不予查处的；

（四）发现特种设备检验检测机构不再具备本条例规定的条件而不撤销其原核准，或者对其出具虚假的检验检测结果、鉴定结论或者检验检测结果、鉴定结论严重失实的行为不予查处的；

（五）对依照本条例规定在其他地方取得许可的特种设备生产单位重复进行许可，或者对依照本条例规定在其他地方检验检测合格的特种设备，重复进行检验检测的；

（六）发现有违反本条例和安全技术规范的行为或者在用的特种设备存在严重事故隐患，不立即处理的；

（七）发现重大的违法行为或者严重事故隐患，未及时向上级特种设备安全监督管理部门报告，或者接到报告的特种设备安全监督管理部门不立即处理的。

第八十七条 特种设备的生产、使用单位或者检验检测机构，拒不接受特种设备安全监督管理部门依法实施的安全监察的，由特种设备安全监督管理部门责令限期改正；逾期未改正的，责令停产停业整顿，处2万元以上10万元以下的罚款；触犯刑律的，依照刑法关于妨害公务罪或者其他罪的规定，依法追究刑事责任。

第七章 附 则

第八十八条 本条例下列用语的含义是：

锅炉，是指利用各种燃料、电或者其他能源，将所盛装的液体加热到一定的参数，并承载一定压力的密闭设备，其范围规定为容积大于或者等于30L的承压蒸汽锅炉；出口水压大于或者等于0.1MPa（表压），且额定功率大于或者等于0.1MW的承压热水锅炉；有机热载体锅炉。

压力容器，是指盛装气体或者液体，承载一定压力的密闭设备，其范围规定为最高工作压力大于或者等于0.1MPa（表压），且压力与容积的乘积大于或者等于2.5 MPa·L的气体、液化气体和最高工作温度高于或者等于标准沸点的液体的固定式容器和移动式容器；盛装公称工作压力大于或者等于0.2 MPa（表压），且压力与容积的乘积大于或者等于1.0 MPa·L的气体、液化气体和标准沸点等于或者低于60℃液体的气瓶；氧舱等。

压力管道，是指利用一定的压力，用于输送气体或者液体的管状设备，其范围规定为最高工作压力大于或者等于0.1MPa（表压）气体、液化气体、蒸汽介质或者可燃、易爆、有毒、有腐蚀性、最高工作温度高于或者等于标准沸点的液体介质，且公称直径大于25mm的管道。

电梯，是指动力驱动，利用沿刚性导轨运行的箱体或者沿固定线路运行的梯级（踏步），进行升降或者平行运送人、货物的机电设备，包括载人（货）电梯、自动扶梯、自动人行道等。

起重机械，是指用于垂直升降或者垂直升降并水平移动重物的机电设备，其范围规定为额定起重量大于或者等于0.5t的升降机；额定起重量大于或者等于1t，且提升高度大于或者等于2m的起重机和承重形式固定的电动葫芦等。

客运索道,是指动力驱动,利用柔性绳索牵引箱体等运载工具运送人员的机电设备,包括客运架空索道、客运缆车、客运拖牵索道等。

大型游乐设施,是指用于经营目的,承载乘客游乐的设施,其范围规定为设计最大运行线速度大于或者等于2m/s,或者运行高度距地面高于或者等于2m的载人大型游乐设施。

特种设备包括其附属的安全附件、安全保护装置和与安全保护装置相关的设施。

第八十九条 压力管道设计、安装、使用的安全监督管理办法由国务院另行制定。

第九十条 特种设备检验检测机构依照本条例规定实施检验检测,收取费用,依照国家有关规定执行。

第九十一条 本条例自2003年6月1日起施行。1982年2月6日国务院发布的《锅炉压力容器安全监察暂行条例》同时废止。

特别重大事故调查和处理规定

(1989年1月3日国务院第31次常务会议通过,
1989年3月29日中华人民共和国国务院令第34号发布 自发布之日起施行)

第一章 总 则

第一条 为了保证特别重大事故的调查工作顺利进行,制定本规定。

第二条 本规定所称特别重大事故,是指造成特别重大人身伤亡或者巨大经济损失以及性质特别严重、产生重大影响的事故。

第三条 本规定适用于特别重大事故(以下简称特大事故)的调查。但国家法律、法规已有规定的除外。

第四条 特大事故的调查工作,必须坚持实事求是、尊重科学的原则。

第五条 任何单位或者个人不得非法干预特大事故的调查工作。

第二章 特大事故的现场保护和报告

第六条 特大事故发生后,事故发生地的有关单位必须严格保护事故现场。

第七条 特大事故发生单位在事故发生后,必须做到:

(一)立即将所发生特大事故的情况,报告上级归口管理部门和所在地地方人民政府、并报告所在地的省、自治区、直辖市人民政府和国务院归口管理部门;

(二)在24小时内写出事故报告,报本条(一)项所列部门。

第八条 涉及军民两个方面的特大事故,特大事故发生单位在事故发生后。必须立即将所发生特大事故的情况报告当地警备司令部或最高军事机关,并应当在24小时内写出事故报告,报上述单位。

第九条 省、自治区、直辖市人民政府和国务院归口管理部门,接到特大事故报告后,应当立即向国务院作出报告。

第十条 特大事故报告应当包括以下内容:

（一）事故发生的时间、地点、单位；
（二）事故的简要经过、伤亡人数，直接经济损失的初步估计；
（三）事故发生原因的初步判断；
（四）事故发生后采取的措施及事故控制情况；
（五）事故报告单位。

第十一条 特大事故发生单位所在地地方人民政府接到特大事故报告后，应当立即通知公安部门、人民检察机关和工会。

第十二条 特大事故发生地公安部门得知发生特大事故后，应当立即派人赶赴事故现场，负责事故现场的保护和收集证据的工作。

第十三条 特大事故发生单位所在地地方人民政府负责组织由有关部门参加的特大事故现场勘查工作。

第十四条 因抢救人员、防止事故扩大以及疏通交通等原因，需要移动现场物件的，应当做出标志、绘制现场简图并写出书面记录，妥善保存现场重要痕迹、物证。

第十五条 特大事故发生后，特大事故发生单位所在地地方人民政府可以根据实际需要，将特大事故的有关情况通报当地驻军，请驻军参加事故的抢救或者给予必要的支援。

第三章 特大事故的调查

第十六条 特大事故发生后，按照事故发生单位的隶属关系，由省、自治区、直辖市人民政府或者国务院归口管理部门组织成立特大事故调查组，负责事故的调查工作。

涉及军民两个方面的特大事故，组织事故调查的单位应当邀请军队派员参加事故的调查工作。

第十七条 国务院认为应当由国务院调查的特大事故，由国务院或者国务院授权的部门组织成立特大事故调查组。

第十八条 特大事故调查组，应当根据所发生事故的具体情况，由事故发生单位的归口管理部门、公安部门、监察部门、计划综合部门、劳动部门等单位派员组成，并应当邀请人民检察机关和工会派员参加。

特大事故调查组根据调查工作的需要，可以选聘其他部门或者单位的人员参加，也可以聘请有关专家进行技术鉴定和财产损失评估。

第十九条 特大事故调查组成员应当符合下列条件：
（一）具有事故调查所需要的某一方面的专长；
（二）与所发生事故没有直接利害关系。

第二十条 特大事故调查组的职责如下：
（一）查明事故发生的原因、人员伤亡及财产损失情况；
（二）查明事故的性质和责任；
（三）提出事故处理及防止类似事故再次发生所应采取措施的建议；
（四）提出对事故责任者的处理建议；
（五）检查控制事故的应急措施是否得当和落实；
（六）写出事故调查报告。

第二十一条 特大事故调查组有权向事故发生单位、有关部门及有关人员了解事故的有关情况并索取有关资料,任何单位和个人不得拒绝。

第二十二条 任何单位和个人不得阻碍、干涉事故调查组的正常工作。

第二十三条 特大事故调查组写出事故调查报告后,应当报送组织调查的部门。经组织调查的部门同意,调查工作即告结束。

第四章 罚 则

第二十四条 违反本规定,有下列行为之一者,特大事故调查组可建议有关部门或者单位对有关人员给予行政处罚;构成犯罪的,由司法机关依法追究刑事责任:

(一)对已发生的特大事故隐瞒不报、谎报或者故意拖延报告期限的;

(二)故意破坏事故现场的;

(三)阻碍、干涉调查工作正常进行的;

(四)无正当理由,拒绝接受特大事故调查组查询或者拒绝提供与事故有关的情况和资料的。

第二十五条 特大事故调查组成员有下列行为之一者,由有关部门给予行政处罚;构成犯罪的,由司法机关依法追究刑事责任:

(一)对调查工作不负责任,致使调查工作有重大疏漏的;

(二)索贿受贿、包庇事故责任者或者借机打击报复的。

第五章 附 则

第二十六条 特大事故的处理,由组织特大事故调查的部门或其授权的部门负责;国务院认为应当由国务院处理的特大事故,由国务院或者国务院授权的部门负责事故的处理。涉及军民双方的特大事故,由国务院、中央军委或者国务院、中央军委授权的部门负责事故的处理。

第二十七条 本规定由劳动部负责解释。

第二十八条 本规定自发布之日起施行。

×××省企业职工伤亡事故调查处理办法

(×府发〔1999〕44号)

第一条 为了及时调查、处理企业职工伤亡事故,采取积极预防措施,防止伤亡事故发生,根据国家有关法律、法规和《×××省劳动保护条例》的规定,制定本办法。

第二条 本办法适用于本省行政区域内的各类企业。

第三条 本办法所称的职工伤亡事故(以下简称事故),是指企业职工在生产劳动过程中发生的人身伤害(含急性中毒)的下列事故:

(一)轻伤事故:指负伤后歇工在一个工作日以上,但不到重伤范围的事故;

(二)重伤事故:指造成职工肢体残缺或视觉、听觉等器官受到严重损伤,一般能引起人体长期存在的功能障碍,或劳动能力丧失的事故;

(三)死亡事故:指一次死亡1~2人的事故;

（四）重大死亡事故：指一次死亡3人以上9人以下的事故；

（五）重大恶性事故：指一次死亡10人以上49人以下或重伤30人以上的事故；

（六）特别重大事故：指一次死亡50人以上，或一次造在直接经济损失1000万元以上、性质特别严重、产生重大影响的事故。

对事故分类国家另有规定的按有关规定划分。

第四条 事故按下列规定分为责任事故和非责任事故：

（一）责任事故：指因有关工作人员的失职或违反有关规章制度和安全技术操作规程而造成的事故；

（二）非责任事故：指由于自然因素或国内技术条件所限造成的人力不可抗拒或难以预测的事故。

第五条 事故的报告、调查和处理工作应坚持实事求是、尊重科学、依法依纪的原则。

第六条 企业在生产劳动过程中发生伤亡和急性中毒事故，应在24小时内报告企业主管部门和当地安全生产主管部门、公安部门、工会，同时填报事故快报表；重大死亡以上事故还应报告监察部门；急性中毒事故还应报告当地卫生行政部门。企业不得隐瞒不报、虚报或拖延报告。

企业主管部门和当地安全生产主管部门、公安部门、工会接到死亡、重大死亡事故报告后，应在24小时内按系统逐级上报；死亡事故报至省有关行业主管部门和省安全生产主管部门、公安部门、工会；重大死亡事故、重大恶性事故报告省政府及国务院有关部门；特大事故还应报告国务院。

第七条 发生伤亡事故的企业应迅速采取必要措施抢救人员和财产，防止事故扩大，尽量减少事故损失。事故后应保护现场，需要移动现场物件的，必须做好标志、拍照（摄像）、详细记录或绘制现场事故图，妥善保护现场重要痕迹物证。事故现场的清理须经事故调查组同意。

第八条 事故的调查必须按下列规定成立调查组：

（一）轻伤、重伤事故由事故企业负责人组织本企业生产、安全、工会等有关部门人员组成调查组进行调查；

（二）死亡事故，发生在县以下（不含县属，下同）企业的，由县（市、区）企业主管部门或乡镇政府会同县（市、区）有关部门组织调查组进行调查；发生在县属以上企业，由企业主管部门会同企业所在地市有关部门组成调查组进行调查；

（三）重大死亡事故，发生在县以下企业的，由地市企业主管部门会同有关部门组织调查组进行调查；发生在县属以上企业的，由企业主管部门会同同级有关部门组成调查组进行调查；

（四）重大恶性事故，发生在县以下企业的，由地区行政公署、省辖市政府组织有关部门成立调查组进行调查；发生在县属以上企业由省企业主管部门会同省有关部门成立调查组进行调查；

（五）特别重大事故调查按国务院有关规定办理。

本条所称有关部门包括企业主管部门、安全生产主管部门、公安部门、卫生行政部门、监察部门和工会等。

无主管部门的企业发生伤亡事故的,由安全生产主管部门会同有关部门组织调查组进行调查。

第九条 事故调查包括:查清事故发生经过,伤亡情况,事故原因,确定事故性质,提出对责任者的处理意见和防范措施建议等,在调查结束后即写出事故调查报告。

第十条 在事故调查中,对事故分析和责任者的处分意见不一致时,由安全生产主管部门提出结论性意见;仍有不同意见,应报上级安全生产主管部门商有关部门处理;仍达不成一致意见的,报同级人民政府裁决。

第十一条 发生事故企业的有关人员,应积极配合和支持事故调查组的工作,如实反映情况,提供证据,不得刁难和阻挠。

第十二条 凡属责任事故,应按事故原因和各级安全生产责任制的规定,分清事故的直接责任者、主要责任者和企业领导者的责任:

(一)其行为与事故的发生有直接因果关系的,为直接责任者;

(二)对事故的发生负有决定性责任的,为主要责任者;

(三)对事故的发生负有领导责任的,为领导责任者。

第十三条 由于下列情形之一而造成的事故,应追究直接责任者和主要责任者的责任:

(一)违章作业或违章指挥的;

(二)发现事故征兆,既不报告又不采取措施的;

(三)擅自拆除、毁坏、停用安全卫生装置和设施的;

(四)违反劳动纪律,擅自进入其他工作岗位或动用不属自己使用或管理的设备、工具的;

(五)不按规定穿戴、使用劳动防护用品或用具的;

(六)违反国家规定设计、施工的。

第十四条 由于下列情形之一而造成事故的,应追究事故企业领导者的责任:

(一)安全工作无人负责,安全生产规章制度不健全,无章可循,管理混乱的;

(二)发布违反劳动保护法律、法规和规章的指示、决定和规章制度的;

(三)未按规定对职工进行安全生产教育、培训,特种作业人员未经培训、考核、取证的;

(四)不采取必要的劳动保护措施的;

(五)新建、扩建、改建、技术改造和引进工程项目,不执行劳动保护设施与主体工程同时设计、同时施工、同时投产使用规定的;

(六)在推行各种经济承包责任制中没有劳动安全卫生要求和相应措施的;

(七)在没有采取有效防护措施的情况下,转嫁有尘毒等有害物质危害的生产或加工的;

(八)设备超过检修、检验、使用期和经常超温超压、超速超负荷运转或特种设备未取得使用许可证的;

(九)对危及职工生命安全的事故隐患,未采取必要措施,玩忽职守的;

(十)不按国家规定给职工配备符合要求的劳动防护用品的。

第十五条 有下列情形之一者,应对有关领导或责任者从严处理:

（一）事故发生后，有意破坏事故现场，或对事故隐瞒不报、虚报、故意拖延报告的；

（二）在事故调查中，隐瞒事故真相、弄虚作假甚至嫁祸于人的；

（三）事故发生后，不组织抢救或抢救不力以致扩大人员伤亡和财产损失的；

（四）事故发生后，不认真吸取教训，不采取防范措施，消除事故隐患，导致同类事故重复发生的；

（五）非法开采资源，无证制造、安装、检验、修理特种设备或转让转卖特种设备制造、安装、修理许可证而造成人员伤亡、财产损失的；

（六）发生重大死亡事故、重大恶性事故或特大事故的；

（七）违反本办法规定程序，滥用职权，擅自处理或袒护包庇事故责任者的。

第十六条 有下列情形之一的，由调查组提出处理意见，报请同级政府追究事故企业主管部门、有关责任部门或企业所在地政府有关责任者和领导者的责任：

（一）发生一次重大恶性以上事故的；

（二）在所管辖的范围或企业中，同一年度内多次发生同类死亡事故的；

（三）有关主管部门违反规定，对不符合安全生产条件企业，擅自批准生产或颁发生产或安全证照，造成死亡事故的；

（四）对本地区、本系统所属企业存在重大事故隐患，在接到报告后，不及时作出处理，导致发生重大伤亡事故的。

第十七条 对事故企业和事故责任者，应根据情节轻重和责任大小，分别按国家有关规定和《×××省劳动保护条例》予以处罚或行政处分；构成犯罪的，由司法机关依法追究刑事责任。

第十八条 事故审批结案按下列规定执行：

（一）轻伤、重伤事故，由企业自行审批结案，并报企业所在地县（市、区）安全生产主管部门备案。县（市、区）安全生产主管部门可视情况进行复查。

（二）死亡事故，发生在县以下企业的，由县级安全生产主管部门批复结案；发生在县属以上企业，由企业所在地市安全生产主管部门批复结案，但交通、铁路、民航、化工、电力、冶金、军工行业的中央驻省和省属企业的死亡事故由省安全生产主管部门批复结案。

（三）重大死亡事故，发生在县以下企业的，由企业所在地市安全生产主管部门批复结案；发生在县属以上企业的，由省安全生产主管部门审批结案。

（四）重大恶性事故，由省安全生产委员会提出意见后报省政府、意见一致的，由省政府授权省安全生产委员会批复结案；意见不一致的，提请省政府常务会议审定后，由省安全生产委员会批复结案。

（五）特别重大事故，按国务院《特别重大事故调查程序暂行规定》办理。

（六）由监察部门参加调查的重大死亡事故，其事故责任者的行政处分由监察部门研究决定或提出建议，并抄告批复结案部门；由地（市）级监察部门参加调查的重大责任事故，对责任者的处理须报上一级监察部门同意。

（七）急性中毒事故，经地（市）级以上职业病诊断机构明确诊断后，方可审批结案。

第十九条 事故审批结案前，应征求同级工会组织的意见。

地（市）、县（市、区）安全生产主管部门审批的事故结案批件，均应抄报上一级和省级安全生产主管部门、工会备案；省、地（市）安全生产主管部门审批的事故结案批件，均应抄送下一级及事故企业所在地的安全生产主管部门和工会。各级安全生产主管部门审批的事故结案批件，均应抄送抄报办理惩处事故责任者手续的企业和部门。

第二十条 组织事故调查的部门应在事故发生后60日内向负责批复结案的部门报送事故调查处理报告；批复结案部门应在收到报告后30日内做出结案批复；事故的处理工作应在90日内结案，特殊情况最多不得超过180日。

各级安全生产主管部门应加强对事故调查结案的管理工作，督促和监督有关部门和发生事故企业依照规定的权限，在规定的时间内完成事故的调查结案工作。对事故迟迟不予结案或对事故处理不公的，应提请有关部门依法追究有关领导和人员的责任。

第二十一条 事故企业或行业主管部门对事故结案处理的审批结论有不同意见，应在收到批复的15日内报审批部门的同级政府处理。同级政府对原审批结论有重大变动时，应征求上一级安全生产主管部门和工会的意见。

第二十二条 有关地区、部门和事故企业，在接到事故结案批件后，应执行对事故责任者的处分决定，并按照管理权限，由有关部门按规定程序办理处分手续，处分材料存入本人档案，处理结果应向群众公布。

对有意拖延或拒不执行的，追究企业主管部门或责任企业负责人和有关人员的责任。

当地安全生产主管部门应定期向省安全生产主管部门报告事故处理的执行情况。

第二十三条 职工伤亡事故审批结案后，由事故企业所在地安全生产主管部门按规定办理并发给《职工因工死亡证》或《职工工伤认可证》。

第二十四条 国家机关、事业单位、人民团体发生的伤亡事故参照本办法执行。

第二十五条 本办法具体应用中的问题由省安全生产主管部门解释。

第二十六条 本办法自发布之日起施行。

中华人民共和国职业病防治法

（2001年10月27日第九届全国人民代表大会常务委员会第二十四次会议通过，2001年10月27日中华人民共和国主席令第60号公布　自2002年5月1日起施行）

第一章　总　　则

第一条 为了预防、控制和消除职业病危害，防治职业病，保护劳动者健康及其相关权益，促进经济发展，根据宪法，制定本法。

第二条 本法适用于中华人民共和国领域内的职业病防治活动。

本法所称职业病，是指企业、事业单位和个体经济组织（以下统称用人单位）的劳动者在职业活动中，因接触粉尘、放射性物质和其他有毒、有害物质等因素而引起的疾病。

职业病的分类和目录由国务院卫生行政部门会同国务院劳动保障行政部门规定、调整并公布。

第三条 职业病防治工作坚持预防为主、防治结合的方针，实行分类管理、综合治理。

第四条 劳动者依法享有职业卫生保护的权利。

用人单位应当为劳动者创造符合国家职业卫生标准和卫生要求的工作环境和条件，并采取措施保障劳动者获得职业卫生保护。

第五条 用人单位应当建立、健全职业病防治责任制，加强对职业病防治的管理，提高职业病防治水平，对本单位产生的职业病危害承担责任。

第六条 用人单位必须依法参加工伤社会保险。

国务院和县级以上地方人民政府劳动保障行政部门应当加强对工伤社会保险的监督管理，确保劳动者依法享受工伤社会保险待遇。

第七条 国家鼓励研制、开发、推广、应用有利于职业病防治和保护劳动者健康的新技术、新工艺、新材料，加强对职业病的机理和发生规律的基础研究，提高职业病防治科学技术水平；积极采用有效的职业病防治技术、工艺、材料；限制使用或者淘汰职业病危害严重的技术、工艺、材料。

第八条 国家实行职业卫生监督制度。

国务院卫生行政部门统一负责全国职业病防治的监督管理工作。国务院有关部门在各自的职责范围内负责职业病防治的有关监督管理工作。

县级以上地方人民政府卫生行政部门负责本行政区域内职业病防治的监督管理工作。县级以上地方人民政府有关部门在各自的职责范围内负责职业病防治的有关监督管理工作。

第九条 国务院和县级以上地方人民政府应当制定职业病防治规划，将其纳入国民经济和社会发展计划，并组织实施。

乡、民族乡、镇的人民政府应当认真执行本法，支持卫生行政部门依法履行职责。

第十条 县级以上人民政府卫生行政部门和其他有关部门应当加强对职业病防治的宣传教育，普及职业病防治的知识，增强用人单位的职业病防治观念，提高劳动者的自我健康保护意识。

第十一条 有关防治职业病的国家职业卫生标准，由国务院卫生行政部门制定并公布。

第十二条 任何单位和个人有权对违反本法的行为进行检举和控告。

对防治职业病成绩显著的单位和个人，给予奖励。

第二章 前期预防

第十三条 产生职业病危害的用人单位的设立除应当符合法律、行政法规规定的设立条件外，其工作场所还应当符合下列职业卫生要求：

（一）职业病危害因素的强度或者浓度符合国家职业卫生标准；

（二）有与职业病危害防护相适应的设施；

（三）生产布局合理，符合有害与无害作业分开的原则；

（四）有配套的更衣间、洗浴间、孕妇休息间等卫生设施；

（五）设备、工具、用具等设施符合保护劳动者生理、心理健康的要求；

（六）法律、行政法规和国务院卫生行政部门关于保护劳动者健康的其他要求。

第十四条 在卫生行政部门中建立职业病危害项目的申报制度。

用人单位设有依法公布的职业病目录所列职业病的危害项目的,应当及时、如实向卫生行政部门申报,接受监督。

职业病危害项目申报的具体办法由国务院卫生行政部门制定。

第十五条 新建、扩建、改建建设项目和技术改造、技术引进项目(以下统称建设项目)可能产生职业病危害的,建设单位在可行性论证阶段应当向卫生行政部门提交职业病危害预评价报告。卫生行政部门应当自收到职业病危害预评价报告之日起三十日内,作出审核决定并书面通知建设单位。未提交预评价报告或者预评价报告未经卫生行政部门审核同意的,有关部门不得批准该建设项目。

职业病危害预评价报告应当对建设项目可能产生的职业病危害因素及其对工作场所和劳动者健康的影响作出评价,确定危害类别和职业病防护措施。

建设项目职业病危害分类目录和分类管理办法由国务院卫生行政部门制定。

第十六条 建设项目的职业病防护设施所需费用应当纳入建设项目工程预算,并与主体工程同时设计,同时施工,同时投入生产和使用。

职业病危害严重的建设项目的防护设施设计,应当经卫生行政部门进行卫生审查,符合国家职业卫生标准和卫生要求的,方可施工。

建设项目在竣工验收前,建设单位应当进行职业病危害控制效果评价。建设项目竣工验收时,其职业病防护设施经卫生行政部门验收合格后,方可投入正式生产和使用。

第十七条 职业病危害预评价、职业病危害控制效果评价由依法设立的取得省级以上人民政府卫生行政部门资质认证的职业卫生技术服务机构进行。职业卫生技术服务机构所作评价应当客观、真实。

第十八条 国家对从事放射、高毒等作业实行特殊管理。具体管理办法由国务院制定。

第三章 劳动过程中的防护与管理

第十九条 用人单位应当采取下列职业病防治管理措施:

(一)设置或者指定职业卫生管理机构或者组织,配备专职或者兼职的职业卫生专业人员,负责本单位的职业病防治工作;

(二)制定职业病防治计划和实施方案;

(三)建立、健全职业卫生管理制度和操作规程;

(四)建立、健全职业卫生档案和劳动者健康监护档案;

(五)建立、健全工作场所职业病危害因素监测及评价制度;

(六)建立、健全职业病危害事故应急救援预案。

第二十条 用人单位必须采用有效的职业病防护设施,并为劳动者提供个人使用的职业病防护用品。

用人单位为劳动者个人提供的职业病防护用品必须符合防治职业病的要求;不符合要求的,不得使用。

第二十一条 用人单位应当优先采用有利于防治职业病和保护劳动者健康的新技术、新工艺、新材料,逐步替代职业病危害严重的技术、工艺、材料。

第二十二条 产生职业病危害的用人单位,应当在醒目位置设置公告栏,公布有关职业病防治的规章制度、操作规程、职业病危害事故应急救援措施和工作场所职业病危害因素检测结果。

对产生严重职业病危害的作业岗位，应当在其醒目位置，设置警示标识和中文警示说明。警示说明应当载明产生职业病危害的种类、后果、预防以及应急救治措施等内容。

第二十三条 对可能发生急性职业损伤的有毒、有害工作场所，用人单位应当设置报警装置，配置现场急救用品、冲洗设备、应急撤离通道和必要的泄险区。

对放射工作场所和放射性同位素的运输、贮存，用人单位必须配置防护设备和报警装置，保证接触放射线的工作人员佩戴个人剂量计。

对职业病防护设备、应急救援设施和个人使用的职业病防护用品，用人单位应当进行经常性的维护、检修，定期检测其性能和效果，确保其处于正常状态，不得擅自拆除或者停止使用。

第二十四条 用人单位应当实施由专人负责的职业病危害因素日常监测，并确保监测系统处于正常运行状态。

用人单位应当按照国务院卫生行政部门的规定，定期对工作场所进行职业病危害因素检测、评价。检测、评价结果存入用人单位职业卫生档案，定期向所在地卫生行政部门报告并向劳动者公布。

职业病危害因素检测、评价由依法设立的取得省级以上人民政府卫生行政部门资质认证的职业卫生技术服务机构进行。职业卫生技术服务机构所作检测、评价应当客观、真实。

发现工作场所职业病危害因素不符合国家职业卫生标准和卫生要求时，用人单位应当立即采取相应治理措施，仍然达不到国家职业卫生标准和卫生要求的，必须停止存在职业病危害因素的作业；职业病危害因素经治理后，符合国家职业卫生标准和卫生要求的，方可重新作业。

第二十五条 向用人单位提供可能产生职业病危害的设备的，应当提供中文说明书，并在设备的醒目位置设置警示标识和中文警示说明。警示说明应当载明设备性能、可能产生的职业病危害、安全操作和维护注意事项、职业病防护以及应急救治措施等内容。

第二十六条 向用人单位提供可能产生职业病危害的化学品、放射性同位素和含有放射性物质的材料的，应当提供中文说明书。说明书应当载明产品特性、主要成份、存在的有害因素、可能产生的危害后果、安全使用注意事项、职业病防护以及应急救治措施等内容。产品包装应当有醒目的警示标识和中文警示说明。贮存上述材料的场所应当在规定的部位设置危险物品标识或者放射性警示标识。

国内首次使用或者首次进口与职业病危害有关的化学材料，使用单位或者进口单位按照国家规定经国务院有关部门批准后，应当向国务院卫生行政部门报送该化学材料的毒性鉴定以及经有关部门登记注册或者批准进口的文件等资料。

进口放射性同位素、射线装置和含有放射性物质的物品的，按照国家有关规定办理。

第二十七条 任何单位和个人不得生产、经营、进口和使用国家明令禁止使用的可能产生职业病危害的设备或者材料。

第二十八条 任何单位和个人不得将产生职业病危害的作业转移给不具备职业病防护条件的单位和个人。不具备职业病防护条件的单位和个人不得接受产生职业病危害的作业。

第二十九条 用人单位对采用的技术、工艺、材料，应当知悉其产生的职业病危害，对有职业病危害的技术、工艺、材料隐瞒其危害而采用的，对所造成的职业病危害后果承担责任。

第三十条 用人单位与劳动者订立劳动合同（含聘用合同，下同）时，应当将工作过程中可能产生的职业病危害及其后果、职业病防护措施和待遇等如实告知劳动者，并在劳动合同中写明，不得隐瞒或者欺骗。

劳动者在已订立劳动合同期间因工作岗位或者工作内容变更，从事与所订立劳动合同中未告知的存在职业病危害的作业时，用人单位应当依照前款规定，向劳动者履行如实告知的义务，并协商变更原劳动合同相关条款。

用人单位违反前两款规定的，劳动者有权拒绝从事存在职业病危害的作业，用人单位不得因此解除或者终止与劳动者所订立的劳动合同。

第三十一条 用人单位的负责人应当接受职业卫生培训，遵守职业病防治法律、法规，依法组织本单位的职业病防治工作。

用人单位应当对劳动者进行上岗前的职业卫生培训和在岗期间的定期职业卫生培训，普及职业卫生知识，督促劳动者遵守职业病防治法律、法规、规章和操作规程，指导劳动者正确使用职业病防护设备和个人使用的职业病防护用品。

劳动者应当学习和掌握相关的职业卫生知识，遵守职业病防治法律、法规、规章和操作规程，正确使用、维护职业病防护设备和个人使用的职业病防护用品，发现职业病危害事故隐患应当及时报告。

劳动者不履行前款规定义务的，用人单位应当对其进行教育。

第三十二条 对从事接触职业病危害的作业的劳动者，用人单位应当按照国务院卫生行政部门的规定组织上岗前、在岗期间和离岗时的职业健康检查，并将检查结果如实告知劳动者。职业健康检查费用由用人单位承担。

用人单位不得安排未经上岗前职业健康检查的劳动者从事接触职业病危害的作业；不得安排有职业禁忌的劳动者从事其所禁忌的作业；对在职业健康检查中发现有与所从事的职业相关的健康损害的劳动者，应当调离原工作岗位，并妥善安置；对未进行离岗前职业健康检查的劳动者不得解除或者终止与其订立的劳动合同。

职业健康检查应当由省级以上人民政府卫生行政部门批准的医疗卫生机构承担。

第三十三条 用人单位应当为劳动者建立职业健康监护档案，并按照规定的期限妥善保存。

职业健康监护档案应当包括劳动者的职业史、职业病危害接触史、职业健康检查结果和职业病诊疗等有关个人健康资料。

劳动者离开用人单位时，有权索取本人职业健康监护档案复印件，用人单位应当如实、无偿提供，并在所提供的复印件上签章。

第三十四条 发生或者可能发生急性职业病危害事故时，用人单位应当立即采取应急救援和控制措施，并及时报告所在地卫生行政部门和有关部门。卫生行政部门接到报告后，应当及时会同有关部门组织调查处理；必要时，可以采取临时控制措施。

对遭受或者可能遭受急性职业病危害的劳动者，用人单位应当及时组织救治、进行健康检查和医学观察，所需费用由用人单位承担。

第三十五条　用人单位不得安排未成年工从事接触职业病危害的作业；不得安排孕期、哺乳期的女职工从事对本人和胎儿、婴儿有危害的作业。

第三十六条　劳动者享有下列职业卫生保护权利：

（一）获得职业卫生教育、培训；

（二）获得职业健康检查、职业病诊疗、康复等职业病防治服务；

（三）了解工作场所产生或者可能产生的职业病危害因素、危害后果和应当采取的职业病防护措施；

（四）要求用人单位提供符合防治职业病要求的职业病防护设施和个人使用的职业病防护用品，改善工作条件；

（五）对违反职业病防治法律、法规以及危及生命健康的行为提出批评、检举和控告；

（六）拒绝违章指挥和强令进行没有职业病防护措施的作业；

（七）参与用人单位职业卫生工作的民主管理，对职业病防治工作提出意见和建议。

用人单位应当保障劳动者行使前款所列权利。因劳动者依法行使正当权利而降低其工资、福利等待遇或者解除、终止与其订立的劳动合同的，其行为无效。

第三十七条　工会组织应当督促并协助用人单位开展职业卫生宣传教育和培训，对用人单位的职业病防治工作提出意见和建议，与用人单位就劳动者反映的有关职业病防治的问题进行协调并督促解决。

工会组织对用人单位违反职业病防治法律、法规，侵犯劳动者合法权益的行为，有权要求纠正；产生严重职业病危害时，有权要求采取防护措施，或者向政府有关部门建议采取强制性措施；发生职业病危害事故时，有权参与事故调查处理；发现危及劳动者生命健康的情形时，有权向用人单位建议组织劳动者撤离危险现场，用人单位应当立即作出处理。

第三十八条　用人单位按照职业病防治要求，用于预防和治理职业病危害、工作场所卫生检测、健康监护和职业卫生培训等费用，按照国家有关规定，在生产成本中据实列支。

第四章　职业病诊断与职业病病人保障

第三十九条　职业病诊断应当由省级以上人民政府卫生行政部门批准的医疗卫生机构承担。

第四十条　劳动者可以在用人单位所在地或者本人居住地依法承担职业病诊断的医疗卫生机构进行职业病诊断。

第四十一条　职业病诊断标准和职业病诊断、鉴定办法由国务院卫生行政部门制定。职业病伤残等级的鉴定办法由国务院劳动保障行政部门会同国务院卫生行政部门制定。

第四十二条　职业病诊断，应当综合分析下列因素：

（一）病人的职业史；

（二）职业病危害接触史和现场危害调查与评价；

（三）临床表现以及辅助检查结果等。

没有证据否定职业病危害因素与病人临床表现之间的必然联系的，在排除其他致病因素后，应当诊断为职业病。

承担职业病诊断的医疗卫生机构在进行职业病诊断时，应当组织三名以上取得职业病诊断资格的执业医师集体诊断。

职业病诊断证明书应当由参与诊断的医师共同签署，并经承担职业病诊断的医疗卫生机构审核盖章。

第四十三条 用人单位和医疗卫生机构发现职业病病人或者疑似职业病病人时，应当及时向所在地卫生行政部门报告。确诊为职业病的，用人单位还应当向所在地劳动保障行政部门报告。

卫生行政部门和劳动保障行政部门接到报告后，应当依法作出处理。

第四十四条 县级以上地方人民政府卫生行政部门负责本行政区域内的职业病统计报告的管理工作，并按照规定上报。

第四十五条 当事人对职业病诊断有异议的，可以向作出诊断的医疗卫生机构所在地地方人民政府卫生行政部门申请鉴定。

职业病诊断争议由设区的市级以上地方人民政府卫生行政部门根据当事人的申请，组织职业病诊断鉴定委员会进行鉴定。

当事人对设区的市级职业病诊断鉴定委员会的鉴定结论不服的，可以向省、自治区、直辖市人民政府卫生行政部门申请再鉴定。

第四十六条 职业病诊断鉴定委员会由相关专业的专家组成。

省、自治区、直辖市人民政府卫生行政部门应当设立相关的专家库，需要对职业病争议作出诊断鉴定时，由当事人或者当事人委托有关卫生行政部门从专家库中以随机抽取的方式确定参加诊断鉴定委员会的专家。

职业病诊断鉴定委员会应当按照国务院卫生行政部门颁布的职业病诊断标准和职业病诊断、鉴定办法进行职业病诊断鉴定，向当事人出具职业病诊断鉴定书。职业病诊断鉴定费用由用人单位承担。

第四十七条 职业病诊断鉴定委员会组成人员应当遵守职业道德，客观、公正地进行诊断鉴定，并承担相应的责任。职业病诊断鉴定委员会组成人员不得私下接触当事人，不得收受当事人的财物或者其他好处，与当事人有利害关系的，应当回避。

人民法院受理有关案件需要进行职业病鉴定时，应当从省、自治区、直辖市人民政府卫生行政部门依法设立的相关的专家库中选取参加鉴定的专家。

第四十八条 职业病诊断、鉴定需要用人单位提供有关职业卫生和健康监护等资料时，用人单位应当如实提供，劳动者和有关机构也应当提供与职业病诊断、鉴定有关的资料。

第四十九条 医疗卫生机构发现疑似职业病病人时，应当告知劳动者本人并及时通知用人单位。

用人单位应当及时安排对疑似职业病病人进行诊断；在疑似职业病病人诊断或者医学观察期间，不得解除或者终止与其订立的劳动合同。

疑似职业病病人在诊断、医学观察期间的费用，由用人单位承担。

第五十条 职业病病人依法享受国家规定的职业病待遇。

用人单位应当按照国家有关规定，安排职业病病人进行治疗、康复和定期检查。

用人单位对不适宜继续从事原工作的职业病病人,应当调离原岗位,并妥善安置。

用人单位对从事接触职业病危害的作业的劳动者,应当给予适当岗位津贴。

第五十一条 职业病病人的诊疗、康复费用,伤残以及丧失劳动能力的职业病病人的社会保障,按照国家有关工伤社会保险的规定执行。

第五十二条 职业病病人除依法享有工伤社会保险外,依照有关民事法律,尚有获得赔偿的权利的,有权向用人单位提出赔偿要求。

第五十三条 劳动者被诊断患有职业病,但用人单位没有依法参加工伤社会保险的,其医疗和生活保障由最后的用人单位承担;最后的用人单位有证据证明该职业病是先前用人单位的职业病危害造成的,由先前的用人单位承担。

第五十四条 职业病病人变动工作单位,其依法享有的待遇不变。

用人单位发生分立、合并、解散、破产等情形的,应当对从事接触职业病危害的作业的劳动者进行健康检查,并按照国家有关规定妥善安置职业病病人。

第五章 监 督 检 查

第五十五条 县级以上人民政府卫生行政部门依照职业病防治法律、法规、国家职业卫生标准和卫生要求,依据职责划分,对职业病防治工作及职业病危害检测、评价活动进行监督检查。

第五十六条 卫生行政部门履行监督检查职责时,有权采取下列措施:

(一)进入被检查单位和职业病危害现场,了解情况,调查取证;

(二)查阅或者复制与违反职业病防治法律、法规的行为有关的资料和采集样品;

(三)责令违反职业病防治法律、法规的单位和个人停止违法行为。

第五十七条 发生职业病危害事故或者有证据证明危害状态可能导致职业病危害事故发生时,卫生行政部门可以采取下列临时控制措施:

(一)责令暂停导致职业病危害事故的作业;

(二)封存造成职业病危害事故或者可能导致职业病危害事故发生的材料和设备;

(三)组织控制职业病危害事故现场。

在职业病危害事故或者危害状态得到有效控制后,卫生行政部门应当及时解除控制措施。

第五十八条 职业卫生监督执法人员依法执行职务时,应当出示监督执法证件。

职业卫生监督执法人员应当忠于职守,秉公执法,严格遵守执法规范;涉及用人单位的秘密的,应当为其保密。

第五十九条 职业卫生监督执法人员依法执行职务时,被检查单位应当接受检查并予以支持配合,不得拒绝和阻碍。

第六十条 卫生行政部门及其职业卫生监督执法人员履行职责时,不得有下列行为:

(一)对不符合法定条件的,发给建设项目有关证明文件、资质证明文件或者予以批准;

(二)对已经取得有关证明文件的,不履行监督检查职责;

(三)发现用人单位存在职业病危害的,可能造成职业病危害事故,不及时依法采取控制措施;

（四）其他违反本法的行为。

第六十一条 职业卫生监督执法人员应当依法经过资格认定。

卫生行政部门应当加强队伍建设，提高职业卫生监督执法人员的政治、业务素质，依照本法和其他有关法律、法规的规定，建立、健全内部监督制度，对其工作人员执行法律、法规和遵守纪律的情况，进行监督检查。

第六章 法 律 责 任

第六十二条 建设单位违反本法规定，有下列行为之一的，由卫生行政部门给予警告，责令限期改正；逾期不改正的，处十万元以上五十万元以下的罚款；情节严重的，责令停止产生职业病危害的作业，或者提请有关人民政府按照国务院规定的权限责令停建、关闭：

（一）未按照规定进行职业病危害预评价或者未提交职业病危害预评价报告，或者职业病危害预评价报告未经卫生行政部门审核同意，擅自开工的；

（二）建设项目的职业病防护设施未按照规定与主体工程同时投入生产和使用的；

（三）职业病危害严重的建设项目，其职业病防护设施设计不符合国家职业卫生标准和卫生要求施工的；

（四）未按照规定对职业病防护设施进行职业病危害控制效果评价、未经卫生行政部门验收或者验收不合格，擅自投入使用的。

第六十三条 违反本法规定，有下列行为之一的，由卫生行政部门给予警告，责令限期改正；逾期不改正的，处二万元以下的罚款：

（一）工作场所职业病危害因素检测、评价结果没有存档、上报、公布的；

（二）未采取本法第十九条规定的职业病防治管理措施的；

（三）未按照规定公布有关职业病防治的规章制度、操作规程、职业病危害事故应急救援措施的；

（四）未按照规定组织劳动者进行职业卫生培训，或者未对劳动者个人职业病防护采取指导、督促措施的；

（五）国内首次使用或者首次进口与职业病危害有关的化学材料，未按照规定报送毒性鉴定资料以及经有关部门登记注册或者批准进口的文件的。

第六十四条 用人单位违反本法规定，有下列行为之一的，由卫生行政部门责令限期改正，给予警告，可以并处二万元以上五万元以下的罚款：

（一）未按照规定及时、如实向卫生行政部门申报产生职业病危害的项目的；

（二）未实施由专人负责的职业病危害因素日常监测，或者监测系统不能正常监测的；

（三）订立或者变更劳动合同时，未告知劳动者职业病危害真实情况的；

（四）未按照规定组织职业健康检查、建立职业健康监护档案或者未将检查结果如实告知劳动者的。

第六十五条 用人单位违反本法规定，有下列行为之一的，由卫生行政部门给予警告，责令限期改正，逾期不改正的，处五万元以上二十万元以下的罚款；情节严重的，责令停止产生职业病危害的作业，或者提请有关人民政府按照国务院规定的权限责令关闭：

（一）工作场所职业病危害因素的强度或者浓度超过国家职业卫生标准的；

（二）未提供职业病防护设施和个人使用的职业病防护设施和个人使用的职业病防护用品；或者提供的职业病防护设施和个人使用的职业病防护用品不符合国家职业卫生标准和卫生要求的；

（三）对职业病防护设备、应急救援设施和个人使用的职业病防护用品未按照规定进行维护、检修、检测，或者不能保持正常运行、使用状态的；

（四）未按照规定对工作场所职业病危害因素进行检测、评价的；

（五）工作场所职业病危害因素经治理仍然达不到国家职业卫生标准和卫生要求时，未停止存在职业病危害因素的作业的；

（六）未按照规定安排职业病病人、疑似职业病病人进行诊治的；

（七）发生或者可能发生急性职业病危害事故时，未立即采取应急救援和控制措施或者未按照规定及时报告的；

（八）未按照规定在产生严重职业病危害的作业岗位醒目位置设置警示标识和中文警示说明的；

（九）拒绝卫生行政部门监督检查的。

第六十六条 向用人单位提供可能产生职业病危害的设备、材料，未按照规定提供中文说明书或者设置警示标识和中文警示说明的，由卫生行政部门责令限期改正，给予警告，并处五万元以上二十万元以下的罚款。

第六十七条 用人单位和医疗卫生机构未按照规定报告职业病、疑似职业病的，由卫生行政部门责令限期改正，给予警告，可以并处一万元以下的罚款；弄虚作假的，并处二万元以上五万元以下的罚款；对直接负责的主管人员和其他直接责任人员，可以依法给予降级或者撤职的处分。

第六十八条 违反本法规定，有下列情形之一的，由卫生行政部门责令限期治理，并处五万元以上三十万元以下的罚款；情节严重的，责令停止产生职业病危害的作业，或者提请有关人民政府按照国务院规定的权限责令关闭：

（一）隐瞒技术、工艺、材料所产生的职业病危害而采用的；

（二）隐瞒本单位职业卫生真实情况的；

（三）可能发生急性职业损伤的有毒、有害工作场所、放射工作场所或者放射性同位素的运输、贮存不符合本法第二十三条规定的；

（四）使用国家明令禁止使用的可能产生职业病危害的设备或者材料的；

（五）将产生职业病危害的作业转移给没有职业病防护条件的单位和个人，或者没有职业病防护条件的单位和个人接受产生职业病危害的作业的；

（六）擅自拆除、停止使用职业病防护设备或者应急救援设施的；

（七）安排未经职业健康检查的劳动者、有职业禁忌的劳动者、未成年工或者孕期、哺乳期女职工从事接触职业病危害的作业或者禁忌作业的；

（八）违章指挥和强令劳动者进行没有职业病防护措施的作业的。

第六十九条 生产、经营或者进口国家明令禁止使用的可能产生职业病危害的设备或者材料的，依照有关法律、行政法规的规定给予处罚。

第七十条 用人单位违反本法规定，已经对劳动者生命健康造成严重损害的，由卫生行政部门责令停止产生职业病危害的作业，或者提请有关人民政府按照国务院规定的权限责令关闭，并处十万元以上三十万元以下的罚款。

第七十一条 用人单位违反本法规定，造成重大职业病危害事故或者其他严重后果，构成犯罪的，对直接负责的主管人员和其他直接责任人员，依法追究刑事责任。

第七十二条 未取得职业卫生技术服务资质认证擅自从事职业卫生技术服务的，或者医疗卫生机构未经批准擅自从事职业健康检查、职业病诊断的，由卫生行政部门责令立即停止违法行为，没收违法所得；违法所得五千元以上的，并处违法所得二倍以上十倍以下的罚款；没有违法所得或者违法所得不足五千元的，并处五千元以上五万元以下的罚款；情节严重的，对直接负责的主管人员和其他直接责任人员，依法给予降级、撤职或者开除的处分。

第七十三条 从事职业卫生技术服务的机构和承担职业健康检查、职业病诊断的医疗卫生机构违反本法规定，有下列行为之一的，由卫生行政部门责令立即停止违法行为，给予警告，没收违法所得；违法所得五千元以上的，并处违法所得二倍以上五倍以下的罚款；没有违法所得或者违法所得不足五千元的，并处五千元以上二万元以下的罚款；情节严重的，由原认证或者批准机关取消其相应的资格；对直接负责的主管人员和其他直接责任人员，依法给予降级、撤职或者开除的处分；构成犯罪的，依法追究刑事责任：

（一）超出资质认证或者批准范围从事职业卫生技术服务或者职业健康检查、职业病诊断的；

（二）不按照本法规定履行法定职责的；

（三）出具虚假证明文件的。

第七十四条 职业病诊断鉴定委员会组成人员收受职业病诊断争议当事人的财物或者其他好处的，给予警告，没收收受的财物，可以并处三千元以上五万元以下的罚款，取消其担任职业病诊断鉴定委员会组成人员的资格，并从省、自治区、直辖市人民政府卫生行政部门设立的专家库中予以除名。

第七十五条 卫生行政部门不按照规定报告职业病和职业病危害事故的，由上一级卫生行政部门责令改正，通报批评，给予警告；虚报、瞒报的，对单位负责人、直接负责的主管人员和其他直接责任人员依法给予降级、撤职或者开除的行政处分。

第七十六条 卫生行政部门及其职业卫生监督执法人员有本法第六十条所列行为之一，导致职业病危害事故发生，构成犯罪的，依法追究刑事责任；尚不构成犯罪的，对单位负责人、直接负责的主管人员和其他直接责任人员依法给予降级、撤职或者开除的行政处分。

第七章 附 则

第七十七条 本法下列用语的含义：

职业病危害，是指对从事职业活动的劳动者可能导致职业病的各种危害。职业病危害因素包括：职业活动中存在的各种有害的化学、物理、生物因素以及在作业过程中产生的其他职业有害因素。

职业禁忌，是指劳动者从事特定职业或者接触特定职业病危害因素时，比一般职业人群更易于遭受职业病危害和罹患职业病或者可能导致原有自身疾病病情加重，或者在从事作业过程中诱发可能导致对他人生命健康构成危险的疾病的个人特殊生理或者病理状态。

第七十八条 本法第二条规定的用人单位以外的单位，产生职业病危害的，其职业病防治活动可以参照本法执行。

中国人民解放军参照执行本法的办法，由国务院、中央军事委员会制定。

第七十九条 本法自 2002 年 5 月 1 日起施行。

工程建设重大事故报告和调查程序规定

（1989 年 9 月 30 日建设部令第 3 号发布　自 1989 年 12 月 1 日起施行）

第一章　总　　则

第一条　为了保证工程建设重大事故及时报告和顺利调查，维护国家财产和人民生命安全，制定本规定。

第二条　本规定所称重大事故，系指在工程建设过程中由于责任过失造成工程倒塌或报废、机械设备毁坏和安全设施失当造成人身伤亡或者重大经济损失的事故。

第三条　重大事故分为四个等级：

（一）具备下列条件之一者为一级重大事故：

1. 死亡 30 人以上；
2. 直接经济损失 300 万元以上。

（二）具备下列条件之一者为二级重大事故：

1. 死亡 10 人以上，29 人以下；
2. 直接经济损失 100 万元以上，不满 300 万元。

（三）具备下列条件之一者为三级重大事故：

1. 死亡 3 人以上，9 人以下；
2. 重伤 20 人以上；
3. 直接经济损失 30 万元以上，不满 100 万元。

（四）具备下列条件之一者为四级重大事故：

1. 死亡 2 人以下；
2. 重伤 3 人以上，19 人以下；
3. 直接经济损失 10 万元以上，不满 30 万元。

第四条　重大事故发生后，事故发生单位必须及时报告。

重大事故的调查工作必须坚持实事求是、尊重科学的原则。

第五条　建设部归口管理全国工程建设重大事故；省、自治区、直辖市建设行政主管部门归口管理本辖区内的工程建设重大事故；国务院各有关主管部门管理所属单位的工程建设重大事故。

第二章　重大事故的报告和现场保护

第六条　重大事故发生后，事故发生单位必须以最快方式，将事故的简要情况向上级主管部门和事故发生地的市、县级建设行政主管部门及检察、劳动（如有人身伤亡）部门报告；事故发生单位属于国务院部委的，应同时向国务院有关主管部门报告。

事故发生地的市、县级建设行政主管部门接到报告后，应当立即向人民政府和省、自治区、直辖市建设行政主管部门报告；省、自治区、直辖市建设行政主管部门接到报告后，应当立即向人民政府和建设部报告。

第七条 重大事故发生后，事故发生单位应当在24小时内写出书面报告，按第六条所列程序和部门逐级上报。

重大事故书面报告应当包括以下内容：

（一）事故发生的时间、地点、工程项目、企业名称；

（二）事故发生的简要经过、伤亡人数和直接经济损失的初步估计；

（三）事故发生原因的初步判断；

（四）事故发生后采取的措施及事故控制情况；

（五）事故报告单位。

第八条 事故发生后，事故发生单位和事故发生地的建设行政主管部门，应当严格保护事故现场，采取有效措施抢救人员和财产，防止事故扩大。

因抢救人员、疏导交通等原因，需要移动现场物件时，应当做出标志，绘制现场简图并做出书面记录，妥善保存现场重要痕迹、物证，有条件的可以拍照或录像。

第三章 重大事故的调查

第九条 重大事故的调查由事故发生地的市、县级以上建设行政主管部门或国务院有关主管部门组织成立调查组负责进行。

调查组由建设行政主管部门、事故发生单位的主管部门和劳动等有关部门的人员组成，并应邀请人民检察机关和工会派员参加。

必要时，调查组可以聘请有关方面的专家协助进行技术鉴定、事故分析和财产损失的评估工作。

第十条 一、二级重大事故由省、自治区、直辖市建设行政主管部门提出调查组组成意见，报请人民政府批准；

三、四级重大事故由事故发生地的市、县级建设行政主管部门提出调查组组成意见，报请人民政府批准。

事故发生单位属于国务院部委的，按本条一、二款的规定，由国务院有关主管部门或其授权部门会同当地建设行政主管部门提出调查组组成意见。

第十一条 重大事故调查组的职责：

（一）组织技术鉴定；

（二）查明事故发生的原因、过程、人员伤亡及财产损失情况；

（三）查明事故的性质、责任单位和主要责任者；

（四）提出事故处理意见及防止类似事故再次发生所应采取措施的建议；

（五）提出对事故责任者的处理建议；

（六）写出事故调查报告。

第十二条 调查组有权向事故发生单位、各有关单位和个人了解事故的有关情况，索取有关资料，任何单位和个人不得拒绝和隐瞒。

第十三条 任何单位和个人不得以任何方式阻碍、干扰调查组的正常工作。

第十四条 调查组在调查工作结束后10日内,应当将调查报告报送批准组成调查组的人民政府和建设行政主管部门以及调查组其他成员部门。经组织调查的部门同意,调查工作即告结束。

第十五条 事故处理完毕后,事故发生单位应当尽快写出详细的事故处理报告,按第六条所列程序逐级上报。

第四章 罚　则

第十六条 事故发生后隐瞒不报、谎报、故意拖延报告期限的,故意破坏现场的,阻碍调查工作正常进行的,无正当理由拒绝调查组查询或者拒绝提供与事故有关情况、资料的,以及提供伪证的,由其所在单位或上级主管部门按有关规定给予行政处分;构成犯罪的,由司法机关依法追究刑事责任。

第十七条 对造成重大事故的责任者,由其所在单位或上级主管部门给予行政处分;构成犯罪的,由司法机关依法追究刑事责任。

第十八条 对造成重大事故承担直接责任的建设单位、勘察设计单位、施工单位、构配件生产单位及其他单位,由其上级主管部门或当地建设行政主管部门,根据调查组的建议,令其限期改善工程建设技术安全措施,并依据有关法规予以处罚。

第五章 附　则

第十九条 工程建设重大事故中属于特别重大事故者,其报告、调查程序、执行国务院发布的《特别重大事故调查程序暂行规定》及有关规定。

第二十条 本规定由建设部负责解释。

第二十一条 本规定自1989年12月1日起施行。

关于防止拆除工程中发生伤亡事故的通知

(建监安〔94〕第15号)

各省、自治区、直辖市建委(建设厅)、计划单列市建委,国务院有关部门建设司(局):

近年来,随着国民经济增长,旧城改造任务扩大拆除工程逐渐增多,出现一些新的情况,主要是因拆房施工造成的倒塌、伤亡事故时有发生。自去年10月中旬以来,连续发生了一次死亡三人以上的这类重大事故6起。1993年10月12日,辽宁省葫芦岛市锌厂工贸实业总公司建筑公司,在拆除该厂六层框架结构的二氧化硫车间施工中,因柱和楼体倒塌,造成4人死亡,7人重伤;10月21日,福建省泉州市拆迁工程处,在拆除该市供销社办公楼工程中因墙体倒塌,砸断楼面板,7名工人随之坠落,死亡3人,重伤2人;11月5日,某一个包工队在湛江市拆除广东医学院的平房施工中,因墙体倒塌,压死4人,压伤2人;11月27日,四川省万县市云阳乡一个体包工者在带领工人拆除江苏省南通市医药二店的旧房时,因一混凝土大梁滑落,砸伤了4名行人;1994年3月9日,湖南一民工队在拆除广东省东莞市虎门镇二轻太平手袋厂的一栋三层房屋时,因房屋整体倒塌,致

5 人死亡，6 人受伤；2 月 5 日，四川省广安县戴市镇也发生一起拆房倒塌事故，死亡 5 人，伤 2 人。

上述事故给国家和人民群众的生命财产造成了很大损失，给社会带来了不良影响。造成事故的主要原因，一是不少地区和单位不重视拆除工程，缺乏管理；二是盲目施工，拆除工程既不编制方案，又缺乏技术安全措施；三是随意将工程发包给没有营业执照的农民工干。他们不了解工程结构，也缺乏拆除工程的基本知识，加上图快、图省事，常常是冒险蛮干。以上情况，必须引起各级建设行政主管部门、有关方面和人员的严重注意。

为制止这类事故的再度发生，特作如下通知：

一、各地区建设行政主管部门对所辖区域内的拆除工程（指建筑物和构筑物）要建立健全制度，实行统一管理，明确职责，强化监督检查工作，确保拆除施工安全。

二、拆除工程施工，实行许可证制度。拆除工程的单位，应在动工前向工程所在地县以上的地方建设行政主管部门办理手续，取得拆除许可证明。

申请拆除许可证明，应具有下列资料：

1．拟拆除建（构）筑物的结构，体积及现状说明书或竣工图；
2．周围环境的调查情况及说明；
3．施工队伍状况；
4．施工组织设计或施工方案（包括对拆除垃圾的处理及对环境污染的处理措施）。

未取得拆除许可证明的任何单位，不得擅自组织拆除施工。

三、拆除工程应由具备资质的队伍承担，不得转包。需要变更施工队伍时，应到原发证部门重新办理拆除许可证手续，并经同意后才能施工。

四、拆除工程在施工前，应组织施工人员认真学习施工组织设计和有关的安全操作规程；应将被拆除工程的电线、煤气管道、上下水管道、供热管线等切断或迁移，施工中必须遵守有关的规章制度，不得违章冒险作业。

五、拆除建（构）筑物，通常应该自上而下对称顺序进行，不得数层同时拆除，当拆除一部分时，先应采取加固或稳定措施，防止另一部分倒塌。当用控制爆破拆除工程时，必须经过爆破设计，对起爆点、引爆物、用药量和爆破程序进行严格计算，以确保周围建筑和人员的绝对安全。

六、拆除工程应设置信号，有专人监护，并在周围设置围栏，夜间应红灯示警。在高处进行拆除工作时要设置溜放槽，较大的或沉重的材料，要用吊绳或起重机械吊下或运走，禁止向下抛掷。

七、拆除建筑物一般不应采用推倒法，因特殊情况采用该方法时，应遵照《建筑安装工程安全技术规程》的要求，必须符合下列条件：

1．砍切墙根的深度不能超过墙厚度的三分之一，墙的厚度小于两块半砖的时候，不许进行掏掘；
2．在掏掘前，要用支撑撑牢；
3．推倒前，应发出信号，待全体人员避到安全地方后，方可进行。

以上通知要求，望各地区、各部门认真贯彻执行，并提出具体的实施意见。今后，如违反上述要求及有关规定，再造成拆除工程倒塌事故，特别是造成一次死亡 3 人以上事故的，除追究直接责任者的责任外，还要按规定追究有关领导行政责任。

建筑业企业职工安全培训教育暂行规定

(建教 [1997] 83号)

第一章 总 则

第一条 为贯彻安全第一、预防为主的方针,加强建筑业企业职工安全培训教育工作,增强职工的安全意识和安全防护能力,减少伤亡事故的发生,制定本暂行规定。

第二条 建筑业企业职工必须定期接受安全培训教育,坚持先培训、后上岗的制度。

第三条 本暂行规定适用于所有的中华人民共和国境内从事工程建设的建筑业企业。

第四条 建设部主管全国建筑业企业职工安全培训教育工作。

国务院有关专业部门负责所属建筑业企业职工的安全培训教育工作。其所属企业的安全培训教育工作,还应当接受企业所在地建设行政主管部门及其所属建筑安全监督管理机构的指导和监督。

县级以上地方人民政府建设行政主管部门负责本行政区域内建筑业企业职工安全培训教育管理工作。

第二章 培训对象、时间和内容

第五条 建筑业企业职工每年必须接受一次专门的安全培训。

(一)企业法定代表人、项目经理每年接受安全培训的时间,不得少于30学时;

(二)企业专职安全管理人员除按照建教(1991)522号文《建设企事业单位关键岗位持证上岗管理规定》的要求,取得岗位合格证书并持证上岗外,每年还必须接受安全专业技术业务培训,时间不得少于40学时;

(三)企业其他管理人员和技术人员每年接受安全培训的时间,不得少于20学时;

(四)企业特殊工种(包括电工、焊工、架子工、司炉工、爆破工、机械操作工、起重工、塔吊司机及指挥人员、人货两用电梯司机等)在通过专业技术培训并取得岗位操作证后,每年仍须接受有针对性的安全培训,时间不得少于20学时;

(五)企业其他职工每年接受安全培训的时间,不得少于15学时;

(六)企业待岗、转岗、换岗的职工,在重新上岗前,必须接受一次安全培训,时间不得少于20学时。

第六条 建筑业企业新进场的工人,必须接受公司、项目(或工区、工程处、施工队,下同)、班组的三级安全培训教育,经考核合格后,方能上岗。

(一)公司安全培训教育的主要内容是:国家和地方有关安全生产的方针、政策、法规、标准、规范、规程和企业的安全规章制度等。培训教育的时间不得少于15学时。

(二)项目安全培训教育的主要内容是:工地安全制度、施工现场环境、工程施工特点及可能存在的不安全因素等。培训教育的时间不得少于15学时。

(三)班组安全培训教育的主要内容是:本工程的安全操作规程、事故案例剖析、劳动纪律和岗位讲评等。培训教育的时间不得少于20学时。

第三章 安全培训教育的实施与管理

第七条 实行安全培训教育登记制度。建筑业企业必须建立职工的安全培训教育档案，没有接受安全培训教育的职工，不得在施工现场从事作业或者管理活动。

第八条 县级以上地方人民政府建设行政主管部门制订本行政区域内建筑业企业职工安全培训教育规划和年度计划，并组织实施。省、自治区、直辖市的建筑业企业职工安全培训教育规划和年度计划，应当报建设部建设教育主管部门和建筑安全主管部门备案。

国务院有关专业部门负责组织制订所属建筑业企业职工安全培训教育规划和年度计划，并组织实施。

第九条 有条件的大中型建筑业企业，经企业所在地的建设行政主管部门或者授权所属的建筑安全监督管理机构审核确认后，可以对本企业的职工进行安全培训工作，并接受企业所在地的建设行政主管部门或者建筑安全监督管理机构的指导和监督。其他建筑业企业职工的安全培训工作，由企业所在地的建设行政主管部门或者建筑安全监督管理机构负责组织。

建筑业企业法定代表人、项目经理的安全培训工作，由企业所在地的建设行政主管部门或者建筑安全监督管理机构负责组织。

第十条 实行总分包的工程项目，总包单位要负责统一管理分包单位的职工安全培训教育工作。分包单位要服从总包单位的统一管理。

第十一条 从事建筑业企业职工安全培训工作的人员，应当具备下列条件：

（一）具有中级以上专业技术职称；

（二）有五年以上施工现场经验或者从事建筑安全教学、法规等方面工作五年以上的人员；

（三）经建筑安全师资培训合格，并获得培训资格证书。

第十二条 建筑业企业职工的安全培训，应当使用经建设部教育主管部门和建筑安全主管部门统一审定的培训大纲和教材。

第十三条 建筑业企业职工的安全培训教育经费，从企业职工教育经费中列支。

第四章 附 则

第十四条 本暂行规定自发布之日起施行。

关于防止施工中毒事故发生的紧急通知

（建监［1997］206号）

各省、自治区、直辖市建委（建设厅），计划单列市建委，江苏省、山东省建管局，国务院有关部门：

近两年来，在施工中的中毒事故不断发生。1996年发生了一次死亡3人以上的中毒事故7起，死亡31人。今年以来，又发生一次死亡3人以上的中毒事故3起，共死亡10人。这3起事故是：

①今年5月19日，武汉市武昌区市政工程维修队在拆除排水管网检查井内的混凝土模板时，1人因中毒坠入5.8m深的井底，3人下去抢救又先后中毒，死亡4人；

②7月9日，广西河池地区二建在15m深的人工挖孔桩内作业，1人因中毒倒在下面，2人下去抢救又先后中毒，死亡3人；

③7月15日，新疆博乐市市政养护工程队在排水管网的检查井施工中发生中毒事故，死亡3人，重、轻伤各1人。

为防止施工中毒等多发性伤亡事故，我部于1995年9月以建监[1995]525号文下发了《关于开展施工多发性伤亡事故专项治理工作的通知》，重申了有关的法规和标准，对防止中毒等多发性事故提出了明确的专项治理要求。今年5月，又委托中国建筑业协会建筑安全专业委员会编制了预防高处坠落、坍塌、触电、中毒"四大伤害"的《建筑安全生产挂图》，要求在施工现场上张挂。但是，一些地区和企业对于多发性事故的专项治理仍未引起足够的重视，没有采取有效的预防措施，致使同类型的事故依然重复发生。目前，正值施工高峰期，为尽快防止中毒事故的不断发生，现紧急通知如下：

一、各地区、各企业都要紧急行动起来，认真研究多发性事故的发生规律和原因，制定并采取有针对性的预防措施，搞好安全培训，实行专项治理，尽快控制中毒等多发性事故的发生率。

二、凡在下水道、燃气管线以及有可能发生有毒有害气体的场所施工时，作业人员必须配备气体检测仪。在每次作业前，都要检测气体的种类和浓度，采取通风措施，待浓度达到规定的标准之下后方能作业。在作业过程中，还要随时进行气体检测和保持通风良好，当发现有有害气体的浓度超标时，要立即撤离作业人员。冬期施工，要注意预防发生取暖中毒事故。

三、在施工现场要配备必要的救护用具，对作业人员进行科学救护知识培训，制定可靠有效的救护措施，并有专人实施作业监护。一旦发生中毒事故，要立即组织科学抢救，防止事故的恶化和扩大。

四、对于在有可能发生有毒有害气体环境下作业的工程，必须编制施工方案和安全技术措施，并向现场的作业人员、管理人员作口头或书面安全交底。凡没有施工方案和安全技术措施以及不作安全交底就进行作业的，视为违章指挥；由此而发生事故的，要本着"四不放过"的原则，追究有关领导的责任。

五、今后，凡同一个企业或同一个地区发生同类型中毒事故的，除按照有关规定给予处罚外，还应追究企业领导及主管部门领导的责任。

关于防止发生施工火灾事故的紧急通知

(建监安[1998]12号)

各省、自治区、直辖市建委（建设厅），江苏省、山东省建管局，计划单列市建委，新疆生产建设兵团建设局，国务院有关部门建设司（局），中建总公司：

今年以来，一些地区在施工中的火灾事故时有发生，如5月23日，杭州市浙江大酒店工地在进行电焊作业中发生重大火灾，造成直接经济损失56万元。

江泽民总书记最近指出："最近火灾接连不断，有建筑火灾，还有森林大火，全党同志要敲起警钟，既要及时灭火救灾，更要强调预防。我在电视上看到救火缺乏水源，要尽快搞好消防设施建设，小洞不补，大洞受苦。各地安全机关要及时向党委、政府报告，抓紧研究落实。现在已进入夏季，石油化工、易燃易爆物品容易着火，要引起高度重视"。在此之前，李岚清副总理也作出批示，要求各有关部门吸取教训，抓紧防火工作，各系统、各单位要建立健全防火灭火规章制度和严格落实责任制，检查消除火险隐患，克服麻痹思想，保护国家和人民生命财产安全，维护社会稳定。

为加强施工现场的消防安全管理，防止火灾事故的发生，特作紧急通知如下：

一、各地区、各部门、各企业都要深入学习和领会江泽民总书记和李岚清副总理的指示精神，并传达到基层和每一个职工，切实增强全员的消防安全意识。特别是各级领导要从讲政治的高度出发，本着对国家、对人民高度负责的态度，把消防安全工作摆上重要议事日程。要组织广大干部和职工学习《中华人民共和国消防法》及消防安全常识，使他们知法、懂法、守法，并能掌握施工消防安全的基本知识，具备一定的防救能力。

二、各地区、各部门、各企业要立即组织一次施工现场消防安全大检查，切实消除火灾隐患，警惕火灾的发生。检查的重点是施工现场（包括装饰装修工程）、生产加工车间、临时办公室、临时宿舍以及有明火作业和各类易燃易爆物品存放场所等。检查的重点部位是电气线路设备、电气焊设施以及易燃品存储设施等。凡不符合消防安全规定的，要立即采取有效措施加以整改。对于一时解决不了的，也必须采取措施暂停使用。

三、建筑施工企业要严格执行国家和地方有关消防安全的法规、标准和规范，坚持"预防为主"的原则，建立和落实施工现场消防设施的维护、保养制度以及化工材料、各类油料等易燃品仓库管理制度，确保各类消防设施的可靠、有效及易燃品存施、使用安全。施工现场的各类建筑材料应整齐码放，消防通道必须畅通并落实各项防范措施防止重大施工火灾事故的发生。

四、要严肃施工火灾事故的查处工作，对发生重大火灾事故的，要严格按照"四不放过"的原则，查明原因、查清责任，对肇事者和有关负责人要严肃进行查处，施工现场发生重大火灾事故的，在向公安消防部门报告的同时，必须及时报告当地建设行政主管部门，对有重大经济损失和产生重大社会影响的火灾事故，要及时报告建设部建设监理司。

建筑施工附着升降脚手架管理暂行规定

（建建［2000］230号）

第一章 总 则

第一条 为贯彻"安全第一，预防为主"的方针和《中华人民共和国建筑法》，加强建筑施工附着升降脚手架（以下简称"附着升降脚手架"）的管理，保证施工安全，制定本规定。

第二条 本规定适用于在高层、超高层建筑工程结构上使用的由不同形式的架体、附着支承结构、升降设备和升降方式组成的各类附着升降脚手架。

第三条 各类附着升降脚手架的设计、制作、安装、使用和拆卸都必须执行本规定,并应遵守相关现行国家和行业的规程、规范、标准和规定。

第四条 建设部对附着升降脚手架实行统一管理。各省、自治区和直辖市的建设行政主管部门对本辖区内附着升降脚手架实施监督管理。

第二章 设 计 计 算

第五条 附着升降脚手架的设计应执行本规定和《建筑结构荷载规范》、《钢结构设计规范》、《冷弯薄壁型钢结构技术规范》、《混凝土结构设计规范》、《编制建筑施工脚手架安全技术标准的统一规定》(修订稿)以及其他有关标准。

第六条 附着升降脚手架的架体结构和附着支承结构应按"概率极限状态法"进行设计计算,承载力设计表达式为:

$$\gamma_0 S \leq R$$

式中 γ_0——结构重要性系数,取 0.9;
　　S——荷载效应;
　　R——结构抗力。

第七条 附着升降脚手架机构中的升降动力设备、吊具、索具,按"容许应力设计法"进行设计计算。执行本规定和有关起重吊装的现行规范,计算表达式为:

$$\sigma \leq [\sigma]$$

式中 σ——设计应力;
　　$[\sigma]$——容许应力。

第八条 附着升降脚手架的各组成部分应按其结构形式、工作状态和受力情况,分别确定在使用、升降和坠落三种不同状况下的计算简图,并按最不利情况进行计算和验算。必要时应通过整体模型试验验证脚手架架体结构的设计承载能力。

第九条 附着升降脚手架设计中荷载标准值应分使用、升降及坠落三种状况按以下规定分别确定:

1. 恒载标准值 G_k

包括架体结构、围护设施、作业层设施以及固定于架体结构上的升降机构和其他设备、装置的自重,其值可按现行《建筑结构荷载规范》附录一确定。对于木脚手板及竹串片脚手板,取自重标准值为 $0.35kN/m^2$。

2. 施工活荷载标准值 Q_k

包括施工人员、材料及施工机具等自重;可按施工设计确定的控制荷载采用,但其取值不得小于以下规定:

结构施工按二层同时作业计算,使用状况时按每层 $3kN/m^2$ 计算,升降及坠落状况时按每层 $0.5kN/m^2$ 计算;

装修施工按三层同时作业计算,使用状况时按每层 $2kN/m^2$ 计算,升降及坠落状况时按每层 $0.5kN/m^2$ 计算。

3. 风荷载标准值 w_k 按下式计算:

$$w_k = K\mu_S \cdot \mu_z w_0$$

K——风压折减系数,在取当地基本风压值时,取0.7;

μ_S——脚手架风荷载体型系数,按表1选用。

脚手架风荷载体型系数 表1

背靠建筑物状况	全 封 闭	敞开、封闭
μ_S	1.0φ	1.3φ

表中:φ为脚手架封闭情况确定的挡风系数。

$$\varphi = 脚手架挡风面积/脚手架迎风面积$$

当用彩条布做脚手架围挡时,取$\varphi=1.0$。

μ_z——风压高度变化系数,按现行的《建筑结构荷载规范》的规定取用;

w_0——基本风压,使用状况下按现行的《建筑结构荷载规范》的规定取用;升降及坠落状况可取$0.25kN/m^2$。

第十条 附着升降脚手架各组成部分的设计应按表2的规定计入相应的荷载计算系数。

荷载计算系数 表2

设计项目		应计入的计算系数		设计方法
		使用工况	升降及其坠落状况	
架体结构	构架	$(\gamma_G\gamma_Q\psi, \gamma_m')$		概率极限状态法
	竖向主框架	$\gamma(\gamma_G\gamma_Q\psi)$	$\gamma_2(\gamma_G\gamma_Q\psi)$	
	水平梁架			
	附着支承结构			
	防倾、防坠落装置			
升降动力设备			γ_2	容许应力法
索具、吊具		γ_1	γ_2	

容许应力法表中:

γ_G——永久荷载分项系数,一般取1.2,但当有利于抗倾覆验算时,取0.9;

γ_Q——可变荷载分项系数,取1.4;

ψ——可变荷载组合系数,取0.85;

γ_m'——结构抗力调整系数,按《编制建筑施工脚手架安全技术标准的统一规定》(修订稿)确定;

γ_1,γ_2——荷载变化系数,$\gamma_1=1.3$,$\gamma_2=2.0$。

第十一条 采用"概率极限状态"设计时,按承载力极限状态设计的计算荷载取荷载的设计值;按使用极限状态设计的计算荷载取荷载的标准值。

第十二条 索具、吊具按表2的规定进行设计计算时,其安全系数的取值参照相关的设计规范确定,但升降机构中使用的索具、吊具的安全系数不得小于6.0。

第十三条 对于升降动力设备,其容许荷载的取值参照相关的设计规范确定,当无规定时可取其额定荷载。

第十四条 螺栓连接强度的设计值应按表3取用。

螺栓连接强度设计值（N/mm²） 表3

钢 号	抗拉 f_t^b	抗剪 f_v^b
Q235	170	130

第十五条 受压构件的长细比应不大于150。

受弯构件的容许挠度应不超过表4规定的允许值。

受弯构件的容许挠度值 表4

构件类别	容许挠度	构件类别	容许挠度
大横杆、小横杆	$L/150$	其他受弯构件	$L/300$
水平支承结构	$L/200$		

第十六条 附着升降脚手架架体的脚手架构件部分的设计执行《编制建筑施工脚手架安全技术标准的统一规定》（修订稿）。

第十七条 附着支承结构的平面布置必须依据安全要求和工程情况审慎设计，避免出现超过其设计承载能力的工作状态。

第三章 构造与装置

第十八条 附着升降脚手架的架体尺寸应符合以下规定：

1. 架体高度不应大于5倍楼层高；

2. 架体宽度不应大于1.2m；

3. 直线布置的架体支承跨度不应大于8m；折线或曲线布置的架体支承跨度不应大于5.4m；

4. 整体式附着升降脚手架架体的悬挑长度不得大于1/2水平支承跨度和3m；单片式附着升降脚手架架体的悬挑长度不应大于1/4水平支承跨度；

5. 升降和使用工况下，架体悬臂高度均不应大于6.0m和2/5架体高度；

6. 架体全高与支承跨度的乘积不应大于110m²。

第十九条 附着升降脚手架应具有足够强度和适当刚度的架体结构；应具有安全可靠的能够适应工程结构特点的附着支承结构；应具有安全可靠的防倾覆装置、防坠落装置；应具有保证架体同步升降和监控升降荷载的控制系统；应具有可靠的升降动力设备；应设置有效的安全防护，以确保架体上操作人员的安全，并防止架体上的物料坠落伤人。

第二十条 附着升降脚手架的架体结构应符合以下规定：

1. 架体必须在附着支承部位沿全高设置定型加强的竖向主框架，竖向主框架应采用焊接或螺栓连接的片式框架或格构式结构，并能与水平梁架和架体构架整体作用，且不得使用钢管扣件或碗扣架等脚手架杆件组装。竖向主框架与附着支承结构之间的导向构造不得采用钢管扣件、碗扣或其他普通脚手架连接方式；

2. 架体水平梁架应满足承载和与其余架体整体作用的要求，采用焊接或螺栓连接的定型桁架梁式结构；当用定型桁架构件不能连续设置时，局部可采用脚手架杆件进行连接，但其长度不应大于2m，并且必须采取加强措施，确保其连接刚度和强度不低于桁架梁式结构。主框架、水平梁架的各节点中，各杆件的轴线应汇交于一点；

3. 架体外立面必须沿全高设置剪刀撑，剪刀撑跨度不得大于6.0m；其水平夹角为45°

~60°，并应将竖向主框架、架体水平梁架和构架连成一体；

4．悬挑端应以竖向主框架为中心成对设置对称斜拉杆，其水平夹角应不小于45°；

5．单片式附着升降脚手架必须采用直线形架体。

第二十一条 架体结构在以下部位应采取可靠的加强构造措施：

1．与附着支承结构的连接处；

2．架体上升降机构的设置处；

3．架体上防倾、防坠装置的设置处；

4．架体吊拉点设置处；

5．架体平面的转角处；

6．架体因碰到塔吊、施工电梯、物料平台等设施需要断开或开洞处；

7．其他有加强要求的部位。

第二十二条 物料平台必须将其荷载独立传递给工程结构。在使用工况下，应有可靠措施保证物料平台荷载不传递给架体。物料平台所在跨的附着升降脚手架应单独升降，并应采取加强措施。

第二十三条 附着支承结构必须满足附着升降脚手架在各种工况下的支承、防倾和防坠落的承力要求，其设置和构造应符合以下规定：

1．附着支承结构采用普通穿墙螺栓与工程结构连接时，应采用双螺母固定，螺杆露出螺母应不少于3扣。垫板尺寸应设计确定，且不得小于80mm×80mm×8mm；

2．当附着点采用单根穿墙螺栓锚固时，应具有防止扭转的措施；

3．附着构造应具有对施工误差的调整功能，以避免出现过大的安装应力和变形；

4．位于建筑物凸出或凹进结构处的附着支承结构应单独进行设计，确保相应工程结构和附着支承结构的安全；

5．对附着支承结构与工程结构连接处混凝土的强度要求应按计算确定，并不得小于C10；

6．在升降和使用工况下，确保每一架体竖向主框架能够单独承受该跨全部设计荷载和倾覆作用的附着支承构造均不得少于两套。

第二十四条 附着升降脚手架的防倾装置必须与竖向主框架、附着支承结构或工程结构可靠连接，并遵守以下规定：

1．防倾装置应用螺栓同竖向主框架或附着支承结构连接，不得采用钢管扣件或碗扣方式；

2．在升降和使用两种工况下，位于同一竖向平面的防倾装置均不得少于两处，并且其最上和最下一个防倾覆支承点之间的最小间距不得小于架体全高的1/3；

3．防倾装置的导向间隙应小于5mm。

第二十五条 附着升降脚手架的防坠装置必须符合以下要求：

1．防坠装置应设置在竖向主框架部位，且每一竖向主框架提升设备处必须设置一个；

2．防坠装置必须灵敏、可靠，其制动距离对于整体式附着升降脚手架不得大于80mm，对于单片式附着升降脚手架不得大于150mm；

3．防坠装置应有专门详细的检查方法和管理措施，以确保其工作可靠、有效；

4. 防坠装置与提升设备必须分别设置在两套附着支承结构上，若有一套失效，另一套必须能独立承担全部坠落荷载。

第二十六条 附着升降脚手架的升降动力设备应满足附着升降脚手架使用工作性能的要求，升降吊点超过两点时，不得使用手拉葫芦。升降动力控制台应具备相应的功能，并应符合相应的安全规程。

第二十七条 同步及荷载控制系统应通过控制各提升设备间的升降差和控制各提升设备的荷载来控制各提升设备的同步性，且应具备超载报警停机、欠载报警等功能。

第二十八条 附着升降脚手架的安全防护措施应满足以下要求：

1. 架体外侧必须用密目安全网（≥800目/100cm²）围挡；密目安全网必须可靠固定在架体上；

2. 架体底层的脚手板必须铺设严密，且应用平网及密目安全网兜底。应设置架体升降时底层脚手板可折起的翻板构造，保持架体底层脚手板与建筑物表面在升降和正常使用中的间隙，防止物料坠落；

3. 在每一作业层架体外侧必须设置上、下两道防护栏杆（上杆高度1.2m，下杆高度0.6m）和挡脚板（高度180mm）；

4. 单片式和中间断开的整体式附着升降脚手架，在使用工况下，其断开处必须封闭并加设栏杆；在升降工况下，架体开口处必须有可靠的防止人员及物料坠落的措施。

第二十九条 附着升降脚手架在升降过程中，必须确保升降平稳。

第四章 加 工 制 作

第三十条 附着升降脚手架构配件的制作，必须具有完整的设计图纸、工艺文件、产品标准和产品质量检验规则；制作单位应有完善有效的质量管理体系，确保产品质量。

第三十一条 制作构配件的原、辅材料的材质及性能应符合设计要求，并按规定对其进行验证和检验。

第三十二条 加工构配件的工装、设备及工具应满足构配件制作精度的要求，并定期进行检查。工装应有设计图纸。

第三十三条 附着升降脚手架构配件的加工工艺，应符合现行有关标准的相应规定，所用的螺栓连接件，严禁采用钣牙套丝或螺纹锥攻丝。

第三十四条 附着升降脚手架构配件应按照工艺要求及检验规则进行检验。对附着支承结构、防倾防坠装置等关键部件的加工件要有可追溯性标识，加工件必须进行100%检验。构配件出厂时，应提供出厂合格证。

第五章 安装、使用和拆卸

第三十五条 使用前，应根据工程结构特点、施工环境、条件及施工要求编制"附着升降脚手架专项施工组织设计"，并根据本规定有关要求办理使用手续，备齐相关文件资料。

第三十六条 施工人员必须经过专业培训。

第三十七条 组装前，应根据专项施工组织设计要求，配备合格人员，明确岗位职责,并对有关施工人员进行安全技术交底。

第三十八条 附着升降脚手架所用各种材料、工具和设备应具有质量合格证、材质单等质量文件。使用前应按相关规定对其进行检验。不合格产品严禁投入使用。

第三十九条 附着升降脚手架在每次升降以及拆卸前应根据专项施工组织设计要求对施工人员进行安全技术交底。

第四十条 整体式附着升降脚手架的控制中心应设专人负责操作,禁止其他人员操作。

第四十一条 附着升降脚手架在首层组装前应设置安装平台,安装平台应有保障施工人员安全的防护设施,安装平台的水平精度和承载能力应满足架体安装的要求。

第四十二条 附着升降脚手架的安装应符合以下规定:
1. 水平梁架及竖向主框架在两相邻附着支承结构处的高差应不大于20mm;
2. 竖向主框架和防倾导向装置的垂直偏差应不大于5‰和60mm;
3. 预留穿墙螺栓孔和预埋件应垂直于工程结构外表面,其中心误差应小于15mm。

第四十三条 附着升降脚手架组装完毕,必须进行以下检查,合格后方可进行升降操作:
1. 工程结构混凝土强度应达到附着支承对其附加荷载的要求;
2. 全部附着支承点的安装符合设计规定,严禁少装附着固定连接螺栓和使用不合格螺栓;
3. 各项安全保险装置全部检验合格;
4. 电源、电缆及控制柜等的设置符合用电安全的有关规定;
5. 升降动力设备工作正常;
6. 同步及荷载控制系统的设置和试运效果符合设计要求;
7. 架体结构中采用普通脚手架杆件搭设的部分,其搭设质量达到要求;
8. 各种安全防护设施齐备并符合设计要求;
9. 各岗位施工人员已落实;
10. 附着升降脚手架施工区域应有防雷措施;
11. 附着升降脚手架应设置必要的消防及照明设施;
12. 同时使用的升降动力设备、同步与荷载控制系统及防坠装置等专项设备,应分别采用同一厂家、同一规格型号的产品;
13. 动力设备、控制设备、防坠装置等应有防雨、防砸、防尘等措施;
14. 其他需要检查的项目。

第四十四条 附着升降脚手架的升降操作必须遵守以下规定:
1. 严格执行升降作业的程序规定和技术要求;
2. 严格控制并确保架体上的荷载符合设计规定;
3. 所有妨碍架体升降的障碍物必须拆除;
4. 所有升降作业要求解除的约束必须拆开;
5. 严禁操作人员停留在架体上,特殊情况确实需要上人的,必须采取有效安全防护措施,并由建筑安全监督机构审查后方可实施;
6. 应设置安全警戒线,正在升降的脚手架下部严禁有人进入,并设专人负责监护;

7. 严格按设计规定控制各提升点的同步性，相邻提升点间的高差不得大于30mm，整体架最大升降差不得大于80mm；

8. 升降过程中应实行统一指挥、规范指令；升、降指令只能由总指挥一人下达，但当有异常情况出现时，任何人均可立即发出停止指令；

9. 采用环链葫芦作升降动力的，应严密监视其运行情况，及时发现、解决可能出现的翻链、绞链和其他影响正常运行的故障；

10. 附着升降脚手架升降到位后，必须及时按使用状况要求进行附着固定。在没有完成架体固定工作前，施工人员不得擅自离岗或下班。未办交付使用手续的，不得投入使用。

第四十五条 附着升降脚手架升降到位架体固定后，办理交付使用手续前，必须通过以下检查项目：

1. 附着支承和架体已按使用状况下的设计要求固定完毕；所有螺栓连接处已拧紧；各承力件预紧程度应一致；
2. 碗扣和扣件接头无松动；
3. 所有安全防护已齐备；
4. 其他必要的检查项目。

第四十六条 附着升降脚手架的使用必须遵守其设计性能指标，不得随意扩大使用范围；架体上的施工荷载必须符合设计规定，严禁超载，严禁放置影响局部杆件安全的集中荷载，并应及时清理架体、设备及其他构配件上的建筑垃圾和杂物。

第四十七条 附着升降脚手架在使用过程中严禁进行下列作业：

1. 利用架体吊运物料；
2. 在架体上拉结吊装缆绳（索）；
3. 在架体上推车；
4. 任意拆除结构件或松动连接件；
5. 拆除或移动架体上的安全防护设施；
6. 起吊物料碰撞或扯动架体；
7. 利用架体支顶模板；
8. 使用中的物料平台与架体仍连接在一起；
9. 其他影响架体安全的作业。

第四十八条 附着升降脚手架在使用过程中，应按第四十三条的规定每月进行一次全面安全检查，不合格部位应立即改正。

第四十九条 当附着升降脚手架预计停用超过一个月时，停用前采取加固措施。

第五十条 当附着升降脚手架停用超过一个月或遇六级以上大风后复工时，必须按第四十五条的要求进行检查。

第五十一条 螺栓连接件、升降动力设备、防倾装置、防坠装置、电控设备等应至少每月维护保养一次。

第五十二条 附着升降脚手架的拆卸工作必须按专项施工组织设计及安全操作规程的有关要求进行。拆除工作前应对施工人员进行安全技术交底，拆除时应有可靠的防止人员与物料坠落的措施，严禁抛扔物料。

第五十三条 拆下的材料及设备要及时进行全面检修保养，出现以下情况之一的，必须予以报废：

1. 焊接件严重变形且无法修复或严重锈蚀；
2. 导轨、附着支承结构件、水平梁架杆部件、竖向主框架等构件出现严重弯曲；
3. 螺栓连接件变形、磨损、锈蚀严重或螺栓损坏；
4. 弹簧件变形、失效；
5. 钢丝绳扭曲、打结、断股、磨损断丝严重、达到报废规定；
6. 其他不符合设计要求的情况。

第五十四条 遇五级（含五级）以上大风和大雨、大雪、浓雾和雷雨等恶劣天气时，禁止进行升降和拆卸作业。并应预先对架体采取加固措施。夜间禁止进行升降作业。

第六章 管 理

第五十五条 建设部对从事附着升降脚手架工程的施工单位实行资质管理，未取得相应资质证书的不得施工；对附着升降脚手架实行认证制度，即所使用的附着升降脚手架必须经过国务院建设行政主管部门组织鉴定或者委托具有资格的单位进行认证。

第五十六条 附着升降脚手架工程的施工单位应当根据资质管理有关规定到当地建设行政主管部门办理相应的审查手续。

第五十七条 新研制的附着升降脚手架应符合本规定的各项技术要求，并到当地建设行政主管部门办理试用手续，经审查合格后，只可批在一个工程上试用，试用期间必须随时接受当地建设行政主管部门的指导和监督。

试用成功后，再按照第五十五条的规定取得认证资格，方可投入正式使用。

第五十八条 对已获得附着升降脚手架资质证书的施工单位实行年检管理制度，有下列情况之一者，一律注销资质证书：

1. 使用与其资质证书所载明的附着升降脚手架名称和型号不一致者；
2. 有出借、出租资质证书及转包行为者；
3. 严重违反本规定，多次整改仍不合格者；
4. 发生一次死亡3人以上重大事故或事故累计死亡达3人以上者。

第五十九条 异地使用附着升降脚手架的，使用前应向当地建设行政主管部门或建筑安全监督机构办理备案手续，接受其监督管理。

第六十条 工程项目的总承包单位必须对施工现场的安全工作实行统一监督管理，对使用的附着升降脚手架要进行监督检查，发现问题，及时采取解决措施。

附着升降脚手架组装先毕，总承包单位必须根据本规定以及施工组织设计等有关文件的要求进行检查，验收合格后，方可进行升降作业。分包单位对附着升降脚手架的使用安全负责。

第六十一条 附着升降脚手架发生重大事故后，应当严格保护事故现场，采取有效措施防止事故扩大和组织抢救工作，并立即向当地建设行政主管部门和有关部门报告。抢救人员需移动现场物件时，应做出标志，绘制现场简图并做出书面记录，保存现场重要痕迹、物证，有条件的应拍照或录相。

第六十二条 各级建设行政主管部门或建筑安全监督机构应当加强对附着升降脚手架

工程的监督检查，确保安全生产。

第六十三条 本规定由建设部建筑管理司负责解释。

附录一

名 词、术 语

1. 附着升降脚手架

仅需搭设一定高度并附着于工程结构上，依靠自身的升降设备和装置，可随工程结构施工逐层爬升，具有防倾覆、防坠落装置，并能实现下降作业的外脚手架。

2. 附着支承结构

直接与工程结构连接，承受并传递脚手架荷载的支承结构。

3. 单片式附着升降脚手架

仅有两个提升装置并独自升降的附着升降脚手架。

4. 整体式附着升降脚手架

有三个以上提升装置的连跨升降的附着升降脚手架。

5. 架体结构

附着升降脚手架的组成结构，一般由架体竖向主框架，架体水平梁架和架体构架等三部分组成。

6. 架体竖向主框架

用于构造附着升降脚手架架体，垂直于建筑物外立面，并与附着支承结构连接，主要承受和传递竖向和水平荷载的竖向框架。

7. 架体水平梁架

用于构造附着升降脚手架架体，主要承受架体竖向荷载，并将竖向荷载传递至竖向主框架和附着支承结构的水平结构。

8. 架体构架

采用普通脚手架搭设的与竖向主框架和水平梁架连接的附着升降脚手架架体结构部分。

9. 架体高度

架体最底层杆件轴线至架体最上层横杆（护栏）轴线间的距离。

10. 架体宽度

架体内、外排立杆轴线之间的水平距离。

11. 架体支承跨度

两相邻竖向主框架中心轴线之间的距离。

12. 悬臂高度

架体的附着支承结构中最高一个支承点以上的架体高度。

13. 悬挑长度

架体竖向主框架中心轴线至边跨架体端部立面之间的水平距离。

14. 防倾覆装置

防止架体在升降和使用过程中发生倾覆的装置。

15. 防坠落装置

架体在升降或使用过程中发生意外坠落时的制动装置。

16. 升降机构

控制架体升降运行的机构。

17. 荷载控制系统

能够反映、控制升降动力荷载的装置系统。

附录二

附着升降脚手架的标准名称和型号

1. 标准名称

（1）组成

标准名称＝附着支承形式＋动力类型＋升降方式＋附着升降脚手架

（2）附着支承形式

①导轨式（附着支承、防倾共用导轨的附着支承形式）；

②导座式（附着支承、导向共用支座的附着支承形式）；

③套框式（附着主框架和套框架的附着支承形式）；

④吊拉式（附着挑梁和斜拉杆、防倾导轨单设的附着支承形式）；

⑤吊轨式（附着挑梁相斜拉杆，防倾导轨固定于挑梁上的附着支承形式）；

⑥挑轨式（附着带导轨挑梁的附着支承形式）；

⑦套轨式（附着主、套框导座的附着支承形式）；

⑧吊套式（附着带斜拉杆主、套框的附着支承形式）；

⑨锚轨式（拉结锚固带防倾导轨的附着支承形式）。

（3）动力形式

①手动（采用手拉环链葫芦）

②电动（采用电动环链葫芦）；

③卷扬（采用电动卷扬设备）；

④液压（采用液压动力设备）。

（4）升降方式

仅组合"互爬式"这一种升降方式。具有单跨、多跨和整体升降方式者不组合于名称中。

（5）例子

如：套轨式液压升降脚手架，导轨式电动附着升降脚手架，锚轨式互爬手动附着升降脚手架。

2. 型号

型号＝厂家代号（或2个英文字母）＋鉴定年份＋型别号（阿拉伯数字）

3. 名称型号

如 XH95-1 型

名称型号＝标准名称＋型号。

关于进一步加强塔式起重机管理预防重大事故的通知

(建建[2000]237号)

各省、自治区、直辖市建设厅(建委),江苏省、山东省建管局,计划单列市建委、新疆生产建设兵团建设局,国务院有关部门建设司(局),中央管理的有关总公司:

近年来,随着城市建设的发展和高层建筑(构筑)物的增加,塔式起重机(以下简称塔吊)的使用数量不断增多,重大事故也不断增加。据不完全统计,自1998年以来,在塔吊事故中一次死亡3人以上的重大事故就有25起,造成76人死亡,18人重伤。

今年2月28日,重庆市涪陵区关庙市场二期工程塔楼工地,在使用塔吊吊运水泥空心砖过程中,物料平台超载坍塌,致使4名施工人员由15层坠落到10层,造成3人死亡,1人重伤。

4月1日,广州市海珠区东晓小区金麟台商品住宅楼工地,正在施工中的塔吊起重钢丝绳断裂,塔身倾翻。折断的塔身、塔帽、塔臂坠落砸在现场附近正在施工的自卸车和推土机上,造成1名塔吊司机死亡,地面1名工人重伤,1名工人轻伤。

5月4日,吉林省白城市金辉小区安居工程住宅楼工地,在用起重吊车吊运砌筑基础的石料时,吊臂变幅制动器失灵,吊臂倾倒砸在附近施工人员身上,造成3人死亡。

6月4日,北京市中国科技大学研究生院玉泉路宿舍新建楼工地,正在施工中的塔吊大臂第三节销轴脱落,大臂戳倒在地面上,塔帽及平衡臂坠落到新建楼上,幸无人员伤亡。

6月10日,沈阳市万泉花园12号楼工地,在拆除塔吊的作业中,塔吊大臂、平衡臂和塔帽倾翻坠落,造成作业人员3人死亡,1人重伤。

6月21日,辽宁省朝阳市双塔区北市新村2号楼工地,在拆除塔吊的作业中,塔吊平衡臂突然坠落,站在平衡臂上的2名拆装人员随之坠落死亡。

6月27日,深圳市地铁一期工程水晶岛站工地,在进行塔吊顶升作业中塔吊倾翻,造成正在基础坑内作业的1名工人死亡。

7月23日,黑龙江省肇源县新站镇政府综合楼工地,在拆除塔吊的作业中,塔吊大臂坠落,3名拆装人员从26m高处坠落死亡。

7月26日,大连市由家村软件园动迁小区18号住宅楼工地,在拆卸塔身的标准节作业中,塔吊大臂、平衡臂和塔帽倾翻坠落,平衡臂砸在一辆货车上。塔吊顶部作业的3名拆装人员及塔吊司机坠落,连同货车司机共造成3人死亡,1人重伤,1人轻伤。

9月23日,山东省莱阳市富水小区住宅楼工地,在安装塔吊的作业中,起重钢丝绳断裂,塔吊大臂坠落砸在塔身下部,致使塔吊倾翻,在塔吊上作业的3人坠落死亡。

9月26日,吉林省通化市光明路小区商品楼工地,在安装塔吊过程中,塔吊平衡臂钢丝绳断裂,致使5名安装人员随同平衡臂坠落,造成2人死亡,2人受伤。

发生这些重大事故的主要原因:一是有章不循。设备管理、指挥、操作人员缺乏应有的安全技术常识,违章指挥、违章操作、冒险蛮干;二是起重设备存在严重隐患。材质不合格，缺少安全保险、限位装置或装置失灵，缺乏维修、保养，起重设备陈旧、老化；三是企业、施工现场、作业班组有令不行，有禁不止，管理不严，责任制不落实。四是行业监督管理工作薄弱。

各地塔吊重大事故的频繁发生，给人民生命财产带来重大损失，严重影响创建文明工地活动的顺利开展。为改变当前建筑施工中塔吊安全技术管理工作薄弱的状况，我部决定对塔吊事故开展有针对性的专项治理工作。各地区、各单位要高度重视这项工作，把塔吊专项治理作为一项重要工作来抓，成立专项治理领导小组，认真分析事故原因和特点，研究制定治理措施、方案和有关管理办法，狠抓落实。争取在较短的时间内，改变当前塔吊事故频发的不利局面。现提出具体要求如下：

一、加强塔吊的使用管理。各建筑业企业应当购买和使用有生产许可证和出厂合格证的塔吊。应按国家和行业的有关规定，制定和完善塔吊设备管理和工程项目使用管理规定，明确设备管理和工程项目使用管理的安全职责。

要建立塔吊的维修、保养、任务交底、运转交接班、工作记录等制度，并认真执行。企业设备管理部门要定期对塔吊的安全技术状况进行检查和评定；机组要认真执行塔吊重要、关键部位的日常检查工作，及时消除隐患，确保设备不"带病运转"。

塔吊司机、信号指挥人员、司索人员必须经专业安全技术培训，考试合格后持证上岗。严禁非司机、非专业指挥人员上岗作业。安全、限位装置不全、失灵或不可靠的塔吊一律不得投入使用。

使用过的塔吊进行转让、租赁或出售，必须有法定检测检验单位的安全技术检测检验证明。对使用年限长，经检测检验安全技术性能严重下降的塔吊，必须作报废处理，不得继续使用、转让、租赁或出售。

二、加强对塔吊拆装的管理。施工现场从事塔吊拆装作业的企业必须取得专业承包资质。未取得专业承包资质的一律不得从事塔吊的拆装业务。取得专业承包资质的，应按照规定的范围承接任务。拆装作业人员必须经专业安全技术培训，实行持证上岗，人员调整或补充必须经企业安全和设备管理部门审定。根据拆装专业队伍工作业绩和有关规定，由建设行政主管部门或建筑安全监督机构对其资质进行动态管理。

塔吊的拆装必须根据施工现场的环境和条件、塔吊状况以及辅助起重设备条件，制定拆装方案和安全技术措施，并由企业技术负责人审批。拆装作业前必须进行安全技术交底；拆装作业中各工序应定人定岗定责，定专人统一指挥。拆装作业应设置警戒区，并设专人监护，无关人员不得入内。

三、加快塔吊的技术更新工作。各地区要学习借鉴山东的做法，尽快淘汰技术落后、安全保险装置不可靠、使用安全性能差的塔吊。对当前使用数量较多但安全保险装置不尽完善或者安装拆卸装置位置不合理、不配套的塔吊，要投入人力、物力和财力进行安全技术攻关，使其完善、配套和安全可靠。

四、提高塔吊的制造质量。塔吊制造质量直接关系到使用安全技术性能，塔吊生产厂必须严格质量管理。制造塔吊的原材料应有材料生产厂的材质证明，要执行材料进厂检验制度；所选用的配套件与部件总成，必须符合整机设计技术质量要求，并对整机质量负全责。生产厂必须向用户提供齐备的技术文件（塔吊在各种工况下，详细的安装、拆卸操作程序和步骤说明书；各安全保险、限位调试和使用说明书；维修保养、运输及整机试验调整等说明书)。生产厂为用户安装拆卸塔吊也必须取得专业承包资质。

五、加强塔吊重大事故统计报告工作。各建筑业企业应建立塔吊重大事故报告制度，凡发生塔吊倾斜、出轨、塔臂塔帽平衡臂坠落、吊钩吊具坠落及塔身折断等，即使无人员伤亡，均按重大事故进行管理和上报。

六、加强对设备检测检验工作的监督管理。塔吊在使用前必须经本企业设备管理部门检验，检验合格后方可使用。不能自行检验的，可委托经建设行政主管部门认可的有法定检测检验资质的单位进行检验。受委托的检测检验单位必须对检测检验结果的真实性负责，并承担检测检验的法律责任。

七、加大行业监督管理力度。各级建设行政主管部门、建筑安全监督机构应加强对塔吊的安全监督管理工作。要建立定期或不定期的检查制度，发现技术指标、安全性能等不能满足安全需要的塔吊，应立即停止使用，并进行整改。经整改仍不能符合安全要求的，要清出施工现场。对因重大责任事故造成人员伤亡或者严重经济损失的，除对有关直接责任人和责任单位严肃处理外，还必须追究事故主要责任单位安全生产第一责任人的管理责任。

施工现场安全防护用具及机械设备使用监督管理规定

(建建〔1998〕164号)

第一条 为加强对施工现场上使用的安全防护用具及机械设备的监督管理，防止因不合格产品流入施工现场而造成伤亡事故，确保施工安全，制定本规定。

第二条 凡从事建筑施工（包括土木建筑、线路管道设备安装、装饰装修）的企业和个人以及为其提供安全防护用具及机械设备的单位和个人，必须遵守本规定。

第三条 本规定所指的安全防护用具及机械设备，是指在施工现场上使用的安全防护用品、安全防护设施、电气产品、架设机具和施工机械设备：

（一）安全防护用具

1. 安全防护用品，包括安全帽、安全带、安全网、安全绳及其他个人防护用品等；

2. 安全防护设施，包括各种"临边、洞口"的防护用具等；

3. 电气产品，包括手持电动工具、木工机具、钢筋机械、振动机具、漏电保护器、电闸箱、电缆、电器开关、插座及电工元器件等；

4. 架设机具，包括用竹、木、钢等材料组成的各类脚手架及其零部件、登高设施、简易起重吊装机具等。

（二）施工机械设备

包括大中型起重机械、施工电梯、挖掘机、打桩机、混凝土搅拌机等施工机械设备。

第四条 各级建设行政主管部门负责对施工现场安全防护用具及施工机械设备的使用实施监督管理。施工现场安全防护用具及机械设备使用的具体监督管理工作，可以委托所属的建筑安全监督管理机构负责实施。

工商行政管理机关负责查处市场管理和商标管理中发现的经销掺假和假冒的安全防护

用具及机械设备；质量技术监督机关负责查处生产和流通领域中安全防护用具及机械设备的质量违法行为。

第五条 为施工现场提供安全防护用具及机械设备的生产、销售单位，必须遵守有关的法律、法规、规章和标准，设计、生产、销售符合施工安全要求的产品。

第六条 向建筑施工企业或者施工现场销售安全防护用具及机械设备的单位，应当提供检测合格证明及下列资料：

（一）产品的生产许可证（指实行生产许可证的产品）和出厂产品合格证；

（二）产品的有关技术标准、规范；

（三）产品的有关图纸及技术资料；

（四）产品的技术性能、安全防护装置的说明。

第七条 建筑安全监督管理机构要对建筑施工企业或者施工现场使用的安全防护用具及机械设备，进行定期或者不定期的抽检，发现不合格产品或者技术指标和安全性能不能满足施工安全需要的产品，必须立即停止使用，并清除出施工现场。

第八条 建筑施工企业和施工现场必须采购、使用具有生产许可证、产品合格证的产品，并建立安全防护用具及机械设备的采购、使用、检查、维修、保养的责任制。

第九条 施工现场新安装或者停工6个月以上又重新使用的塔式起重机、龙门架（井字架）、整体提升脚手架等，在使用前必须组织由本企业的安全、施工等技术管理人员参加的检验，经检验合格后方可使用。不能自行检验的，可以委托当地建筑安全监督管理机构进行检验。

第十条 建筑施工企业及其项目经理部必须对施工中使用的安全防护用具及机械设备进行定期检查，发现隐患或者不符合要求的，应当立即采取措施解决。

第十一条 建设、工商行政管理、质量技术监督行政主管部门根据职能分工，可以对施工现场安全防护用具及机械设备组织联合检查，并公布合格或者不合格产品名录。

有条件的城市可以建立安全防护用具及机械设备交易市场，为生产、销售单位和建筑施工企业提供服务，并加强监督管理。

第十二条 对于违反本规定的生产、销售单位和建筑施工企业，由建设、工商行政管理、质量技术监督行政主管部门根据各自的职责，依法作出处罚。

第十三条 本规定自发布之日起施行。

关于防止施工坍塌事故的紧急通知

（建建［1999］173号）

各省、自治区、直辖市建委（建设厅），江苏省、山东省建管局，计划单列市建委（建设局），新疆生产建设兵团建设局，国务院有关部门建设司（局）：

去年以来，一些地区在施工中多次发生坍塌事故，造成施工人员重大伤亡和严重经济损失。1998年6月17日，吉林省松源市兴原建筑公司在该市宁江区建设路北段地下排污管道工程施工中，因管沟边坡土方坍塌，造成3人死亡，3人受伤；1998年8月14日，四川省攀枝花市东区顺达建筑工程公司在该市气象局住宅楼工程挡墙施工中，因挡墙边坡土方坍塌，造成5人死亡；1998年9月11日，山西省阳泉市广厦建筑安装处和阳泉市自来水公司水暖安装总公司在该市污水处理厂进行供水管道施工时，管沟边坡土方坍塌，造成9人死亡；1998年10月5日，河南省荥阳市第五建筑公司承建的郑州市郊信用合作联社综合培训楼工程，在进行地基基础施工，拆除地下防空洞土方护壁支撑时发生土方坍塌，造成4人死亡；1999年3月11日，四川省成都市市政工程公司三分公司在青羊正街道路改造工程施工中，因过街污水沟槽土方坍塌，造成4人死亡，1人受伤；1999年4月17日，哈尔滨市市政局排水有限责任公司和青冈县扶贫办上下水维修服务队在哈尔滨市道里区乡里街排水管维修工程施工中，因管沟挡土墙坍塌，造成3人死亡；1999年5月29日，河北省邯郸县建筑安装工程公司在邯郸市第二交通运输总公司贸西1号住宅楼工程施工中，因基础挡土墙坍塌，造成4人死亡，1人受伤；1999年6月12日，中国第三冶金建筑公司管道公司在鞍山市第一污水处理厂西大沟排水沟工程施工中，因排水沟挡墙坍塌，造成3人死亡。

造成坍塌事故的主要原因，一是对安全生产工作认识不足，尤其建筑业企业在安全防护设施方面的投入不足，任意简化安全防护措施；二是未按照建筑施工安全技术标准、规范编制地基与基础、地下管道工程施工方案，没有制定专项安全技术措施；三是施工人员缺乏安全意识和自我保护能力，冒险蛮干。目前，正值雨季和暑期，施工又进入高峰期，为防止坍塌事故发生，特做如下通知：

一、提高认识，加强领导，认真落实安全生产责任制。各级领导一定要高度重视安全生产工作，从讲政治、保稳定、促发展和对人民高度负责的精神出发，正确处理好安全生产与经济效益的关系。要认真贯彻"安全第一，预防为主"的方针，克服麻痹思想和侥幸心理。要切实加强对安全生产工作的领导，把安全生产工作纳入重要议事日程，定期研究本地区、本企业安全生产形势和存在的问题，制订切实可行的办法和措施，由专人负责，认真落实。

二、加强对坍塌等恶性事故的预防工作。各地建设行政主管部门要结合本地区的实际，认真研究事故原因和规律，制订控制坍塌事故发生的预防措施，并予以落实。各建筑业企业应把预防坍塌事故工作作为本年度专项治理的重点，彻底清查本企业正在施工和即将开工的地基与基础和地下管道工程项目，结合当前已进入雨季和暑期季节的特点，有针对性地进行专项治理。

三、在地基与基础、地下管道工程开工前，建筑业企业必须依照建筑施工安全技术标准、规范编制施工方案，并根据工程特点制订有针对性的安全技术措施，由施工单位技术部门会同生产、安全、设备等部门共同会审，经总工程师（或技术负责人）审核并签字后，方可施工。

四、在地基与基础、地下管道工程开工前，施工现场技术负责人必须对作业人员进行书面安全技术交底，必须明确现场施工安全负责人，并由施工安全负责人指定专人负责监控。在施工中应加强安全检查工作，发现问题和隐患必须及时进行处理和整改，严禁违章指挥、违章作业。

五、建设单位必须按照《中华人民共和国建筑法》的规定，向施工单位提供与施工现场相关的地质勘察资料和供水、供电、供气等地下管线以及毗邻建筑基础结构的详细资料。施工单位在施工前，应当制订保护地下管线等设施完好的施工方案和措施，严禁野蛮施工。

六、各地区建设行政主管部门或建筑安全监督管理机构根据本通知的要求，一要制订地基与基础、地下管道工程的安全生产管理办法，并加以贯彻落实；二是定期组织专项检查和抽查工作。对违反有关规定造成重大伤亡事故的建筑业企业和有关责任人要依法严肃处理。

建筑工程预防高处坠落事故若干规定

（建质〔2003〕82号）

第一条 为预防高处坠落事故发生，保证施工安全，依据《建筑法》和《安全生产法》对施工企业提出的有关要求，制定本规定。

第二条 本规定适用于脚手架上作业、各类登高作业、外用电梯安装作业及洞口临边作业等可能发生高处坠落的施工作业。

第三条 施工单位的法定代表人对本单位的安全生产全面负责。施工单位在编制施工组织设计时，应制定预防高处坠落事故的安全技术措施。

项目经理对本项目的安全生产全面负责。项目经理部应结合施工组织设计，根据建筑工程特点编制预防高处坠落事故的专项施工方案，并组织实施。

第四条 施工单位应做好高处作业人员的安全教育及相关的安全预防工作。

（一）所有高处作业人员应接受高处作业安全知识的教育；特种高处作业人员应持证上岗，上岗前应依据有关规定进行专门的安全技术签字交底。采用新工艺、新技术、新材料和新设备的，应按规定对作业人员进行相关安全技术签字交底。

（二）高处作业人员应经过体检，合格后方可上岗。施工单位应为作业人员提供合格的安全帽、安全带等必备的安全防护用具，作业人员应按规定正确佩戴和使用。

第五条 施工单位应按类别，有针对性地将各类安全警示标志悬挂于施工现场各相应部位，夜间应设红灯示警。

第六条 高处作业前，应由项目分管负责人组织有关部门对安全防护设施进行验收，经验收合格签字后，方可作业。安全防护设施应做到定型化、工具化，防护栏杆以黄黑（或红白）相间的条纹标示，盖件等以黄（或红）色标示。需要临时拆除或变动安全设施的，应经项目分管负责人审批签字，并组织有关部门验收，经验收合格签字后，方可实施。

第七条 物料提升机应按有关规定由其产权单位编制安装拆卸施工方案，产权单位分管负责人审批签字，并负责安装和拆卸；使用前与施工单位共同进行验收，经验收合格签字后，方可作业。物料提升机应有完好的停层装置，各层联络要有明确信号和楼层标记。物料提升机上料口应装设有联锁装置的安全门，同时采用断绳保护装置或安全停靠装置。通道口走道板应满铺并固定牢靠，两侧边应设置符合要求的防护栏杆和挡脚板，并用密目式安全网封闭两侧。物料提升机严禁乘人。

第八条 施工外用电梯应按有关规定由其产权单位编制安装拆卸施工方案，产权单位分管负责人审批签字，并负责安装和拆卸；使用前与施工单位共同进行验收，经验收合格签字后，方可作业。施工外用电梯各种限位应灵敏可靠，楼层门应采取防止人员和物料坠落措施，电梯上下运行行程内应保证无障碍物。电梯轿厢内乘人、载物时，严禁超载，载荷应均匀分布，防止偏重。

第九条 移动式操作平台应按相关规定编制施工方案，项目分管负责人审批签字并组织有关部门验收，经验收合格签字后，方可作业。移动式操作平台立杆应保持垂直，上部适当向内收紧，平台作业面不得超出底脚。立杆底部和平台立面应分别设置扫地杆、剪刀撑或斜撑，平台应用坚实木板满铺，并设置防护栏杆和登高扶梯。

第十条 各类作业平台、卸料平台应按相关规定编制施工方案，项目分管负责人审批签字并组织有关部门验收，经验收合格签字后，方可作业。架体应保持稳固，不得与施工脚手架连接。作业平台上严禁超载。

第十一条 脚手架应按相关规定编制施工方案，施工单位分管负责人审批签字，项目分管负责人组织有关部门验收，经验收合格签字后，方可作业。作业层脚手架的脚手板应铺设严密，下部应用安全平网兜底。脚手架外侧应采用密目式安全网做全封闭，不得留有空隙。密目式安全网应可靠固定在架体上。作业层脚手板与建筑物之间的空隙大于15cm时应作全封闭，防止人员和物料坠落。作业人员上下应有专用通道，不得攀爬架体。

第十二条 附着式升降脚手架和其他外挂式脚手架应按相关规定由其产权单位编制施工方案，产权单位分管负责人审批签字，并与施工单位在使用前进行验收，经验收合格签字后，方可作业。附着式升降脚手架和其他外挂式脚手架每提升一次，都应由项目分管负责人组织有关部门验收，经验收合格签字后，方可作业。附着式升降脚手架和其他外挂式脚手架应设置安全可靠的防倾覆、防坠落装置，每一作业层架体外侧应设置符合要求的防护栏杆和挡脚板。附着式升降脚手架和其他外挂式脚手架升降时，应设专人对脚手架作业区域进行监护。

第十三条 模板工程应按相关规定编制施工方案，施工单位分管负责人审批签字；项目分管负责人组织有关部门验收，经验收合格签字后，方可作业。模板工程在绑扎钢筋、粉刷模板、支拆模板时应保证作业人员有可靠立足点，作业面应按规定设置安全防护设施。模板及其支撑体系的施工荷载应均匀堆置，并不得超过设计计算要求。

第十四条 吊篮应按相关规定由其产权单位编制施工方案，产权单位分管负责人审批签字，并与施工单位在使用前进行验收，经验收合格签字后，方可作业。吊篮产权单位应做好日常例保和记录。吊篮悬挂机构的结构件应选用钢材或其他适合的金属结构材料制造，其结构应具有足够的强度和刚度。作业人员应按规定佩戴安全带；安全带应挂设在单独设置的安全绳上，严禁安全绳与吊篮连接。

第十五条 施工单位对电梯井门应按定型化、工具化的要求设计制作，其高度应在1.5m至1.8m范围内。电梯井内不超过10m应设置一道安全平网；安装拆卸电梯井内安全平网时，作业人员应按规定佩戴安全带。

第十六条 施工单位进行屋面卷材防水层施工时，屋面周围应设置符合要求的防护栏杆。屋面上的孔洞应加盖封严，短边尺寸大于1.5m时，孔洞周边也应设置符合要求的防护栏杆，底部加设安全平网。在坡度较大的屋面作业时，应采取专门的安全措施。

建筑工程预防坍塌事故若干规定

(建质〔2003〕82号)

第一条 为预防坍塌事故发生,保证施工安全,依据《建筑法》和《安全生产法》对施工企业提出的有关要求,制定本规定。

第二条 凡从事建筑工程新建、改建、扩建等活动的有关单位,应当遵守本规定。

第三条 本规定所称坍塌是指施工基坑(槽)坍塌、边坡坍塌、基础桩壁坍塌、模板支撑系统失稳坍塌及施工现场临时建筑(包括施工围墙)倒塌等。

第四条 施工单位的法定代表人对本单位的安全生产全面负责,施工单位在编制施工组织设计时,应制定预防坍塌事故的安全技术措施。

项目经理对本项目的安全生产全面负责。项目经理部应结合施工组织设计,根据建筑工程特点,编制预防坍塌事故的专项施工方案,并组织实施。

第五条 基坑(槽)、边坡、基础桩、模板和临时建筑作业前,施工单位应按设计单位要求,根据地质情况、施工工艺、作业条件及周边环境编制施工方案,单位分管负责人审批签字,项目分管负责人组织有关部门验收,经验收合格签字后,方可作业。

第六条 土方开挖前,施工单位应确认地下管线的埋置深度、位置及防护要求后,制定防护措施,经项目分管负责人审批签字后,方可作业。土方开挖时,施工单位应对相邻建(构)筑物、道路的沉降和位移情况进行观测。

第七条 施工单位应编制深基坑(槽)、高切坡、桩基和超高、超重、大跨度模板支撑系统等专项施工方案,并组织专家审查。

本规定所称深基坑(槽)是指开挖深度超过5m的基坑(槽)、或深度未超过5m但地质情况和周围环境较复杂的基坑(槽)。高切坡是指岩质边坡超过30m,或土质边坡超过15m的边坡。超高、超重、大跨度模板支撑系统是指高度超过8m,或跨度超过18m,或施工总荷载大于$10kN/m^2$、或集中线荷载大于$15kN/m$的模板支撑系统。

第八条 施工单位应作好施工区域内临时排水系统规划,临时排水不得破坏相邻建(构)筑物的地基和挖、填土方的边坡。在地形、地质条件复杂,可能发生滑坡、坍塌的地段挖方时,应由设计单位确定排水方案。场地周围出现地表水汇流、排泻或地下水管渗漏时,施工单位应组织排水,对基坑采取保护措施。开挖低于地下水位的基坑(槽)、边坡和基础桩时,施工单位应合理选用降水措施降低地下水位。

第九条 基坑(槽)、边坡设置坑(槽)壁支撑时,施工单位应根据开挖深度、土质条件、地下水位、施工方法及相邻建(构)筑物等情况设计支撑。拆除支撑时应按基坑(槽)回填顺序自下而上逐层拆除,随拆随填,防止边坡塌方或相邻建(构)筑物产生破坏,必要时应采取加固措施。

第十条 基坑(槽)、边坡和基础桩孔边堆置各类建筑材料的,应按规定距离堆置。各类施工机械距基坑(槽)、边坡和基础桩孔边的距离,应根据设备重量、基坑(槽)、边坡和基础桩的支护、土质情况确定,并不得小于1.5m。

第十一条 基坑(槽)作业时,施工单位应在施工方案中确定攀登设施及专用通道,作业人员不得攀爬模板、脚手架等临时设施。

第十二条 机械开挖土方时，作业人员不得进入机械作业范围内进行清理或找坡作业。

第十三条 地质灾害易发区内施工时，施工单位应根据地质勘察资料编制施工方案，单位分管负责人审批签字，项目分管负责人组织有关部门验收，经验收合格签字后，方可作业。施工时应遵循自上而下的开挖顺序，严禁先切除坡脚。爆破施工时，应防止爆破震动影响边坡稳定。

第十四条 施工单位应防止地面水流入基坑（槽）内造成边坡塌方或土体破坏。基坑（槽）开挖后，应及时进行地下结构和安装工程施工，基坑（槽）开挖或回填应连续进行。在施工过程中，应随时检查坑（槽）壁的稳定情况。

第十五条 模板作业时，施工单位对模板支撑宜采用钢支撑材料作支撑立柱，不得使用严重锈蚀、变形、断裂、脱焊、螺栓松动的钢支撑材料和竹材作立柱。支撑立柱基础应牢固，并按设计计算严格控制模板支撑系统的沉降量。支撑立柱基础为泥土地面时，应采取排水措施，对地面平整、夯实，并加设满足支撑承载力要求的垫板后，方可用以支撑立柱。斜支撑和立柱应牢固拉接，行成整体。

第十六条 基坑（槽）、边坡和基础桩施工及模板作业时，施工单位应指定专人指挥、监护，出现位移、开裂及渗漏时，应立即停止施工，将作业人员撤离作业现场，待险情排除后，方可作业。

第十七条 楼面、屋面堆放建筑材料、模板、施工机具或其他物料时，施工单位应严格控制数量、重量，防止超载。堆放数量较多时，应进行荷载计算，并对楼面、屋面进行加固。

第十八条 施工单位应按地质资料和设计规范，确定临时建筑的基础形式和平面布局，并按施工规范进行施工。施工现场临时建筑与建筑材料等的间距应符合技术标准。

第十九条 临时建筑外侧为街道或行人通道的，施工单位应采取加固措施。禁止在施工围墙墙体上方或紧靠施工围墙架设广告或宣传标牌。施工围墙外侧应有禁止人群停留、聚集和堆砌土方、货物等的警示。

第二十条 施工现场使用的组装式活动房屋应有产品合格证。施工单位在组装后进行验收，经验收合格签字后，方能使用。对搭设在空旷、山脚等处的活动房应采取防风、防洪和防暴雨等措施。

第二十一条 雨期施工，施工单位应对施工现场的排水系统进行检查和维护，保证排水畅通。在傍山、沿河地区施工时，应采取必要的防洪、防泥石流措施。

深基坑特别是稳定性差的土质边坡、顺向坡，施工方案应充分考虑雨期施工等诱发因素，提出预案措施。

第二十二条 冬季解冻期施工时，施工单位应对基坑（槽）和基础桩支护进行检查，无异常情况后，方可施工。

×××省建设工程安全生产管理暂行办法

(×建字[2001]2号)

第一章 总 则

第一条 为了加强全省建设工程施工安全生产管理，规范建设工程参建各方主体安全生产行为，根据《中华人民共和国建筑法》和《×××省建筑管理条例》等有关法律、法规，结合本省实际，制订本办法。

第二条 凡在本省境内从事建设工程新建、扩建、改建和拆除等有关活动及实施建设工程安全生产监督管理的，必须遵守本办法。

第三条 工程建设安全生产必须贯彻"安全第一，预防为主"的方针，坚持管生产必须管安全和谁主管、谁负责的原则。

建设工程安全生产实行企业负责、行业管理、国家监察、群众监督的管理体制。

第四条 鼓励建设工程安全生产科学技术研究，推广使用先进技术，改进安全防护设施，促使建设工程安全生产管理向规范化、标准化和科学化目标发展，提高建设工程安全生产和文明施工水平。

第二章 监 督 管 理

第五条 省建设厅对全省的建设工程安全生产实施统一监督管理。

设区市、县（市、区）建设行政主管部门对所辖建设工程安全生产实施监督管理。

建设行政主管部门依法接受同级人民政府安全生产综合管理部门对建设工程安全生产的指导。

各级建设行政主管部门应当设立建设工程安全生产监督管理机构（以下简称安监机构），负责建设工程安全生产的日常监督管理工作，监督管理经费暂由各级建设行政主管部门从建管费中提取六分之一，做到专款专用。

第六条 省建设厅对建设工程安全生产管理的主要职责是：

（一）贯彻国家有关安全生产的法律、法规和规章，制定建设工程安全生产的规范性文件；

（二）对安监机构的工作进行业务指导；

（三）对施工单位实行安全资格认证制，核发《安全资格证书》、《施工企业安全管理手册》并对安全资格实施动态管理；

（四）制定安监机构监督人员和施工单位安全人员上岗培训计划，并组织实施；

（五）定期组织开展全省安全生产大检查；

（六）会同政府安全综合管理部门、质量技术监督部门、工商部门对安全防护用具及机构设备的质量，销售单位和流通市场联合进行检查，公布合格和不合格产品名录，并定期对已公布的合格产品进行检查；

（七）按规定对建设工程重大安全事故进行调查处理和上报；

（八）查处建设工程安全生产违法行为。

第七条 设区的市、县（市、区）建设行政主管部门安全生产监督管理的主要职责是：

（一）按照国家、省有关安全生产方面的法律、法规和标准对施工现场实施监督；

（二）对施工单位进行安全资格认证初审，制度安全资格证书审查，对《施工企业安全管理手册》记载情况进行综合评价；

（三）组织对本辖区内的安全生产检查；

（四）对施工现场使用的安全防护用具及机械设备进行检验、检测、检查；

（五）组织或参与对伤亡事故的调查处理；

（六）按规定做好伤亡事故报告和统计报表工作；

（七）推广使用建设工程安全生产的新技术、新产品和新材料；

（八）查处建设工程安全生产违法、违规行为。

第八条 各级安监机构应当配备相应的具有工程系列技术职称的土建、电气、机械等专业人员，并逐步执行安全管理工程师持证考核上岗制度。

第九条 施工单位必须为从事危险作业的人员办理意外伤害保险，并支付保险费。

第十条 施工单位应当持有依法取得资质证书和安全资格证书，否则不得承包建设工程。

第三章 建设工程活动主体的安全责任

第十一条 建设单位在工程开工前应当按国家、省有关规定向当地建设行政主管部门申请办理安全监督手续，建设单位必须严格执行工程建设程序，制定合理的工期，确保工程安全生产。

第十二条 建设单位不得干预施工单位正常的生产活动，不得强行指令购买或者使用不符合安全、卫生要求的成品、半成品、构配件、建筑材料和安全防护用具及机械设备等产品或者指定生产厂家、供应商等。

第十三条 建设单位应当为工程项目的安全生产提供安全措施，并将所需费用列入工程概算。工程招标底价中的安全措施所需费用，应当按照国家或地方工程造价管理机构发布的定额及相配套的费用专项计提，不列入竞争报价。建设单位在评标和确定中标价时，对安全措施所需费用，不得以任何理由压价或者附加不合理的条件。对于有特殊安全防护要求的工程，其安全措施所需费用，建设单位和施工单位应当根据工程实际需要，在合同中约定。

第十四条 建设单位应当向勘察、设计、施工单位提供施工现场区域内供水、排水、供电、供气、供热、电力和邮电通讯等地下管线资料，施工单位在施工中应当采取措施加以保护。

第十五条 建设单位不得肢解工程，不得要求施工单位违反建设工程安全生产法律、法规、强制性标准或者不具备安全施工的情况下进行施工。

第十六条 建设单位在装饰装修工程中，涉及建筑主体和承重结构变动的，应当在施工前委托原设计单位或者有相应资质条件的设计单位提出设计方案；没有设计方案的，不得施工。

第十七条 受建设单位委托的勘察单位应当为该工程项目提供全面、准确的地质资料。

第十八条 监理单位应当将工程项目施工方案的安全内容纳入监理的范围，与工程质量、工期和投资控制同步实施。

第十九条 施工单位必须严格执行安全生产的法律、法规和标准，接受建设行政主管部门的监督管理。

第二十条 施工单位应当建立企业安全生产保障体系。建立以法人代表为第一责任人和各级管理人员的安全生产责任制，法人代表对本单位的安全生产全面负责。

第二十一条 施工单位必须设立安全生产管理部门，配备与其经营规模相适应的专职安全管理人员，并进驻工程项目执行安全检查管理。

第二十二条 施工单位必须按照规定使用安全措施费用，不得挪作他用。

施工单位应当为施工人员提供符合安全、卫生标准要求的劳动环境、作业条件、安全防护用具及机械设备等。

第二十三条 施工单位对本企业年度内所承建的工程项目，应在《施工企业安全管理手册》中如实记录，并由当地安监机构逐一作出评价。

第二十四条 施工单位应当建立安全业绩考评制度。职工的教育培训情况应当记入个人业绩档案。未经安全生产教育培训或者培训考核不合格的人员，不得上岗作业。

施工单位的法定代表人、项目经理和特殊工种作业人员必须具备建设工程安全生产管理知识。

第四章 施工现场安全管理

第二十五条 施工现场安全由施工单位负责。实行施工总承包的工程项目，由总承包单位负责，分包单位向总承包单位负责，服从总承包单位对施工现场的安全生产管理。

总、分包单位应当在施工合同中明确安全管理范围，承担各自相应的安全责任。总包单位对分包单位造成的安全事故承担连带责任。

建设单位依法单独发包的专业工程，专业工程的施工单位不服从总包单位的安全管理发生安全事故的，由专业工程的施工单位承担主要责任。

第二十六条 单位应当在办理建筑工程施工许可证前，向工程所在地的安监机构办理该建筑工程施工安全条件的审查监督手续，未办理审查监督手续或者审查不合格的不得颁发施工许可证，该工程不得开工；

在工程竣工前，施工单位应当将现场安全状况的综合情况和管理资料报告建设安全监督管理机构。

建设单位办理安全条件审查监督手续时应当提交以下文件：

（一）施工单位安全生产组织管理保证体系具体内容；
（二）施工单位安全生产专项施工方案；
（三）施工单位配套使用的机械设备方案。

第二十七条 施工现场实行以安全达标与文明施工和伤亡事故控制指标为主要内容的安全生产目标管理。

施工单位应当根据工程项目特点有针对性的制定安全生产目标，落实责任，并采取措施控制人身伤亡事故、重大火灾和机械设备事故。

第二十八条 施工单位应当在施工现场按照规定要求使用合格的安全防护用具及机械设备，提高安全防护水平，并按照安全法规、标准组织施工，确保安全生产。

施工现场对毗邻的建筑、构筑物和特殊作业环境可能造成损害的应当采取措施，做好专项防护，保证施工现场及其相邻区域人员和设备的安全。

第二十九条 施工单位应当根据工程特点编制施工组织设计，对于专业性较强的土方开挖工程、模板工程、脚手架工程、施工用电工程、起重吊装工程、垂直运输机械安装拆卸工程、爆破及拆除工程、其他危险性较大的分部分项工程，应当编制专项安全施工组织设计或者方案、措施，经技术管理部门审核和技术负责人批准后，方可施工。

对施工现场作业人员必须进行书面安全技术交底。

第三十条 施工单位必须采购具有生产许可证、产品合格证和检测、检验合格的安全防护用具及机械设备，使用前必须经过检查、验收，凡检查不合格的不得投入使用。在使用中必须进行定期检查，凡检查不合格的，不得继续使用。施工单位必须定期对安全防护用具及机械设备等进行维修保养。

第三十一条 施工现场应当建立安全生产的专业检查、职工自检和班前安全检查制度，发现隐患，立即整改。

施工现场的安全技术资料应当建档造册，由专人管理，做到完整齐全。

第三十二条 施工现场暂时停工的，应当做好安全防护，防护费用由造成停工的责任方承担。

第三十三条 施工现场应当建立和执行防火管理制度，设置符合消防要求的消防设施，并保持完好的备用状态。在容易发生火灾的部位施工或者储存、使用易燃、易爆器材时，应当采取特殊的消防安全措施。

施工单位应当采取控制和处理施工现场的各种粉尘、废气、废水、固体废物、有害气体以及噪声、振动对环境的污染和危害的措施。

第三十四条 发生重大伤亡事故的单位应当按规定时限将事故情况向上级主管部门以及事故发生地的市、县建设行政主管部门、安全生产综合管理和公安部门报告。

施工单位应当严格保护事故现场，抢救人员和财产，采取有效措施防止事故扩大。

第五章 罚　则

第三十五条 施工单位违反本办法，有下列行为之一的，由建设行政主管部门责令限期整改，并可按有关法律、法规予以处罚。

（一）未执行本办法有关规定或者强制性标准，施工现场达标不合格的；

（二）未根据工程特点编制施工组织设计、未制定针对性的安全技术措施或者未经企业技术管理部门审核及技术负责人批准的；

（三）对专业性较强的分部（分项）工程未编制专项安全施工组织设计或者方案、措施的；

（四）未按规定配备专职安全人员和开展安全日检工作或开展了工作无记录的；

（五）使用未经检测检查或者经检测不合格的安全防护用具及机械设备的；

（六）未建立安全生产责任制或安全生产责任制不落实的；

（七）安全教育培训工作不落实，未按规定持证上岗的；

（八）未办理安全条件审查监督手续或者经审查不合格，擅自开工的。

第三十六条 施工单位违反本办法，有下列行为之一的，由建设行政主管部门责令限期整改，并可按有关法律、法规予以处罚：

（一）安全检查不合格，对隐患不及时进行整改的；
（二）不按规定使用安全措施费用或者不按规定改善劳动环境和作业条件的；
（三）对安全防护用具及机械设备等检测检验、维修保养制度不健全的；
（四）总承包单位不对分包单位实施安全生产监督检查或者监督检查不力的；
（五）分包单位不服从总承包单位统一管理的；
（六）发生伤亡事故隐瞒不报或者不按规定进行处理的。

第三十七条 违反本规定第十一、十二、十三、十四、十五、十六条规定，由建设行政主管部门按有关法律、法规予以处罚。

第三十八条 建设行政主管部门及安监机构的工作人员滥用职权、玩忽职守、营私舞弊的，由其所在单位或者上级主管部门给予行政处分。

第六章 附 则

第三十九条 本办法自发布之日起施行。

×××省建筑意外伤害保险管理办法

（×建字［2003］4号）

第一条 为了维护建筑施工从业人员的合法权益，保障施工人员在工作中遭受意外伤害后能获得有效救治和经济补偿，分散建筑施工企业事故风险，促进事故预防和安全生产，根据《中华人民共和国建筑法》第四十八条的规定和建设部《关于加强建筑意外伤害保险工作的指导意见》精神，结合本省实际，制定本办法。

第二条 凡在本省境内从事建筑活动的施工企业或项目经理部，必须依法办理意外伤害保险，支付保险费。

建筑意外伤害保险以工程项目为单位投保，意外伤害保险费应计入工程施工成本，不得向施工人员摊派。

第三条 省建设行政主管部门负责全省建筑意外伤害保险工作的监督管理，省建设业安全生产监督管理站负责具体组织实施和协调。

县级以上建设行政主管部门负责本行政区域内的建筑意外伤害保险工作的监督管理，各级安监机构负责具体配合实施。

第四条 建筑意外伤害保险在全省范围内统一实行。开展建筑意外伤害保险业务的保险公司必须具备建筑安全生产风险管理、事故防范等安全服务能力，以保证事前主动防范和事故后及时补偿。目前还不能提供安全风险管理和事故预防的保险公司，应通过建筑安全服务中介组织向施工企业提供与建筑意外伤害保险相关的安全服务。

第五条 省建设厅负责考察评估保险公司和从事建筑意外伤害服务的中介组织的建筑安全风险管理和事故预防能力。建筑安全服务中介组织必须拥有一定数量、专业配套、具备建筑安全知识和管理经验的专业技术人员，经省建设厅评估后方可开展业务。

第六条 发生下列情形之一的应当列入意外伤害保险的范围：

（一）施工现场和场外临时设施的工作人员，由于不安全因素或意外因素造成伤害的；

（二）施工单位职工从事与工程项目施工相关工作而遭受意外伤害的；

（三）在施工现场工作时间内因工作紧张突发疾病造成死亡的；

（四）法律、法规规定的其他意外伤害事故。

第七条 发生下列情形之一的，不属于意外伤害保险的范围：

（一）被保险人犯罪行为造成的；

（二）被保险人斗殴、醉酒或者自杀、自残行为造成的；

（三）战争、动乱或者暴乱造成的；

（四）非施工场所和非工作时间因疾病死亡的；

（五）因酒后、无照或违章驾驶造成本人死亡或伤残的；

（六）法律、法规规定不予保险的。

第八条 意外伤害保险的期限自工程开工之日起，至工程竣工交付之日止；工程提前竣工交付的，保险责任自行终止；工期延长或停工的，应及时办理保险顺延手续；投保单位因故中途退出施工的，须出具建设单位终止合同的证明和建设行政主管部门的有关手续，按照造价部门核准的工程决算，核定退保费用。

第九条 保险费以建设工程承包合同总价为基础收取，保险费率按照中国保险监督管理委员会核准的建筑工程施工人员团体短期意外伤害保险费率执行。

第十条 被保险人在保险期限内遭受意外伤害导致死亡、残疾、住院治疗时，保险公司应按合同约定尽快给付保险金。意外伤害导致死亡的，保险金额每人不少于人民币柒万元整；意外伤害保险附加住院医疗医药金额每人不少于人民币壹万元整。意外伤害保险最低金额和附加住院医疗最低金额将根据实际情况定期予以调整。

第十一条 建立建筑意外伤害保险制度，要同加强企业和行业的建筑安全生产管理相结合，贯彻"安全第一、预防为主"的方针，体现奖优罚劣的原则。

第十二条 有下列情况之一的企业或项目部在下一次投保时应提高保险费标准：

（一）安全生产保证体系不健全，施工现场安全生产、文明施工不符合规定的；

（二）对安全监督部门提出的安全隐患未整改到位而发生事故的；

（三）发生一起三级以上重大安全事故或连续两年发生四级重大安全事故的；

（四）故意隐瞒事故，谎报、拖延报告事故，故意阻挠事故调查的。

第十三条 建筑施工企业在收到中标通知书后应及时办理意外伤害保险手续，并一次性交清保险费，工程项目中有分包单位的由总承包单位统一办理，分包单位按工程造价比例承担投保费用。未办理完毕的不予办理安全监督手续，未投保的工程项目，不予发放施工许可证。

第十四条 施工企业或项目经理部在办理投保手续后，应将投保有关信息以布告的形式张贴于施工现场，告之被保险人。

第十五条 施工企业和项目经理部在投保后必须加强安全生产管理，执行国家劳动安全卫生有关规定及建筑行业安全施工规程和标准，保障必要的安全防护费用投入，防止劳动过程中的工伤事故。

第十六条 各级建设行政主管部门必须落实各项安全生产规章制度,加强对安全生产监督管理的领导,各级安全监督站要配备相应的人员,加强对施工现场的动态监管力度,与保险公司密切配合,做好防灾止损和安全预防工作,防止安全事故的发生。

第十七条 本办法由省建设厅解释。

第十八条 本办法自2004年1月1日起施行,2002年7月29日印发的《×××省建筑意外伤害保险暂行办法》(×建字[2002]5号)同时废止。

×××省建设工程安全生产监理暂行规定

(×建字[2004]1号)

第一条 为了加强建设工程安全生产的监督管理,规范监理单位的安全生产行为,落实监理单位的安全生产责任,根据《中华人民共和国安全生产法》、《建筑法》、《建设工程安全生产管理条例》等法律、法规,结合我省实际,制定本暂行规定。

第二条 在本省行政区域内从事建设工程施工监理活动必须遵守本暂行规定。

本暂行规定所称建设工程是指房屋建筑、市政基础设施工程,以及与房屋建筑配套的线路、管道、设备安装和装修工程。

第三条 省建设行政主管部门对全省建设工程安全生产监理实施统一监督管理,省建设业安全生产监督管理站具体组织实施。

县级以上建设行政主管部门负责本行政区域内建设工程安全生产监理工作的监督管理,各级安监机构具体实施。

第四条 建设工程监理合同应当包含安全生产监理内容,建设单位与监理单位签订监理合同时应当明确安全生产监理的权利和义务。

第五条 工程监理单位和监理工程师应当按照法律、法规和工程建设强制性标准实施监理,并承担建设工程安全生产监理责任。

第六条 监理单位的主要负责人对本企业所有监理工程项目的安全生产监理工作全面负责。监理单位应当建立安全生产监理的责任制度和教育培训制度,保证本单位监理人员掌握安全生产的法律法规和建设工程安全生产强制性标准,督促项目监理机构落实安全生产监理责任。

项目监理机构的总监理工程师对工程项目的安全生产监理工作负责。项目总监理工程师应当根据工程项目特点确定施工现场具体安全监理人员并明确其工作职责,安全监理人员在总监理工程师的领导下,从事施工现场日常安全监理工作。安全监理人员必须经安全业务培训。

第七条 工程监理单位编制的监理规划应针对项目的实际情况,明确安全生产监理的工作内容和工作目标,确定具体的监理工作制度、程序、方法和措施。

项目监理机构编制的监理实施细则,应当针对工程特点、周边环境和施工工艺,制定详细具体的安全生产监理工作流程、方法和措施。

第八条 施工准备阶段安全监理的主要工作:

(一)审查施工单位编制的施工组织设计中的安全技术措施和专项施工方案是否符合

工程建设强制性标准，并出具审查意见；

（二）审查施工承包单位的安全生产保证体系，督促承包单位健全安全生产责任制度和各项规章制度；

（三）审查施工承包单位专职安全管理人员资格和垂直运输机械作业人员、安装拆卸工、爆破作业人员、起重信号工、登高架设作业人员、电工和金属焊割作业等特种人员资格；

（四）审查分包单位（专业分包和劳务分包）的企业资质及安全生产条件，督促总分包单位明确并落实安全生产方面的责任；

（五）督促施工承包单位做好逐级安全技术交底工作；

项目监理机构对施工组织设计中安全技术措施和专项施工方案的审查应在施工单位提交材料后3个工作日之内完成，不符合强制性标准的，书面通知施工单位并说明理由。

第九条 施工过程中安全监理的主要工作：

（一）督促施工承包单位按照工程建设强制性标准和施工组织设计中确定的安全技术措施或专项施工方案组织施工，制止违规施工作业；

（二）对危险性较大的分部分项工程进行安全巡视检查，每天不少于一次。发现违规施工和存在安全事故隐患的，及时要求施工单位整改，并检查整改结果，签署复查意见；对于存在严重安全隐患的由总监理工程师签发工程暂停令，并及时报告建设单位；施工单位拒不整改或者不停止施工的，应当及时向当地安全监督机构报告；

（三）审查施工承包单位起重机械设备是否符合国家有关安全生产技术标准和规范要求，起重机械设备、钢管及扣件、漏电保护器、安全网的检测检验报告；

（四）督促施工承包单位进行安全自检工作，复核施工现场安全设施验收手续，并签署意见。

第十条 对于下列高危险性分部分项工程施工作业（含安装、运作、拆除），项目监理机构应当单独编制安全监理实施细则，并在关键工序施工过程中加强现场检查：

（一）开挖深度超过5m的基坑（槽），或深度未超过5m但地质情况和周围环境较复杂的基坑（槽）；

（二）高度超过8m、跨度超过18m、施工总荷载大于$10kN/m^2$或集中线荷载大于$15kN/m$的模板支撑系统；

（三）岩质边坡超过30m，土质边坡超过15m的边坡；

（四）地下暗挖工程或深度超过10m的人工挖孔桩；

（五）高度超过50m的建筑物（构筑物）的脚手架、卸料平台及转运平台。

第十一条 安全监理资料主要应当包括以下内容：

（一）专项安全施工方案（安全技术措施）审查资料；

（二）安全隐患整改通知单及整改验收单；

（三）施工机械、安全设施审查验收资料；

（四）专项安全施工方案（安全技术措施）验收资料；

（五）安全监理人员应在监理日记中记录每天施工现场安全监理工作情况，记录其发现和处理的安全问题，总监应定期审阅并签署意见；

（六）在监理月报表中，应对当月施工现场的安全状况和安全监理工作做出评述。

第十二条 各级建设行政主管部门及其安全监督机构应当将监理单位安全生产监理行为纳入监督检查范围，督促工程监理单位落实法定安全生产监理责任。对监理单位不执行本规定要求的，列入不良行为记录，作为监理单位考核的重要依据。

第十三条 工程监理单位有下列行为之一的，依照《建设工程安全生产管理条例》第五十七条规定予以处罚：

（一）未对施工组织设计中的安全技术措施或者专项施工方案进行审查的；

（二）发现安全事故隐患未及时要求施工单位整改或者暂时停止施工的；

（三）施工单位拒不整改或者不停止施工，未及时向有关主管部门报告的；

（四）未依照法律、法规和工程建设强制性标准实施监理的。

第十四条 注册监理工程师未执行法律、法规和工程建设强制性标准的，依照《建设工程安全生产管理条例》第五十八条规定予以处罚。

第十五条 本暂行规定自 2004 年 9 月 1 日起施行。

×××省建筑施工企业主要负责人、项目负责人和专职安全生产管理人员安全生产考核管理实施细则

（×建字［2004］4 号）

第一条 为提高建筑施工企业主要负责人、项目负责人和专职安全生产管理人员（以下简称建筑施工企业管理人员）的安全知识和管理能力，保证建筑施工安全生产，根据《安全生产法》、《建设工程安全生产管理条例》、《安全生产许可证条例》和建设部《建筑施工企业主要负责人、项目负责人和专职安全生产管理人员安全生产考核管理暂行规定》等法律法规，制定本细则。

第二条 在本省行政区域内从事建设工程施工活动的建筑施工企业管理人员以及实施对建筑施工企业管理人员安全生产考核管理的，必须遵守本细则。

第三条 建筑施工企业管理人员必须经省级以上建设行政主管部门或者其他有关部门安全生产考核，考核合格取得安全生产考核合格证书后，方可担任相应职务。

第四条 本细则所称建筑施工企业主要负责人，是指对本企业日常生产经营活动和安全生产工作全面负责、有生产经营决策权的人员，包括企业法定代表人、经理、技术负责人、企业分管安全生产工作的副经理等。

建筑施工企业项目负责人，是指由企业法定代表人授权，负责建设工程项目管理的负责人员。

建筑施工企业专职安全生产管理人员，是指在本企业专职从事安全生产管理工作的人员，包括企业安全生产管理机构的负责人及其工作人员和施工现场专职安全生产管理人员。

第五条 省建设行政主管部门负责全省建筑施工企业管理人员安全生产的考核和发证工作，具体工作委托省建设业安全生产监督管理站组织实施。

县级以上建设行政主管部门负责本行政区域内建筑施工企业管理人员安全生产知识考试的组织和管理能力的考核工作，各级安全监督管理站具体实施。

第六条 建筑施工企业的主要负责人应当具备《建筑业企业资质等级标准》规定的从事工程管理工作经历或相应职称，项目负责人应获得项目经理资质等级证书（三级项目经理有效聘书）或注册建造师资格证书，专职安全生产管理人员应为高中以上学历、具有3年以上工程管理工作经历或具有初级技术职称；上述人员必须经企业年度安全教育培训合格后，方可参加建设行政主管部门组织的安全生产考核。

第七条 建筑施工企业管理人员安全生产考核分为安全生产知识考试和管理能力考核，考核要点见附件。

第八条 建设行政主管部门对建筑施工企业管理人员进行安全生产考核，不得收取考核费用，不得组织强制性培训。

第九条 建筑施工企业管理人员安全生产考核按下列程序进行：

（一）报名。由各建筑施工企业向当地安全监督机构分类报名，报名时应提供相关资格证及企业年度安全生产教育培训合格材料。施工企业主要负责人为A类，项目负责人为B类，专职安全生产管理人员为C类。符合条件的由各县（市）统一上报设区市安监站，由各设区市安监站核发准考证，并报省安监站备案。

（二）考试。每个设区市设置1个考点。考核对象领取准考证后在规定时间上机考试，试卷由计算机随机抽题确定，考试时间为90分钟，考试结束自动判分，考试合格者颁发考试合格证明，考试不合格者可申请参加下一次考试。

（三）考核。由考试合格者填写考核申报表，报所在地安全监督机构初步审核，符合考核条件的，由各设区市安监站统一上报省安监站审核。考核合格人员名单，在×××省建设工程安全质量监督信息网上公布，供各地安全监督机构和招投标管理机构查询。

第十条 安全生产考核合格者由省建设行政主管部门在20日内颁发建设部统一样式的《安全生产考核合格证书》；考核不合格的，通知本人并说明理由，六个月后重新考核。

第十一条 建筑施工企业管理人员变更姓名和所在法人单位等，应持有效证明在一个月内到原安全生产考核合格证书发证机关办理变更手续。

第十二条 任何单位和个人不得伪造、转让、冒用建筑施工企业管理人员安全生产考核合格证书。

第十三条 建筑施工企业管理人员遗失安全生产考核合格证书，应在公共媒体上声明作废，并在一个月内到原安全生产考核合格证书发证机关办理补证手续。

第十四条 建筑施工企业管理人员安全生产考核合格证书有效期为三年。有效期满需要延期的，应当于期满前三个月内向原发证机关申请办理延期手续。

第十五条 建筑施工企业管理人员在安全生产考核合格证书有效期内，严格遵守安全生产法律法规，认真履行安全生产职责，按规定接受企业年度安全生产教育培训，未发生死亡事故，安全生产考核合格证书有效期届满时，经原安全生产考核合格证书发证机关同意，不再考核，安全生产考核合格证书有效期延期三年。

第十六条 考核合格证书延期手续，由建筑施工企业统一向当地建设行政主管部门申请办理，设区市建设行政主管部门汇总上报省建设行政主管部门核实，符合条件的予以延期并在合格证书有效栏内注明。

第十七条 各级建设行政主管部门应当建立、健全建筑施工企业管理人员安全生产考核档案管理制度，并定期向社会公布建筑施工企业管理人员取得安全生产考核合格证书的情况。

第十八条 建筑施工管理人员取得安全生产考核合格证书后，应当认真履行安全生产管理职责，接受建设行政主管部门的监督检查。

各级建设行政主管部门应当加强对建筑施工企业管理人员履行安全生产管理职责的监督检查，发现有下列情况之一的，责令限期改正，情节严重或拒不改正的，收回安全生产考核合格证书，并限期重新考核：

（一）违反安全生产法律法规；
（二）未履行安全生产管理职责；
（三）不按规定接受企业年度安全生产教育培训；
（四）发生由其承担主要责任的死亡事故。

第十九条 建设行政主管部门工作人员在建筑施工企业管理人员的安全生产考核、发证和监督检查工作中，不得索取或者接受企业和个人的财物，不得谋取其他利益。

第二十条 任何单位或者个人对违反本规定的行为，有权向建设行政主管部门或者监察等有关部门举报。

第二十一条 本细则自 2004 年 9 月 1 日起施行。

附件：

建筑施工企业主要负责人、项目负责人和专职安全生产管理人员安全生产考核要点

1. 建筑施工企业主要负责人
1.1 安全生产知识考核要点
1.1.1 国家和省有关安全生产的方针政策、法律法规、部门规章、标准及有关规范性文件，本地区有关安全生产的法律法规、规章、标准及规范性文件；
1.1.2 建筑施工企业安全生产管理的基本知识和相关专业知识；
1.1.3 重、特大事故防范、应急救援措施，报告制度及调查处理方法；
1.1.4 企业安全生产责任制和安全生产规章制度的内容、制定方法；
1.1.5 国内外安全生产管理经验；
1.1.6 典型事故案例分析。
1.2 安全生产管理能力考核要点
1.2.1 能认真贯彻执行安全生产方针、政策、法规和标准；
1.2.2 能有效组织和督促本单位安全生产工作，建立健全本单位安全生产责任制；
1.2.3 能组织制定本单位安全生产规章制度和操作规程；
1.2.4 能采取有效措施保证本单位安全生产所需资金的投入；
1.2.5 能有效开展安全检查，及时消除生产安全事故隐患；
1.2.6 能组织制定本单位生产安全事故应急救援预案，正确组织、指挥本单位事故

应急救援工作；

1.2.7 能及时、如实报告生产安全事故；

1.2.8 安全生产业绩：自考核之日起，所在企业一年内未发生由其承担主要责任的重大死亡事故。

2. 建筑施工企业项目负责人

2.1 安全生产知识考核要点

2.1.1 国家和省有关安全生产的方针政策、法律法规、部门规章、标准及有关规范性文件，本地区有关安全生产的法律法规、规章、标准及规范性文件；

2.1.2 工程项目安全生产管理的基本知识和相关专业知识；

2.1.3 重大事故防范、应急救援措施，报告制度及调查处理方法；

2.1.4 企业和项目安全生产责任制和安全生产规章的内容、制定方法；

2.1.5 施工现场安全生产监督检查的内容和方法；

2.1.6 国内外安全生产管理经验；

2.1.7 典型事故案例分析。

2.2 安全生产管理能力考核要点

2.2.1 能认真贯彻执行国家安全生产方针、政策、法规和标准；

2.2.2 能有效组织和督促本工程项目安全生产工作，落实安全生产责任制；

2.2.3 能保证安全生产费用的有效使用；

2.2.4 能根据工程的特点组织制定安全施工措施；

2.2.5 能有效开展安全检查，及时消除生产安全事故隐患；

2.2.6 能及时、如实报告生产安全事故；

2.2.7 安全生产业绩：自考核之日起，所管理的项目一年内未发生由其承担主要责任的死亡事故。

3. 建筑施工企业专职安全生产管理人员

3.1 安全生产知识考核要点

3.1.1 国家和省有关安全生产的方针政策、法律法规、部门规章、标准及有关规范性文件，本地区有关安全生产的法规、规章、标准和规范性文件；

3.1.2 重大事故的防范、应急救援措施，报告制度、调查处理方法及防护救护方法；

3.1.3 企业和项目；安全生产责任制和安全生产规章制度；

3.1.4 施工现场安全生产监督检查的内容和方法；

3.1.5 典型事故案例分析。

3.2 安全生产管理能力考核要点

3.2.1 能认真贯彻执行国家安全生产方针、政策、法规和标准；

3.2.2 能有效对安全生产进行现场监督检查；

3.2.3 发现生产安全事故隐患，能及向项目负责人和安全生产管理机构报告，及时消除生产安全事故隐患；

3.2.4 能及时制止现场违章指挥、违章操作行为；

3.2.5 能及时、如实报告生产安全事故；

3.2.6 安全生产业绩：自考核之日起，所在企业或项目一年内未发生由其承担主要责任的死亡事故。

×××省建筑施工企业主要负责人、项目负责人、专职安全生产管理人员安全生产知识考试和考核工作实施方案

(×建字[2004] 25号)

根据《×××省建筑施工企业主要负责人、项目负责人和专职安全生产管理人员安全生产考核管理实施细则》(×建字[2004] 4号)规定,为确保在规定的时间内顺利完成我省建筑施工企业主要负责人、项目负责人、专职安全生产管理人员安全生产知识考试、考核工作,制定本工作方案。

一、考核考核的组织实施机构

由于此次考核考核工作时间紧、任务重,各市县建设行政主管部门及所属安监站要充分认识此项工作的重要性,务必做到高度重视,广泛宣传,精心组织。省建设厅责成省安监站负责全省考核考核的组织实施工作。各设区市安监站应成立考试考核工作办公室,由一名站领导负责此项工作,并将成立考核考核办公室、人员分工及通讯联络等情况于8月底前报省安监站。

二、安全生产知识考试

(一) 考点的设立及要求

1. 每个设区市设立一个考区;省直建筑施工企业由省建设业安全生产监督管理站在南昌单独设立一个考点。

2. 考试采取计算机联网考试的方式。各设区市应根据本地区情况确定适合的考点,每个考点应至少能容纳100名左右的考生同时考试,场地较为宽敞、通风,且符合消防及在紧急情况下的安全疏散等要求。

3. 各地应在9月20日前确定考点,并将考点的有关情况报省安监站审定。经审定后,安装有关考试软件。选点、安装软件和软件的调试工作必须在9月底前完成。

(二) 报名

1. 今年第一批次考试报名时间从9月1日开始,截止日期为9月20日。由建筑施工企业统一分类填写考试报名表,在规定的时间内向当地安监站分类报名,报名时应提供《×××省建筑施工企业主要负责人、项目负责人和专职安全生产管理人员安全生产考核管理实施细则》(×建字[2004] 4号)规定的材料并附1寸近期免冠照片2张。施工企业主要负责人为A类,项目负责人为B类,专职安全生产管理人员为C类。考试报名表详见附件。

省直各建筑施工企业直接到省安监站报名。

2. 经县(市)初审符合条件的参加考试人员由各县(市)统一上报设区市安监站,由各设区市安监站将参加考试人员基本情况录入"考试报名和准考证打印软件"。各设区市安监站应将本地区报考人员情况(电子数据)在9月20日报省安监站。

（三）考试

1. 考试时间从 10 月 10 日开始，11 月 10 日前完成全省第一批三类人员的考试、考核及发证工作。

2. 各设区市考试时间由省站根据各考点的选点、考试软件调试等具体情况决定，在考试前 10 天通知各设区市。

3. 各设区市安监站接省安监站通知后开始打印、发放准考证，并通知各报考建筑施工企业统一领取准考证。

4. 参加考试人员在规定的地点和时间，凭准考证上计算机参加考试。届时由省安监站派出监考人员主持监考工作。

5. 考试由计算机随机抽题确定每人的考试试卷。考试时间为 90 分钟，考试合格的分数为 60 分，考试结束后计算机自动判分。

6. 各考区向考试合格者（或建筑施工企业）出具考试合格证明。

三、管理能力考核

（一）申报

经安全生产知识考试合格者，可以申请管理能力考核。由申请人填写考核申请表，并附规定的材料，在规定的时间内由建筑施工企业按规定统一报送给当地安监站。

（二）初审

当地安监站应对建筑施工企业上报的考核申请表进行初步审核。符合考核条件的，由各设区市安监站统一上报省安监站审核。

（三）审核、发证

1. 省安监站对各设区市安监站报送的申请管理能力考核的人员情况进行审核。

2. 考核合格人员名单，将在×××省建设工程安全质量监督信息网上公布。

3. 考核不合格的，通知本人并说明理由。

4. 考核合格者由省建设行政主管部门在审核合格后 20 日内颁发建设部统一样式的考核合格证书。

四、其他事项

（一）各建筑施工企业应当组织好本企业三类人员的培训学习工作。

建筑施工企业主要负责人、项目负责人和专职安全生产管理人员安全生产考试、考核要点详见《×××省建筑施工企业主要负责人、项目负责人和专职安全生产管理人员安全生产考核管理实施细则》（×建字［2004］4 号）附件：建筑施工企业主要负责人、项目负责人和专职安全生产管理人员安全生产考核要点。配套辅导教材为建设部组织编写的《建筑施工企业主要负责人、项目负责人、专职安全生产管理人员安全生产培训考核教材》。需要者可直接与以下单位联系：

中国建筑业协会工程项目管理委员会

联系人：×××　×××

电　话：010-××××

传　真：010-××××

地　址：××××××

邮　编：××××××

（二）安全生产知识考试不合格者可由建筑施工企业统一报名参加下一批次的考试。

（三）安全生产考核不合格者，六个月后可重新申请考核。

附件

×××省建筑施工企业三类人员安全生产知识考试报名表

企业名称（盖章）

考试类别：　　　　　　填报人：　　　　联系电话：　　　　年　　月　　日

序号	姓名	性别	身份证号	职务	职称	备注	照片1	照片2

建设领域安全生产行政责任规定

（建法〔2002〕223号）

第一条　为有效防范建设领域安全事故的发生，规范涉及安全的行政管理行为，认真履行安全生产管理职责，保障人民群众生命、财产安全，制定本规定。

第二条　本规定适用于下列涉及安全的行政管理事项：

（一）城市详细规划审批，建设项目选址意见，建设用地规划许可，建设工程规划许可，施工图设计文件审查，建筑工程施工许可；

（二）乡（镇）村企业、乡（镇）村公共设施、公益事业等建设开工审批，在建筑物、构筑物上设置大型户外广告审批，城市公共场所堆放物料、搭建临时建筑、设施审批；

（三）工程建设、城市建设和房地产业单位资质审批；

（四）建筑工程竣工验收备案；

（五）其他涉及安全的行政管理事项。

第三条　本规定所称安全事故是指：

（一）建设工程安全事故；

（二）城市道路、桥梁、隧道、涵洞等设施管理安全事故；

（三）城镇燃气设施、管道及燃烧器具管理安全事故；

（四）城市公共客运车辆运营及场（厂）站设施安全事故；

（五）风景名胜区、城市公园、游乐园安全事故；

（六）城市危险房屋倒塌安全事故；

（七）其他安全事故。

安全事故的具体标准，按照国家有关规定执行。

第四条 县级以上人民政府建设行政主管部门（含城市规划、城市建设、城市管理、房地产行政主管部门，以下简称建设行政主管部门）应当依照有关法律、法规和规章的规定履行厅政管理职责，实施安全监督管理。

第五条 建设行政主管部门在行政管理中应当建立防范和处理安全事故的责任制度，建设行政主管部门正职负责人是涉及安全的行政管理事项和安全事故防范第一责任人。

根据地方人民政府的规定，建设领域中部分或者全部由专门部门或者专门执法机构实施执法监督的，其行政管理事项实施过程中防范、处理安全事故的行政责任，按照地方政府有关规定执行。

第六条 涉及安全的行政审批事项，建设行政主管部门必须严格依照法津、法规、规章和强制性标准进行审查；不符合法律、法规、规章和强制性标准的，不得批准。

第七条 建设行政主管部门在城市详细规划审批中，应当严格按照规定的程序，组织对城市防火、防爆、抗震、防洪、防范自然灾害和人民防空建设规划等安全要求进行审查。

第八条 建设厅政主管部门在建设工程选址意见、建设用地规划许可、建设工程规划许可的行政审批中，应当严格审查建设项目的有关安全条件以及防范地质灾害等安全要求。

第九条 施工图设计文件审查机构应当对施工图的结构安全和消防、抗震等强制性标准、规范执行情况，建筑物的稳定性、安全性以及施工图是否达到规定的深度要求等进行审查；对不符合安全要求的施工图设计文件，应当要求设计单位修改，并向委托审查的建设行政主管部门报告。

建设行政主管部门对审查不合格或者未经审查的施工图设计文件，不得签发施工图设计文件审查合格批准书。

第十条 建设行政主管部门在建筑工程施工许可的行政审批中，应当严格对建设项目的施工安全条件、安全标准、安全生产责任制度等进行审查；未经审查或者审查不合格，不得颁发施工许可证。

第十一条 建设行政主管部门对乡(镇)村企业、乡(镇)村公共设施、公益事业等建设开工审批时，应当严格对建设开工所必须具备的设计、施工条件及安全条件进行审查。

第十二条 建设行政主管部门在建筑物、构筑物上设置大型户外广告审批中，应当严格对大型户外广告的安全性进行审查。

第十三条 建设厅政主管部门在对因建设等特殊需要，在街道两侧和公共场地临时堆放物料，搭建非永久性建筑物、构筑物或者其他设施的审批中，应当严格对堆放物料，搭建非永久性建筑物、构筑物或者其他设施可能出现的安全问题进行审查。

第十四条 建设行政主管部门对城市房屋安全鉴定机构、施工现场机械设备检测检验机构的设立及委托的施工图设计文件审查机构，应当依法进行严格审查；对不符合条件的，不得批准或者委托。

第十五条　建设行政主管部门在对工程建设、城市建设和房地产业单位资质的审批中，应当按照规定的注册资本、专业技术人员、技术装备和已完成的建设工程业绩等条件进行审查。

第十六条　工程质量监督机构应当对工程的地基基础和结构安全进行严格监督检查，发现隐患，及时向建设行政主管部门报告。

建设行政主管部门对建设工程的竣工备案，根据建设单位提交的竣工备案文件和工程质量监督机构提交的监督报告，发现有违反国家有关工程建设质量管理规定行为的，应当责令停止使用，重新组织竣工验收。

第十七条　建设行政主管部门必须依法对已批准的行政审批事项进行监督检查，发现不符合法律、法规、规章规定的安全条件的，应当依法撤销原批准。

按照地方人民政府的规定，由专门部门或者专门执法机构实施执法监督的，建设行政主管部门在接到专门部门或者专门执法机构的报告后，应当依法撤销不符合法律、法规、规章规定安全条件的行政审批。

第十八条　应批准而未经批准擅自从事工程建设、城市建设、房地产经营活动的，负责行政审批的建设行政主管部门应当予以取缔，并依法给予行政处罚。

第十九条　施工图设计文件审查机构、建设工程安全监督机构、建设工程质量监督机构、城市房屋安全鉴定机构、施工现场机械设备检测检验机构，应当依法履行职责，及时发现安全隐患，并立即向建设行政主管部门报告。

建设行政主管部门在接到报告后，应当立即采取措施，防范安全事故的发生。

第二十条　施工现场、停建工程、城市危险房屋、燃气设施及管道、公共交通运营场（厂）站、风景名胜区和城市公园、游乐园的危险地段等安全事故易发部位，各项作业必须按照规范操作，并设置安全警示标志和说明。

建设行政主管部门应当加强对设置安全警示标志和说明的监督，并及时进行检查。

第二十一条　国务院建设行政主管部门和省、自治区、直辖市人民政府建设行政主管部门应当依据本规定，定期对下级建设行政主管部门的安全生产管理工作进行评价。省、自治区、直辖市人民政府建设行政主管部门对下级建设行政主管部门的安全生产管理工作评价原则上每年进行一次，并将评价结果报国务院建设行政主管部门备案。

第二十二条　建设行政主管部门在安全生产管理工作评价中，应当重点对各级建设行政主管部门安全生产责任制的落实情况及其在涉及安全的行政管理中履行安全审查责任和监督管理责任的情况等进行评价。

省、自治区、直辖市人民政府建设行政主管部门安全生产管理工作评价的具体范围和标准由国务院建设行政主管部门制定；市、县人民政府建设行政主管部门安全生产管理工作评价的具体范围和标准由省、自治区、直辖市人民政府建设行政主管部门制定。

第二十三条　安全生产管理工作评价结果分为合格和不合格。安全生产管理工作评价结果不合格的，应当责令改正，追究有关人员的行政责任，并取消该部门参加评选建设领域先进单位的资格。

第二十四条　建设行政主管部门正职负责人和行政管理的直接责任人员，违反本规定，对建设领域安全事故的防范、发生有失职、渎职情形或者负有领导责任的，依照有关规定处理。

建筑施工企业安全生产许可证管理规定实施意见

(建质〔2004〕148号)

为了贯彻落实《建筑施工企业安全生产许可证管理规定》(建设部令第128号,以下简称《规定》),制定本实施意见。

一、安全生产许可证的适用对象

(一)建筑施工企业安全生产许可证的适用对象为:在中华人民共和国境内从事土木工程、建筑工程、线路管道和设备安装工程及装修工程的新建、扩建、改建和拆除等有关活动,依法取得工商行政管理部门颁发的《企业法人营业执照》,符合《规定》要求的安全生产条件的建筑施工企业。

二、安全生产许可证的申请

(二)安全生产许可证颁发管理机关应当在办公场所、本机关网站上公示审批安全生产许可证的依据、条件、程序、期限,申请所需提交的全部资料目录以及申请书示范文本等。

(三)建筑施工企业从事建筑施工活动前,应当按照分级、属地管理的原则,向企业注册地省级以上人民政府建设主管部门申请领取安全生产许可证。

(四)中央管理的建筑施工企业(集团公司、总公司)应当向建设部申请领取安全生产许可证,建设部主管业务司局为工程质量安全监督与行业发展司。中央管理的建筑施工企业(集团公司、总公司)是指国资委代表国务院履行出资人职责的建筑施工类企业总部(名单见附件一)。

(五)中央管理的建筑施工企业(集团公司、总公司)下属的建筑施工企业,以及其他建筑施工企业向注册所在地省、自治区、直辖市人民政府建设主管部门申请领取安全生产许可证。

三、申请材料

(六)申请人申请安全生产许可证时,应当按照《规定》第六条的要求,向安全生产许可证颁发管理机关提供下列材料(括号里为材料的具体要求):

1. 建筑施工企业安全生产许可证申请表(一式三份,样式见附件二);

2. 企业法人营业执照(复印件);

3. 各级安全生产责任制和安全生产规章制度目录及文件,操作规程目录;

4. 保证安全生产投入的证明文件(包括企业保证安全生产投入的管理办法或规章制度、年度安全资金投入计划及实施情况);

5. 设置安全生产管理机构和配备专职安全生产管理人员的文件(包括企业设置安全管理机构的文件、安全管理机构的工作职责、安全机构负责人的任命文件、安全管理机构组成人员明细表);

6. 主要负责人、项目负责人、专职安全生产管理人员安全生产考核合格名单及证书(复印件);

7. 本企业特种作业人员名单及操作资格证书(复印件);

8. 本企业管理人员和作业人员年度安全培训教育材料（包括企业培训计划、培训考核记录）；

9. 从业人员参加工伤保险以及施工现场从事危险作业人员参加意外伤害保险有关证明；

10. 施工起重机械设备检测合格证明；

11. 职业危害防治措施（要针对本企业业务特点可能会导致的职业病种类制定相应的预防措施）；

12. 危险性较大分部分项工程及施工现场是发生重大事故的部位、环节的预防监控措施和应急预案（根据本企业业务特点，详细列出危险性较大分部分项工程和事故易发部位、环节及有针对性和可操作性的控制措施和应急预案）；

13. 生产安全事故应急救援预案（应本着事故发生后有效救援原则，列出救援组织人员详细名单、救援器材、设备清单和救援演练记录）。

其中，第2至第13项统一装订成册。企业在申请安全生产许可证时，需要交验的有证件、凭证原件。

（七）申请人应对申请材料实质内容的真实性负责。

四、安全生产许可证申请的受理和颁发

（八）安全生产许可证颁发管理机关对申请人提交的申请，应当按照下列规定分别处理：

1. 对申请事项不属于本机关职权范围的申请，应当及时作出不予受理的决定，并告知申请人向有关安全生产许可证颁发管理机关申请；

2. 对申请材料存在可以当场更正的错误的，应当允许申请人当场更正；

3. 申请材料不齐全或者不符合要求的，应当当场或者在5个工作日内书面一次告知申请人需要补正的全部内容，逾期不告知的，自收到申请材料之日起即为受理。

4. 申请材料齐全、符合要求或者按照要求全部补正的，自收到申请材料或者全部补正之日起为受理。

（九）对于隐瞒有关情况或者提供虚假材料申请安全生产许可证的，安全生产许可证颁发管理机关不予受理，该企业一年之内不得再次申请安全生产许可证。

（十）对已经受理的申请，安全生产许可证颁发管理机关对申请材料进行审查，必要时应到企业施工现场进行抽查。涉及铁路、交通、水利等有关专业工程时，可以征求铁道、交通、水利等部门的意见。安全生产许可证颁发管理机关在受理申请之日起45个工作日内应作出颁发或者不予颁发安全生产许可证的决定。

安全生产许可证颁发管理机关作出准予颁发申请人安全生产许可证决定的，应当自决定之日起10个工作日内向申请人颁发；送达安全生产许可证；对作出不予颁发决定的，应当在10个工作日内书面通知申请人并说明理由。

（十一）安全生产许可证有效期为3年。安全生产许可证有效期满需要延期的，企业应当于期满前3个月向原安全生产许可证颁发管理机关提出延期申请，并提交本意见第6条规定的文件、资料以及原安全生产许可证。

建筑施工企业在安全生产许可证有效期内，严格遵守有关安全生产法律、法规和规章，未发生死亡事故的，安全生产许可证有效期届满时，经原安全生产许可证颁发管理机关同意，不再审查，直接办理延期手续。

对于本条第二款规定情况以外的建筑施工企业，安全生产许可证颁发管理机关应当对其安全生产条件重新进行审查，审查合格的，办理延期手续。

（十二）对申请延期的申请人审查合格或有效期满经原安全生产许可证颁发管理机关同意不再审查直接办理延期手续的企业，安全生产许可证颁发管理机关收回原安全生产许可证，换发新的安全生产许可证。

五、安全生产许可证证书

（十三）建筑施工企业安全生产许可证采用国家安全生产监督管理局规定的统一样式。证书分为正本和副本，正本为悬挂式，副本为折页式，正、副本具有同等法律效力。建筑施工企业安全生产许可证证书由建设部统一印制，实行全国统一编码。证书式样、编码方法和证书订购等有关事宜见附件三。

（十四）中央管理的建筑施工企业（集团公司、总公司）的安全生产许可证加盖建设部公章有效。中央管理的建筑施工企业（集团公司、总公司）下属的建筑施工企业，以及其他建筑施工企业的安全生产许可证加盖省、自治区、直辖市人民政府建设主管部门公章有效。由建设部以及各省、自治区、直辖市人民政府建设主管部门颁发的安全生产许可证均在全国范围内有效。

（十五）每个具有独立企业法人资格的建筑施工企业只能取得一套安全生产许可证，包括一个正本，两个副本。企业需要增加副本的，经原安全生产许可证颁发管理机关批准，可以适当增加。

（十六）建筑施工企业的名称、地址、法定代表人等内容发生变化的，应当自工商营业执照变更之日起10个工作日内提出申请，持原安全生产许可证和变更后的工商营业执照、变更批准文件等相关证明材料，向原安全生产许可证颁发管理机关申请变更安全生产许可证。安全生产许可证颁发管理机关在对申请人提交的相关文件、资料审查后，及时办理安全生产许可证变更手续。

（十七）建筑施工企业遗失安全生产许可证，应持申请补办的报告及在公众媒体上刊登的遗失作废声明向原安全生产许可证颁发管理机关申请补办。

六、对取得安全生产许可证单位的监督管理

（十八）2005年1月13日以后，建设主管部门在向建设单位审核发放施工许可证时，应当对已经确定的建筑施工企业是否取得安全生产、许可证进行审查，没有取得安全生产许可证的，不得颁发施工许可证。对于依法批准开工报告的建设工程，在建设单位报送建设工程所在地县级以上地方人民政府或者其他有关部门备案的安全施工措施资料中，应包括承接工程项目的建筑施工企业的安全生产许可证。

（十九）市、县级人民政府建设主管部门负责本行政区域内取得安全生产许可证的建筑施工企业的日常监督管理工作。在监督检查过程中发现企业有违反《规定》行为的，市、县级人民政府建设主管部门应及时、逐级向本地安全生产许可证颁发管理机关报告。本行政区域内取得安全生产许可证的建筑施工企业既包括在本地区注册的建筑施工企业，也包括跨省在本地区从事建筑施工活动的建筑施工企业。

跨省从事建筑施工活动的建筑施工企业有违反《规定》行为的，由工程所在地的省级人民政府建设主管部门将其在本地区的违法事实、处理建议和处理结果抄告其安全生产许可证颁发管理机关。

安全生产许可证颁发管理机关根据下级建设主管部门报告或者其他省级人民政府建设主管部门抄告的违法事实、处理建议和处理结果，按照《规定》对企业进行相应处罚，并将处理结果通告原报告或抄告部门。

（二十）根据《建设工程安全生产管理条例》，县级以上地方人民政府交通、水利等有关部门负责本行政区域内有关专业建设工程安全生产的监督管理，对从事有关专业建设工程的建筑施工企业违反《规定》的，将其违法事实抄告同级建设主管部门；铁路建设安全生产监督管理机构负责铁路建设工程安全生产监督管理，对从事铁路建设工程的建筑施工企业违反《规定》的，将其违法事实抄告省级以上人民政府建设主管部门。

（二十一）安全生产许可证颁发管理机关或者其上级行政机关发现有下列情形之一的，可以撤销已经颁发的安全生产许可证：

1．安全生产许可证颁发管理机关工作人员滥用职权、玩忽职守颁发安全生产许可证的；

2．超越法定职权颁发安全生产许可证的；

3．违反法定程序颁发安全生产许可证的；

4．对不具备安全生产条件的建筑施工企业颁发安全生产许可证的；

5．依法可以撤销已经颁发的安全生产许可证的其他情形。

依照前款规定撤销安全生产许可证，建筑施工企业的合法权益受到损害的，建设主管部门应当依法给予赔偿。

（二十二）发生下列情形之一的，安全生产许可证颁发管理机关应当依法注销已经颁发的安全生产许可证：

1．企业依法终止的；

2．安全生产许可证有效期届满未延续的；

3．安全生产许可证依法被撤销、吊销的；

4．因不可抗力导致行政许可事项无法实施的；

5．依法应当注销安全生产许可证的其他情形。

（二十三）安全生产许可证颁发管理机关应当建立健全安全生产许可证档案，定期通过报纸、网络等公众媒体向社会公布企业取得安全生产许可证的情况，以及暂扣、吊销安全生产许可证等行政处罚情况。

七、对取得安全生产许可证单位的行政处罚

（二十四）安全生产许可证颁发管理机关或市、县级人民政府建设主管部门发现取得安全生产许可证的建筑施工企业不再具备《规定》第四条规定安全生产条件的，责令限期改正；经整改仍未达到规定安全生产条件的，处以暂扣安全生产许可证7日至30日的处罚；安全生产许可证暂扣期间，拒不整改或经整改仍未达到规定安全生产条件的，处以延长暂扣期7至15天直至吊销安全生产许可证的处罚。

（二十五）企业发生死亡事故的，安全生产许可证颁发管理机关应当立即对企业安全生产条件进行复查，发现企业不再具备《规定》第四条规定安全生产条件的，处以暂扣安全生产许可证30日至90日的处罚；安全生产许可证暂扣期间，拒不整改或经整改仍未达到规定安全生产条件的，处以延长暂扣期30日至60日直至吊销安全生产许可证的处罚。

（二十六）企业安全生产许可证被暂扣期间，不得承揽新的工程项目，发生问题的在建项目停工整改，整改合格后方可继续施工；企业安全生产许可证被吊销后，该企业不得进行任何施工活动，且一年之内不得重新申请安全生产许可证。

八、附则

（二十七）由建设部直接实施的建筑施工企业安全生产许可证审批，按照《关于印发〈建设部机关实施行政许可工作规程〉的通知》（建法［2004］111号）进行，使用规范许可文书并加盖建设部行政许可专用章。各省、自治区、直辖市人民政府建设主管部门参照上述文件规定，规范许可程序和各项许可文书。

（二十八）各省、自治区、直辖市人民政府建设主管部门可依照《规定》和本意见，制定本地区的实施细则。

附件一：中央管理的建筑施工企业（集团公司、总公司）名单
附件二：建筑施工企业安全生产许可证申请表样式
附件三：关于建筑施工企业安全生产许可证的有关事宜

附件一

中央管理的建筑施工企业（集团公司、总公司）名单

1. 中国建筑工程总公司
2. 中国核工业建设集团公司
3. 中国铁路通信信号集团公司
4. 中国铁路工程总公司
5. 中国成套设备进出口（集团）总公司
6. 中国港湾建设（集团）总公司
7. 中国路桥（集团）总公司
8. 中国有色矿业建设集团有限公司
9. 中国地质工程集团公司
10. 中国冶金建设集团公司
11. 中国水利水电建设集团公司
12. 中国铁道建筑总公司
13. 中国化学工程总公司
14. 中国水利电力对外公司

附件二

建筑施工企业安全生产许可证申请表样式

申请编号： 受理编号：

申请时间： 受理时间：

建筑施工企业安全生产许可证申请表

企业名称：

填报日期： 年 月 日

申请类别：首次申请 [ ] 延期申请 [ ]

中华人民共和国建设部制

填 表 说 明

一、本表用于建筑施工企业首次申请或者申请延期安全生产许可证。

二、本表应使用黑色钢笔或签字笔填写，或使用计算机打印，字迹要工整，不得涂改。

三、申请编号、申请时间、受理编号、受理时间由发证机关填写，本表第一至第五部分由企业填写。表中"证书有效期"一栏，请填写证书有效期的截止时间。企业应如实逐项填写，不得有空项。如遇没有的项目请填写"无"。

四、本表一律用中文填写，数字均使用阿拉伯数字。

五、本表在填写时如需加页，一律使用A4型纸。

六、本表所需附件材料请按第七项所列目录/顺序用A4型纸装订成册；企业在申请时，需要交验附件材料中涉及的所有证件、凭证原件。

七、本表可在建设部网站（www.cin.gov.cn）或建筑安全监督管理信息系统（www.jzaq.net）下载后用A4型纸打印。

企业法定代表人声明

本人　　　　（法定代表人）　　　　　　（身份证号码）郑重声明，本企业填报的《建筑施工企业安全生产许可证申请表》及附件材料的全部内容是真实的，无任何隐瞒和欺骗行为。本企业此次申请建筑施工企业安全生产许可证，如有隐瞒情况和提供虚假材料以及其他违法行为，本企业和本人愿意接受建设主管部门及其他有关部门依据有关法律法规给予的处罚。

企业法定代表人：
（签名）　　　　（企业公章）
　　　年　月　日

一、企业基本情况

企业名称			
注册地址		邮 编	
营业执照注册号			
经济类型		设立时间	
联系电话		传真电话	
电子邮箱		职工年平均人数	
资质类别及等级 （已办理资质的填写）	主项资质		
	增项资质		
	资质证书编号		

二、企业主要负责人简况

法定代表人				
姓　名		性　别	年　龄	
职　务		职　称	学　历	
固定电话			移动电话	
安全生产考核合格证发证单位			发证时间	
证书编号			证书有效期	
经　理				
姓　名		性　别	年　龄	
职　务		职　称	学　历	
固定电话			移动电话	
安全生产考核合格证发证单位			发证时间	
证书编号			证书有效期	
分管安全生产副经理				
姓　名		性　别	年　龄	
职　务		职　称	学　历	
固定电话			移动电话	
安全生产考核合格证发证单位			发证时间	
证书编号			证书有效期	

三、项目负责人简况

序号	姓 名	性 别	专 业	安全生产考核合格证情况			
				发证单位	发证时间	证书编号	有效期限

四、专职安全生产管理人员简况

安全管理机构负责人					
姓 名		性 别		年 龄	
职 务		职 称		学 历	
固定电话				移动电话	
安全生产考核合格证书发证单位				发证时间	
证书编号				证书有效期	

专职安全生产管理人员						
序号	姓 名	专 业	安全生产考核合格证情况			
			发证单位	发证时间	证书编号	有效期限

注：本表应包含企业安全生产管理机构人员和施工现场专职安全管理人员。

五、特种作业人员简况

序号	姓 名	工 种	安全生产考核合格情况			
			发证单位	发证时间	证书编号	证书有效期

六、安全生产许可证审批情况

承办司局 或处室意见	 负责人签字：　　　　　　（公章） 　　　　　　　　　　　年　月　日
安全生产许可 证颁发管理机 关审批意见	 负责人签字：　　　　　　（公章） 　　　　　　　　　　　年　月　日

安全生产许可证正本、副本载明的内容

单位名称			
单位地址			
经济类型		主要负责人	
发证日期		证书编号	
证书有效期	年　月　日至　年　月　日		
许可范围			

七、附件材料目录

（一）各级安全生产责任制和安全生产规章制度目录及文件，操作规程目录；

（二）保证安全生产投入的证明文件；

（三）设置安全生产管理机构和配备专职安全生产管理人员的文件；

（四）主要负责人、项目负责人、专职安全生产管理人员安全生产考核合格名单及证书（复印件）；

（五）本企业特种作业人员名单及操作资格证书（复印件）；

（六）本企业管理人员和作业人员年度安全培训教育材料；

（七）从业人员参加工伤保险以及施工现场从事危险作业人员参加意外伤害保险有关证明；

（八）施工起重机械设备检测合格证明；

（九）职业危害防治措施；

（十）危险性较大分部分项工程及施工现场易发生重大事故的部位、环节的预防监控措施和应急预案；

（十一）生产安全事故应急救援预案。

附件三

关于建筑施工企业安全生产许可证的有关事宜

一、建筑施工企业安全生产许可证证书样式

见实物。

二、建筑施工企业安全生产许可证编码

（一）由建设部颁发的安全生产许可证编码为：

（建）+JZ+安许证字+［颁发年份］+当年流水次序号（6位）

如：（建）JZ安许证字［2004］000001

（二）由各省、自治区、直辖市建设主管部门颁发的安全生产许可证编码为：

（省、自治区、直辖市简称）+JZ+安许证字+［颁发年份］+当年流水次序号（6位）

如：北京市（京）JZ安许证字［2004］000001

三、建筑施工企业安全生产许可证正副本填写说明

根据国家安全生产监督管理局安监管司办字［2004］91号文件精神，建筑施工安全生产许可证正副本各项内容填写如下：

（一）单位名称：填写领取许可证的建筑施工企业名称。

（二）主要负责人：填写领证企业的法定代表人。

（三）单位地址：填写领证企业所在的省（自治区、直辖市）、市（地区、州、盟）、县（市、区、旗）、乡（镇、街道）、村。所在地为城镇的，应当写明单位所在的街道和门牌号码。

（四）经济类型：按照企业在工商行政管理部门登记注册的类型填写，如"国有企业"、"集体企业"、"有限责任公司"。

（五）许可范围：填写"建筑施工"。

（六）有效期：从颁发许可证的当年当月当日至三年后的当月当日。

（七）发证机关：加盖省级以上人民政府建设主管部门公章。

（八）许可证正本和副本中需要填写的文字、数字，一律使用规范的铅印体，不得手工填写。填写错误的，应当销毁，不得涂改。

四、建筑施工企业安全生产许可证订购

各地省级人民政府建设主管部门可以委托我部联系的中央国家机关定点印刷厂，印制建筑施工企业安全生产许可证正本和副本。

联系人：×××
联系电话：010—××××××××
传真电话：010—××××××××

各地省级人民政府建设主管部门可填写以下回执（见下页）订购。

建筑施工企业安全生产许可证订购回执

单位名称			
联系地址		邮 编	
联系电话		联系人	
证书订购情况			
订购证书类型	所需数量（本）		
正 本			
副 本			
证书领取方式	□ 到建设部领取　　□邮局邮寄　　□铁路快运		

建筑施工企业安全生产许可证管理规定

（中华人民共和国建设部令第 128 号）

第一章 总 则

第一条 为了严格规范建筑施工企业安全生产条件，进一步加强安全生产监督管理，防止和减少生产安全事故，根据《安全生产许可证条例》、《建设工程安全生产管理条例》等有关行政法规，制定本规定。

第二条 国家对建筑施工企业实行安全生产许可制度。

建筑施工企业未取得安全生产许可证的，不得从事建筑施工活动。

本规定所称建筑施工企业，是指从事土木工程、建筑工程、线路管道和设备安装工程及装修工程的新建、扩建、改建和拆除等有关活动的企业。

第三条 国务院建设主管部门负责中央管理的建筑施工企业安全生产许可证的颁发和管理。

省、自治区、直辖市人民政府建设主管部门负责本行政区域内前款规定以外的建筑施工企业安全生产许可证的颁发和管理，并接受国务院建设主管部门的指导和监督。

市、县人民政府建设主管部门负责本行政区域内建筑施工企业安全生产许可证的监督管理，并将监督检查中发现的企业违法行为及时报告安全生产许可证颁发管理机关。

第二章 安全生产条件

第四条 建筑施工企业取得安全生产许可证，应当具备下列安全生产条件：

（一）建立、健全安全生产责任制，制定完备的安全生产规章制度和操作规程；

（二）保证本单位安全生产条件所需资金的投入；

（三）设置安全生产管理机构，按照国家有关规定配备专职安全生产管理人员；

（四）主要负责人、项目负责人、专职安全生产管理人员经建设主管部门或者其他有关部门考核合格；

（五）特种作业人员经有关业务主管部门考核合格，取得特种作业操作资格证书；

（六）管理人员和作业人员每年至少进行一次安全生产教育培训并考核合格；

（七）依法参加工伤保险，依法为施工现场从事危险作业的人员办理意外伤害保险，为从业人员交纳保险费；

（八）施工现场的办公、生活区及作业场所和安全防护用具、机械设备、施工机具及配件符合有关安全生产法律、法规、标准和规程的要求；

（九）有职业危害防治措施，并为作业人员配备符合国家标准或者行业标准的安全防护用具和安全防护服装；

（十）有对危险性较大的分部分项工程及施工现场易发生重大事故的部位、环节的预防、监控措施和应急预案；

（十一）有生产安全事故应急救援预案、应急救援组织或者应急救援人员，配备必要的应急救援器材、设备；

（十二）法律、法规规定的其他条件。

第三章 安全生产许可证的申请与颁发

第五条 建筑施工企业从事建筑施工活动前，应当依照本规定向省级以上建设主管部门申请领取安全生产许可证。

中央管理的建筑施工企业（集团公司、总公司）应当向国务院建设主管部门申请领取安全生产许可证。

前款规定以外的其他建筑施工企业，包括中央管理的建筑施工企业（集团公司、总公司）下属的建筑施工企业，应当向企业注册所在地省、自治区、直辖市人民政府建设主管部门申请领取安全生产许可证。

第六条 建筑施工企业申请安全生产许可证时，应当向建设主管部门提供下列材料：

（一）建筑施工企业安全生产许可证申请表；

(二)企业法人营业执照；

(三)第四条规定的相关文件、材料。

建筑施工企业申请安全生产许可证，应当对申请材料实质内容的真实性负责，不得隐瞒有关情况或者提供虚假材料。

第七条 建设主管部门应当自受理建筑施工企业的申请之日起45日内审查完毕；经审查符合安全生产条件的，颁发安全生产许可证；不符合安全生产条件的，不予颁发安全生产许可证，书面通知企业并说明理由。企业自接到通知之日起应当进行整改，整改合格后方可再次提出申请。

建设主管部门审查建筑施工企业安全生产许可证申请，涉及铁路、交通、水利等有关专业工程时，可以征求铁路、交通、水利等有关部门的意见。

第八条 安全生产许可证的有效期为3年。安全生产许可证有效期满需要延期的，企业应当于期满前3个月向原安全生产许可证颁发管理机关申请办理延期手续。

企业在安全生产许可证有效期内，严格遵守有关安全生产的法律法规，未发生死亡事故的，安全生产许可证有效期届满时，经原安全生产许可证颁发管理机关同意，不再审查，安全生产许可证有效期延期3年。

第九条 建筑施工企业变更名称、地址、法定代表人等，应当在变更后10日内，到原安全生产许可证颁发管理机关办理安全生产许可证变更手续。

第十条 建筑施工企业破产、倒闭、撤销的，应当将安全生产许可证交回原安全生产许可证颁发管理机关予以注销。

第十一条 建筑施工企业遗失安全生产许可证，应当立即向原安全生产许可证颁发管理机关报告，并在公众媒体上声明作废后，方可申请补办。

第十二条 安全生产许可证申请表采用建设部规定的统一式样。

安全生产许可证采用国务院安全生产监督管理部门规定的统一式样。

安全生产许可证分正本和副本，正、副本具有同等法律效力。

第四章 监 督 管 理

第十三条 县级以上人民政府建设主管部门应当加强对建筑施工企业安全生产许可证的监督管理。建设主管部门在审核发放施工许可证时，应当对已经确定的建筑施工企业是否有安全生产许可证进行审查，对没有取得安全生产许可证的，不得颁发施工许可证。

第十四条 跨省从事建筑施工活动的建筑施工企业有违反本规定行为的，由工程所在地的省级人民政府建设主管部门将建筑施工企业在本地区的违法事实、处理结果和处理建议抄告原安全生产许可证颁发管理机关。

第十五条 建筑施工企业取得安全生产许可证后，不得降低安全生产条件，并应当加强日常安全生产管理，接受建设主管部门的监督检查。安全生产许可证颁发管理机关发现企业不再具备安全生产条件的，应当暂扣或者吊销安全生产许可证。

第十六条 安全生产许可证颁发管理机关或者其上级行政机关发现有下列情形之一的，可以撤销已经颁发的安全生产许可证：

(一)安全生产许可证颁发管理机关工作人员滥用职权、玩忽职守颁发安全生产许可证的；

（二）超越法定职权颁发安全生产许可证的；

（三）违反法定程序颁发安全生产许可证的；

（四）对不具备安全生产条件的建筑施工企业颁发安全生产许可证的；

（五）依法可以撤销已经颁发的安全生产许可证的其他情形。

依照前款规定撤销安全生产许可证，建筑施工企业的合法权益受到损害的，建设主管部门应当依法给予赔偿。

第十七条 安全生产许可证颁发管理机关应当建立、健全安全生产许可证档案管理制度，定期向社会公布企业取得安全生产许可证的情况，每年向同级安全生产监督管理部门通报建筑施工企业安全生产许可证颁发和管理情况。

第十八条 建筑施工企业不得转让、冒用安全生产许可证或者使用伪造的安全生产许可证。

第十九条 建设主管部门工作人员在安全生产许可证颁发、管理和监督检查工作中，不得索取或者接受建筑施工企业的财物，不得谋取其他利益。

第二十条 任何单位或者个人对违反本规定的行为，有权向安全生产许可证颁发管理机关或者监察机关等有关部门举报。

第五章 罚 则

第二十一条 违反本规定，建设主管部门工作人员有下列行为之一的，给予降级或者撤职的行政处分；构成犯罪的，依法追究刑事责任：

（一）向不符合安全生产条件的建筑施工企业颁发安全生产许可证的；

（二）发现建筑施工企业未依法取得安全生产许可证擅自从事建筑施工活动，不依法处理的；

（三）发现取得安全生产许可证的建筑施工企业不再具备安全生产条件，不依法处理的；

（四）接到对违反本规定行为的举报后，不及时处理的；

（五）在安全生产许可证颁发、管理和监督检查工作中，索取或者接受建筑施工企业的财物，或者谋取其他利益的。

由于建筑施工企业弄虚作假，造成前款第（一）项行为的，对建设主管部门工作人员不予处分。

第二十二条 取得安全生产许可证的建筑施工企业，发生重大安全事故的，暂扣安全生产许可证并限期整改。

第二十三条 建筑施工企业不再具备安全生产条件的，暂扣安全生产许可证并限期整改；情节严重的，吊销安全生产许可证。

第二十四条 违反本规定，建筑施工企业未取得安全生产许可证擅自从事建筑施工活动的，责令其在建项目停止施工，没收违法所得，并处10万元以上50万元以下的罚款；造成重大安全事故或者其他严重后果，构成犯罪的，依法追究刑事责任。

第二十五条 违反本规定，安全生产许可证有效期满未办理延期手续，继续从事建筑施工活动的，责令其在建项目停止施工，限期补办延期手续，没收违法所得，并处5万元以上10万元以下的罚款；逾期仍不办理延期手续，继续从事建筑施工活动的，依照本规定第二十四条的规定处罚。

第二十六条 违反本规定，建筑施工企业转让安全生产许可证的，没收违法所得，处10万元以上50万元以下的罚款，并吊销安全生产许可证；构成犯罪的，依法追究刑事责任；接受转让的，依照本规定第二十四条的规定处罚。

冒用安全生产许可证或者使用伪造的安全生产许可证的，依照本规定第二十四条的规定处罚。

第二十七条 违反本规定，建筑施工企业隐瞒有关情况或者提供虚假材料申请安全生产许可证的，不予受理或者不予颁发安全生产许可证，并给予警告，1年内不得申请安全生产许可证。

建筑施工企业以欺骗、贿赂等不正当手段取得安全生产许可证的，撤销安全生产许可证，3年内不得再次申请安全生产许可证；构成犯罪的，依法追究刑事责任。

第二十八条 本规定的暂扣、吊销安全生产许可证的行政处罚，由安全生产许可证的颁发管理机关决定；其他行政处罚，由县级以上地方人民政府建设主管部门决定。

第六章 附 则

第二十九条 本规定施行前已依法从事建筑施工活动的建筑施工企业，应当自《安全生产许可证条例》施行之日起（2004年1月13日起）1年内向建设主管部门申请办理建筑施工企业安全生产许可证；逾期不办理安全生产许可证，或者经审查不符合本规定的安全生产条件，未取得安全生产许可证，继续进行建筑施工活动的，依照本规定第二十四条的规定处罚。

第三十条 本规定自发布之日起施行。

×××省建筑施工企业安全生产许可证实施细则

（×建安［2004］33号）

第一章 总 则

第一条 为了严格规范建筑施工企业安全生产条件，进一步加强安全生产监督管理，防止和减少生产安全事故，根据《安全生产许可证条例》、《建设工程安全生产管理条例》和建设部《建筑施工企业安全生产许可证管理规定》（以下简称《规定》）、《建筑施工企业安全生产许可证管理规定实施意见》（以下简称《意见》）等有关法规、规章，结合我省实际，制定本细则。

第二条 国家对建筑施工企业实行安全生产许可制度。建筑施工企业未取得安全生产许可证的，不得从事建筑施工等活动。

本细则所称建筑施工企业，是指从事土木工程、建筑工程、线路管道和设备安装工程及装修工程的新建、扩建、改建和拆除等有关活动的企业。

第三条 省建设行政主管部门负责全省建筑施工企业安全生产许可证的颁发和管理。

县以上人民政府建设行政主管部门负责本行政区域内建筑施工企业安全生产许可证的

监督管理,并接受省建设行政主管部门的指导和监督。

第四条 省建设业安全生产监督管理站具体实施全省建筑施工企业安全生产许可证的审查和管理。

各级安全生产监督机构具体实施辖区内建筑施工企业安全生产许可证的监督管理,并将监督检查中发现的企业违法行为及时报告省建设业安全生产监督管理站。

第二章 安全生产条件

第五条 建筑施工企业取得安全生产许可证,应当具备下列安全生产条件:

(一)建立、健全安全生产责任制,制定完备的安全生产规章制度和操作规程;

安全生产规章制度应包括以下主要内容:

1. 安全生产的目标管理制度;
2. 安全生产定期检查制度;
3. 安全生产教育培训制度;
4. 安全技术管理制度;
5. 施工机械保养维修制度;
6. 施工机具、劳动防护用品采购管理制度;
7. 安全生产资金投入管理制度;
8. 分包单位人员资格管理制度;
9. 伤亡事故报告和处理制度;
10. 消防安全责任制度;
11. 安全专项施工方案专家论证审查制度。

安全生产责任制、安全生产规章制度和操作规程必须以企业文件正式发布。

(二)保证本单位安全生产条件所需资金的投入;

(三)设置安全生产管理机构,按照国家和省有关规定配备专职安全生产管理人员;

(四)主要负责人、项目负责人、专职安全生产管理人员经建设行政主管部门考核合格;

(五)特种作业人员经有关业务主管部门考核合格,取得特种作业操作资格证书;

(六)管理人员和作业人员每年至少进行一次安全生产教育培训并考核合格;

(七)依法参加工伤保险,依法为施工现场从事危险作业的人员办理意外伤害保险,为从业人员交纳保险费;

(八)施工现场的办公、生活区及作业场所和安全防护用具、机械设备、施工机具及配件符合有关安全生产法律、法规、标准和规程的要求;

(九)有职业危害防治措施,并为作业人员配备符合国家标准或者行业标准的安全防护用具和安全防护服装;

(十)有对危险性较大的分部分项工程及施工现场易发生重大事故的部位、环节的预防、监控措施和应急预案;

(十一)有生产安全事故应急救援预案、应急救援组织或者应急救援人员,配备必要的应急救援器材、设备;

(十二)法律、法规规定的其他条件。

第六条 建筑施工企业专职安全生产管理人员和特种作业人员的数量应当符合资质等级要求并满足企业和施工现场安全管理需要，专职安全管理人员不得同时在两家或两家以上企业任职。

建筑施工企业专职安全生产管理人员和特种作业人员的数量配备办法由省建设行政主管部门另行制定。

第三章 安全生产许可证的申请与颁发

第七条 建筑施工企业从事建筑施工活动前，应当依照本《细则》向省建设行政主管部门申请安全生产许可证。

第八条 建筑施工企业申请安全生产许可证时，应当按照本《细则》第五条的要求，向建设行政主管部门提供下列材料，材料一式四份：

（一）建筑施工企业安全生产许可证申请表（样式见附件）；

（二）企业法人营业执照（复印件）；

（三）建筑施工企业资质等级证书（复印件）；

（四）各级安全生产责任制、安全生产规章制度和操作规程目录及文件；

（五）保证安全生产投入的证明文件（包括企业保证安全生产投入的管理办法或规章制度、年度安全资金投入计划及实施情况）；

（六）设置安全生产管理机构和配备专职安全生产管理人员的文件（包括企业设置安全管理机构的文件、安全管理机构的工作职责、安全机构负责人的任命文件、安全管理机构组成人员明细表）；

（七）主要负责人、项目负责人、专职安全生产管理人员安全生产考核合格名单及证书（复印件）；

（八）本企业特种作业人员名单及操作资格证书（复印件）；

（九）本企业管理人员和作业人员年度安全培训教育材料（包括企业培训计划、培训考核记录）；

（十）从业人员参加工伤保险以及施工现场从事危险作业人员参加意外伤害保险有关证明；

（十一）施工起重机械设备检测合格证明；

（十二）职业危害防治措施（要针对本企业业务特点可能会导致的职业病种类制定相应的预防措施）；

（十三）危险性较大分部分项工程及施工现场易发生重大事故的部位、环节的预防监控措施和应急预案（根据本企业业务特点，详细列出危险性较大分部分项工程和事故易发部位、环节及有针对性和可操作性的控制措施和应急预案）；

（十四）生产安全事故应急救援预案（应本着事故发生后有效救援原则，列出救援组织人员详细名单、救援器材、设备清单和救援演练记录）。

前款第（二）至第（十四）项统一装订成册。企业在申请安全生产许可证时，需要交验所有证件、凭证原件。

建筑施工企业应对申请材料实质内容的真实性负责，不得隐瞒有关情况或者提供虚假材料。对于隐瞒有关情况或者提供虚假材料申请安全生产许可证的，安全生产许可证颁发机关不予受理，该企业一年之内不得再次申请安全生产许可证。

第九条 建筑施工企业申请安全生产许可证，由企业所在地建设行政主管部门逐级上报至省建设行政主管部门审批；省直有关厅（局、总公司）所属企业，由省直有关厅（局、总公司）上报省建设行政主管部门审批。

第十条 对已受理的申请，安全生产许可证颁发管理机关对申请材料进行审查，必要时应对企业施工现场进行抽查。涉及铁路、交通、水利等有关专业工程施工的建筑施工企业申请生产许可证，应征求相关专业工程主管部门意见。安全生产许可证颁发管理机关自受理建筑施工企业的申请之日起 45 个工作日内应作出颁发或不予颁发安全生产许可证的决定。

安全生产许可证颁发管理机关作出准予颁发申请人安全生产许可证的决定的，应当自决定之日起 10 个工作日内向申请人颁发安全生产许可证；对作出不予颁发安全生产许可证决定的，应当在 10 个工作日内书面通知申请人并说明理由。企业自接到通知之日起应认真进行整改，整改合格后方可再次提出申请。

第十一条 安全生产许可证的有效期为 3 年。安全生产许可证有效期满需要延期的，企业应当于期满前 3 个月向原安全生产许可证颁发管理机关提出延期申请，并提交本《细则》第八条规定的资料及原安全生产许可证。

企业在安全生产许可证有效期内，严格遵守有关安全生产的法律法规和标准规范，未发生死亡事故的，安全生产许可证有效期届满时，经原安全生产许可证颁发管理机关同意，不再审查，直接办理延期手续。

对于在安全生产许可证有效期内，违反有关安全生产的法律法规和标准规范的建筑施工企业，安全生产许可证颁发管理机关应对其安全生产条件重新审查，审查合格的，办理延期手续。

对申请延期的企业审查合格或有效期满经同意不再审查的企业，收回原安全生产许可证，换发新的安全生产许可证。

第十二条 建筑施工企业变更名称、地址、法定代表人等，应当在变更后 10 日内，持原安全生产许可证和变更后的工商营业执照、变更批准文件等相关证明材料，到原安全生产许可证颁发管理机关办理安全生产许可证变更手续。

第十三条 建筑施工企业破产、倒闭、撤销的，应当将安全生产许可证交回原安全生产许可证颁发管理机关予以注销。

第十四条 建筑施工企业遗失安全生产许可证，应当立即向原安全生产许可证颁发管理机关报告，并在省级公众媒体上声明作废后，方可申请补办。

第十五条 安全生产许可证申请表采用省建设行政主管部门规定的统一式样。

安全生产许可证采用国务院安全生产监督管理部门规定的统一式样，实行全国统一编码，安全生产许可证在全国范围内有效。

第十六条 安全生产许可证分正本和副本，正、副本具有同等法律效力；每家具有独立法人资格的建筑施工企业只能申请一套安全生产许可证，包括一个正本、两个副本；企业确需增加副本数量的，经安全生产许可证颁发管理机关批准，可以适当增加。

第四章 监 督 管 理

第十七条 县级以上人民政府建设行政主管部门应当加强对建筑施工企业安全生产许可证的监督管理。2005年1月13日以后,建设行政主管部门在审核发放施工许可证时,应当对建筑施工企业是否取得安全生产许可证进行审查,没有取得安全生产许可证的,不得颁发施工许可证。对于依法批准开工报告的建设工程,在建设单位报送建设工程所在地县级以上地方人民政府或者其他有关部门备案的安全施工措施资料中,应包括承接工程项目的建筑施工企业的安全生产许可证。

第十八条 县级以上人民政府建设行政主管部门和建筑安全监督机构负责本行政区域内取得安全生产许可证的建筑施工企业的日常监管工作。在监督检查中发现企业有违反本《细则》行为的,工程所在地建设行政主管部门应及时、逐级向省建设行政主管部门报告。本行政区域内取得安全生产许可证的建筑施工企业既包括在本地注册的建筑施工企业,也包括跨省或跨地在本地从事建筑活动的施工企业。

外省建筑施工企业进X从事建筑活动的,必须持企业安全生产许可证向省建设行政主管部门登记。工程所在地建设行政主管部门应当依法加强监督管理,发现外省建筑施工企业有违反本《细则》行为的,应逐级向省建设行政主管部门报告,由省建设行政主管部门将其在本地区的违法事实、处理建议和处理结果抄告其安全生产许可证颁发管理机关。

省建设行政主管部门根据下级建设行政主管部门报告或者其他省级人民政府建设主管部门抄告的违法事实、处理建议和处理结果,按照有关规定对企业进行相应处罚,并将处理结果通告原报告或抄告部门。

第十九条 根据《建设工程安全生产管理条例》的规定和省人民政府有关安全生产职责分工,县级以上地方人民政府交通、水利等有关部门负责本行政区域内有关专业建设工程安全生产的监督管理,对从事有关专业建设工程的建筑施工企业违反本《细则》规定的,将其违法事实抄告同级建设行政主管部门;铁路建设安全监督管理机构负责铁路建设工程安全生产监督管理,对从事铁路建设工程的建筑施工企业违反本《细则》规定的,将其违法事实报告省人民政府建设主管部门。

第二十条 建筑施工企业取得安全生产许可证后,不得降低安全生产条件,并应当加强日常安全生产管理,接受建设行政主管部门的监督检查。安全生产许可证颁发管理机关发现企业不再具备安全生产条件的,应当暂扣或者吊销安全生产许可证。

第二十一条 安全生产许可证颁发管理机关或者其上级行政机关发现有下列情形之一的,可以撤销已经颁发的安全生产许可证:

(一)安全生产许可证颁发管理机关工作人员滥用职权、玩忽职守颁发安全生产许可证的;

(二)超越法定职权颁发安全生产许可证的;

(三)违反法定程序颁发安全生产许可证的;

(四)对不具备安全生产条件的建筑施工企业颁发安全生产许可证的;

(五)依法可以撤销已经颁发的安全生产许可证的其他情形。

依照前款规定撤销安全生产许可证,建筑施工企业的合法权益受到损害的,建设行政主管部门应当依法给予赔偿。

第二十二条 发生下列情形之一的,安全生产许可证颁发管理机关应当依法注销已经颁发的安全生产许可证:
(一)企业依法终止的;
(二)安全生产许可证有效期届满未延续的;
(三)安全生产许可证依法被撤销、吊销的;
(四)因不可抗力导致行政许可事项无法实施的;
(五)依法应当注销安全生产许可证的其他情形。

第二十三条 建筑施工企业取得安全生产许可证后,放松内部安全生产管理,不再具备本《细则》第五条规定的安全生产条件的,按照《规定》第二十三条和《意见》第二十四条处罚。

第二十四条 取得安全生产许可证的建筑施工企业,发生重大安全事故的,安全生产许可证颁发管理机关应当立即对企业安全生产条件进行复查,发现企业不再具备本《细则》第五条规定的安全生产条件的,按照《规定》第二十二条和《意见》第二十五条处罚。

第二十五条 建筑施工企业未取得安全生产许可证擅自从事建筑施工活动的,按照《规定》第二十四条处罚。

建筑施工企业接受转让安全生产许可证,冒用安全生产许可证或者使用伪造的安全生产许可证的,依照上款予以处罚。

第二十六条 安全生产许可证有效期满未办理延期手续,继续从事建筑施工活动的,按照《规定》第二十五条处罚。

第二十七条 建筑施工企业转让安全生产许可证的,按照《规定》第二十六条处罚。

第二十八条 建筑施工企业隐瞒有关情况或者提供虚假材料申请安全生产许可证及以欺骗、贿赂等不正当手段取得安全生产许可证的,按照《规定》第二十七条处罚。

第二十九条 企业安全生产许可证被暂扣期间,不得承揽新的工程项目,发生问题的在建项目停工整改,整改合格后方可继续施工;企业安全生产许可证被吊销后,该企业不得进行任何施工活动,且一年之内不得重新申请安全生产许可证。

第三十条 安全生产许可证颁发管理机关及监督管理机关应当建立、健全安全生产许可证档案管理制度,定期向社会公布企业取得安全生产许可证的情况及暂扣、吊销安全生产许可证等处罚情况,每年向同级安全生产监督管理部门通报建筑施工企业安全生产许可证颁发和管理情况。

第三十一条 违反有关规定,建设行政主管部门工作人员有下列行为之一的,给予降级或者撤职的行政处分;构成犯罪的,依法追究刑事责任:
(一)向不符合安全生产条件的建筑施工企业颁发安全生产许可证的;
(二)发现建筑施工企业未依法取得安全生产许可证擅自从事建筑施工活动,不依法处理的;
(三)发现取得安全生产许可证的建筑施工企业不再具备安全生产条件,不依法处理的;
(四)接到对违反本《细则》行为的举报后,不及时处理的;
(五)在安全生产许可证颁发、管理和监督检查工作中,索取或者接受建筑施工企业的财物，或者谋取其他利益的。

由于建筑施工企业弄虚作假，造成前款第（一）项行为的，对建设行政主管部门工作人员不予处分。

第三十二条 任何单位或者个人对违反本《细则》的行为，有权向安全生产许可证颁发管理机关或者监察机关等有关部门举报。

第五章 附 则

第三十三条 本细则施行前已依法从事建筑施工活动的建筑施工企业，应当自《安全生产许可证条例》施行之日起（2004年1月13日起）1年内向建设行政主管部门申请办理建筑施工企业安全生产许可证；逾期不办理安全生产许可证，或者经审查不符合本细则的安全生产条件，未取得安全生产许可证，继续进行建筑施工活动的，依照有关规定予以处罚。

第三十四条 本细则由省建设行政主管部门负责解释。

附件：

申请编号： 受理编号：

申请时间： 受理时间：

建筑施工企业安全生产许可证申请表

企业名称：

填报日期： 年 月 日

申请类别：首次申请 [ ]   延期申请 [ ]

×××省建设厅制

填 表 说 明

一、本表用于建筑施工企业首次申请或者申请延期安全生产许可证。

二、本表应使用黑色钢笔或签字笔填写，或使用计算机打印，字迹要工整，不得涂改。

三、申请编号、申请时间、受理编号、受理时间由发证机关填写，本表第一至第五部分由企业填写，企业应如实逐项填写，不得有空项。如遇没有的项目请填写"无"。

四、本表一律用中文填写，数字均使用阿拉伯数字。

五、本表在填写时如需加页，一律使用 A4 型纸。

六、本表所需附件材料请按第七项所列目录顺序用 A4 型纸单独装订成册；企业在申请时，需要交验附件材料中涉及的所有证件、凭证原件。

七、本表可在×××省建设工程安全质量监督信息网下载后用 A4 型纸打印。

八、每个具有独立法人资格的建筑施工企业只能取得一套安全生产许可证，包括一个正本，两个副本。企业需要增加副本的，另附申请报告并说明理由。

企业法定代表人声明

本人　　　　（法定代表人）　　　　　　　　　（身份证号码）郑重声明，本企业填报的《建筑施工企业安全生产许可证申请表》及附件材料的全部内容是真实的，无任何隐瞒和欺骗行为。本企业此次申请建筑施工企业安全生产许可证，如有隐瞒情况和提供虚假材料以及其他违法行为，本企业和本人愿意接受建设主管部门及其他有关部门依据有关法律法规给予的处罚。

　　企业法人代表：
　　　（签名）　　　　　　　　　　（企业公章）
　　　　　　　　　　　　　　　　　　　　　年　　月　　日

一、企业基本情况

企业名称			
注册地址（邮编）			
营业执照注册号			
经济类型		设立时间	
联系电话		传真电话	
电子邮箱		职工年平均人数	
资质类别及等级（已办理资质的填写）	主项资质		
	增项资质		
	资质证书编号		

二、企业主要负责人简况

法定代表人	姓　名		性　别		最高学历	
	职　务		职　称		专　业	
	固定电话				移动电话	
	安全生产考核合格发证单位				发证时间	
	证书编号				证书有效期	
经　理	姓　名		性　别		最高学历	
	职　务		职　称		专　业	
	固定电话				移动电话	
	安全生产考核合格发证单位				发证时间	
	证书编号				证书有效期	
分管安全生产副经理	姓　名		性　别		最高学历	
	职　务		职　称		专　业	
	固定电话				移动电话	
	安全生产考核合格发证单位				发证时间	
	证书编号				证书有效期	
技术负责人	姓　名		性　别		最高学历	
	职　务		职　称		专　业	
	固定电话				移动电话	
	安全生产考核合格发证单位				发证时间	
	证书编号				证书有效期	

三、企业主要负责人简况

序号	姓 名	级 别	专 业	安全生产考核合格情况			
				发证单位	发证时间	证书编号	证书有效期

四、专职安全生产管理人员简况

安全管理机构负责人					
姓　名		性　别		最高学历	
职　务		职　称		专　业	
固定电话				移动电话	
安全生产考核合格发证单位				发证时间	
证书编号				证书有效期	
专职安全生产管理人员					

序号	姓　名	级别	专　业	安全生产考核合格情况			
				发证单位	发证时间	证书编号	证书有效期

注：本表应包含企业安全生产管理机构人员和施工现场专职安全管理人员。

五、特种作业人员简况

序号	姓　名	工　种	安全生产考核合格情况			
			发证单位	发证时间	证书编号	证书有效期

六、安全生产许可证审批情况

县（市）相关专业行政主管部门意见	负责人签字：　　　　（公章） 　　　　　　年　月　日
县（市）建设行政主管部门意见	负责人签字：　　　　（公章） 　　　　　　年　月　日
设区市相关专业行政主管部门意见	负责人签字：　　　　（公章） 　　　　　　年　月　日
设区市建设行政主管部门意见	负责人签字：　　　　（公章） 　　　　　　年　月　日
省相关专业行政主管部门意见	负责人签字：　　　　（公章） 　　　　　　年　月　日

省安监站 审查意见	 负责人签字：　　　　（公章） 　　　　　　　　　　　年　月　日
省建设厅 审批意见	 负责人签字：　　　　（公章） 　　　　　　　　　　　年　月　日

安全生产许可证正本、副本载明的内容

单位名称			
单位地址			
经济类型		主要负责人	
发证日期		证书编号	
证书有效期	年　月　日至　年　月　日		
许可范围			

七、附件材料目录

（一）各级安全生产责任制、安全生产规章制度和操作规程目录及文件；

（二）保证安全生产投入的证明文件；

（三）设置安全生产管理机构和配备专职安全生产管理人员的文件；

（四）主要负责人、项目负责人、专职安全生产管理人员安全生产考核合格名单及证书（复印件）；

（五）本企业特种作业人员名单及操作资格证书（复印件）；

（六）本企业管理人员和作业人员年度安全培训教育材料；

（七）从业人员参加工伤保险以及施工现场从事危险作业人员参加意外伤害保险有关证明；

（八）施工起重机械设备检测合格证明；

（九）职业危害防治措施；

（十）危险性较大分部分项工程及施工现场易发生重大事故的部位、环节的预防监控措施和应急预案；

（十一）生产安全事故应急救援预案。